见识

吴军 著

中信出版集团·北京

图书在版编目（CIP）数据

见识 / 吴军著. -- 北京：中信出版社，2018.3（2021.10重印）
ISBN 978-7-5086-8460-4

I. ①见… II. ①吴… III. ①企业管理 IV.
①F272

中国版本图书馆CIP数据核字（2017）第 311140 号

见 识

著　者：吴 军
出版发行：中信出版集团股份有限公司
　　　　　（北京市朝阳区惠新东街甲 4 号富盛大厦 2 座　邮编　100029）
承 印 者：北京诚信伟业印刷有限公司

开　本：880mm×1230mm　1/32　　　　　印　张：11.5　　　　字　数：215 千字
版　次：2018 年 3 月第 1 版　　　　　　印　次：2021 年 10 月第 39 次印刷
书　号：ISBN 978-7-5086-8460-4
定　价：49.00 元

目录 Contents

当一个人对社会产生了极大的正向影响力后，他不仅可以获得物质（比如金钱）和精神（比如名誉）的财富，而且会有一种由衷的幸福感。

第二章　人生需要做减法

人的天性是喜欢增加而不喜欢减少，喜欢获得而不喜欢舍弃，
但是，很多时候减少和舍弃会让我们过得更好。由于这种做法
有时违背人的天性，因此很多人做不到，当然，这样也就给了
那些能做到的人更多的机会。

第三章　谈谈见识

很多时候，成败与否取决于见识的高低，而不是自己简单的努
力。今天，由于交通和通信技术的发展，我们增加见识要比过
去容易得多。但在我们心中，有时依然有一道围墙，阻碍了我
们的见识。

第四章　大家智慧

历史上传颂至今的名人大家，在不经意间将人生的感悟告诉我，也不知不觉地影响了我。后来，我有机会遇到世界上很多优秀的人，他们的思维方式同样影响了我。

第五章　拒绝伪工作者

效率高低不取决于开始了多少工作，而在于完成了多少。很多我们看上去非做不可的事情，其实想通了并没有那么重要，因为它们是伪工作。所以，无论是在职场上还是在生活中，提高效率都需要从拒绝伪工作开始。

第六章　职场的误区与破法

人的第一份工作很重要，它的性质和成败决定了你此后职业发展的方向和事业起点。对第一份工作，年轻人常常陷入一些误区，尤其是过于看重薪酬而影响了对工作的价值判断。

第七章　商业的本质

世界上每过一段时间，就会诞生出一些新的商业概念，最后大家发现炒完概念后剩不下什么东西。其实，不论概念如何炒，商业的本质上千年都没有什么改变。

第八章　理性的投资观

事业成功，挣到了钱，却不会花、不会理财，可能最后白忙活一场；没有挣到钱，空有一腔理想抱负，可能也不过是幻想。因此，金钱观不仅会对人的事业产生影响，也会决定人的幸福。

第九章　好好说话

语言能力是我们的祖先现代智人区别于其他人类最明显的特征之一。人类文明的过程在很大程度上就是通信技术和手段不断进步的过程。通过讲话交流想法水平的高低在很大程度上决定了一个人能否成功。

后　记　从《硅谷来信》到《见识》

"命"和"运"决定人的一生

看到这个标题，你可能会想，这不是宣扬宿命论或者出身论吗？其实恰恰相反，我是要破除那些所谓出身决定命运的旧观念，希望每个人通过认清我们生活的环境来认清自己，尽可能地有一个"好命"。

讲到命运，很多到了中年的人会有这样的体会：自己无论多么努力，似乎都得不到社会的进一步认可；相反，如果按部就班地做事情，好像也坏不到哪里去。冥冥之中似乎被这两条线给框死，其实这就是命。

一个人小富小贵，可以靠一时的好运气。比如我曾经有一个邻家师姐，高考时超水平发挥，本来可能连北京航空航天大学或者北京科技大学也考不上的她，居然考上了清华大学。这件事情让我的母校在随后的十几年里一直作为高考超水平发挥的典型来讲，直到教过她、记得这件事的那批老师退休为止。说到这里，

读者们一定关心她后来的人生轨迹。有一次我在校友会上见到了
她，提起那次好运，她却说，其实在清华就是受了 5 年罪，后来
的生活轨迹该是什么样还是什么样，不会因为一次好运气而改变。

世界上永远不缺运气好的人，彩票中大奖的人也是如此，在
美国，几乎所有中大奖的人在 10 年内都会把几千万美元到上亿美
元的财产败光。吴晓波在《大败局》一书中总结的中国早期股市
冒险家们也都是如此。当然，社会学家还可以给出更详细的统计
数字，说明仅仅靠一时运气好是不可能大富大贵的。

对大部分人来讲，其实很难一辈子都交好运，当然也不会一辈
子总是走霉运，关于后面一点，我会在书中进一步论述。运气是一
时的，具有很强的随机性；但命却影响人的一生，起着决定作用。

一个人要想得到命运之神的呵护并不容易。要想命好，首先要
认识命的重要性，即信命和认命。信命是知道自己有所不能，认命
则是不超越命运给自己画的线，对于得不到的坦然接受。孔子曰：
"从心所欲，不逾矩。"这"不逾矩"三个字就是认命的意思。古希
腊没有孔子，但是他们对命运的认知和孔子差不多。在他们的众神
之神宙斯后面，冥冥之中还有掌控神的命运女神摩伊拉①。

---

① 摩伊拉（Moirai）是希腊神话中命运三女神的总称，是宙斯（Zeus）和
正义女神忒弥斯（Themis）的女儿，这三位掌管万物命运的女神分别是：克罗托
（Clotho）、拉切西斯（Lachésis）、阿特洛波斯（Atropos）。最小的克罗托掌管未来
和纺织生命之线，二姐拉切西斯负责维护生命之线，最年长的阿特洛波斯掌管死
亡，负责切断生命之线，即使是天父宙斯也不能违抗她们的安排。

当然，我知道我的这种说法和今天很多人从小接受的教育是不一样的。我们被教育的是人定胜天，创造人间奇迹，挑战人类极限，当然包括通过努力改变命运，而不是像我所说的认命。但是，稍微有点儿逻辑的人就不难想清楚，社会上（包括一些老师）给年轻人灌的心灵鸡汤不能当真。如果那些心灵鸡汤真的管用，在那些灌鸡汤的人自己身上就应该应验，但事实上却没有。

有人将出身好等同于命好，这其实是两回事，否则崇祯皇帝也不会讲，希望子子孙孙不再生于帝王家。同样，对于曹雪芹来讲，我们也不知道他从小锦衣玉食算是命好还是命差。出身好不过是人生交了一次好运而已，并不代表一辈子的命都能好；反之亦然，生于贫穷之家的人，未必没有好命。

那什么是命呢？不同人有不同的理解。对我来讲，它主要取决于两个因素：环境的因素和我们自己对未来走向划定的方向。人生轨迹走不出这两条线，个人的努力、运气等不过是让我们在这两条线之间做微调而已。

环境的因素不能忽视。马尔科姆·格拉德威尔（Malcolm Gladwell）在《异类》一书中强调，人出生的时间和地点在很大程度上决定了他们的命运。书中还介绍了这样一个事实：在人类历史上最富有（按照财富的可比性）的75人中，有1/5出生在

1830—1840 年的美国，因为他们赶上了美国的工业革命。[①]生逢中国改革开放的人，就比生活在 100 年前的人幸福；生在宋朝的人，就比生在明朝的人过得好。[②]人出生的时间当然无法选择，不过"到哪座山唱哪座山的歌"的智慧是应该有的，时代需要我们怎么做我们就怎么做，这就是信命。不信命是什么结果？生逢乱世不懂得保全自己，结果就不用说了；生逢人类历史上少有的治世，依然怀疑它的现实性，就会丢掉一切机会。在中国过去 30 多年的发展过程中，总有不断唱衰中国的声音，一些朋友总担心中国经济要崩溃，一直想买房子又不敢买。20 年过去了，这些人发现自己仍然两手空空，完全错失了中国经济长期增长的红利。在《硅谷来信》专栏中，我从经济学、科技发展以及历史的角度分析了为什么中国处在最佳的历史发展时期，为什么中国有希望，如果错过了中国的发展机会，一切努力都变得事倍功半了。

决定个人命运的第二个因素掌握在每个人自己手里。所谓命就是一个人看问题和做事情的方法，如此而已，但它们却决定了人的一生。我在《硅谷来信》专栏中讲述了一个朋友的故事，他出身贫寒，却总能得到命运之神的眷顾。他顺利地考入北京大学，

---

① 详细资料请参考：马尔科姆·格拉德威尔. 异类：不一样的成功启示录[M].苗飞，译. 2 版. 北京：中信出版社，2014：43-48。

② 有关作者对于宋朝社会之褒扬，可参考费正清《中国：传统与变革》、陈寅恪《邓广铭〈宋史职官志考记〉》等著作。——编者注

之后又进入康奈尔大学学习。他在美国工作的第一家公司就在其任职期间成功上市，之后他又赶上了两次大的IPO（首次公开募股）———一次是高盛，另一次是谷歌。在离开高盛、加入谷歌期间，他还进入了另一家明星公司亚马逊。因此，他在年纪轻轻的时候，不仅实现了财富自由，而且做出了很多重大的发明创造。此外，他的投资也非常成功，子女们也培养得非常好。你可能会说为什么他的运气这么好，想去哪里就能去哪里，而且总是在合适的时候到了合适的地方。其实，这不是运气好，而是"命好"，是他独特的看问题的方法和行事方式。

我这位朋友看问题的角度很值得每个人学习。我在2010年离开谷歌到腾讯时，他对我讲："你这个选择不错。"我问他为什么，他说："这家公司有独一无二的价值。"寻找独一无二的价值，这就是他投资（开始的时候他其实是用自己的时间投资，后来当然是用他的金钱投资）恪守的原则。

对于任何一个炒概念的公司，无论当时在媒体上多么光鲜，无论一年后股价是否会涨，我的这位朋友都不会理睬，他只看那些公司有没有"钱"途，即赚利润。即使同样赢利的公司，他也只看它们是否在行业里有说一不二的定价权，他加盟的高盛、亚马逊、谷歌和腾讯都符合这个原则。

对于某些被国内外投资人热捧的公司，比如乐视等，他明确地讲，它们从短期看带不来现金，从长期看世界上有它无它是一样的，所以他肯定不会投资这样的公司。甚至对于一些看似还不错的公司，比如小米，他也认为不过是N家公司中的一家而已，没有定价权，不会带来巨大的现金，他也不会感兴趣。

当然，他的判断可能会是错的，也许小米会成为一家好公司。不过他认为没有关系，本来他也没有打算在股市上挣所有的钱。这位朋友从不眼红别人挣多少钱，比如我们周围一些人当年从百度上市挣到一笔钱，他对这种一次性的收入根本不在意，不论多少。虽然这让他失去了无数次挣快钱的机会，但是他从不后悔。很多人能够靠运气挣快钱，做到小富，但是不可能一辈子运气好。对他来讲，如果把注意力放到挣百度这种一次性的钱上，他就失去了看问题的固有方法，最后不仅挣不到谷歌或者腾讯这种钱，在投资上也做不到长期复合增长。这位朋友非常认命，不属于自己的东西从来不去想。他的资源并不比任何人多，但是他只关注自己命中能够得到的，也就得到了所应得的。

前一阵和影视圈的朋友谈到一个大家熟悉的演员，大家说她是苦命人，嫁人不顺，投资也不顺，一辈子辛辛苦苦演戏，最后白忙活一场。我讲，这是她命不好，怨不得别人。一来读书少，二来圈子太狭窄，以至见识和判断力高不到哪里去。历史上这样的人很多，比如19世纪挣了无数稿费又在投资上糟践光了的马克·吐温。但凡人的知识面稍微宽一点，交际的圈子稍微广一点，了解事情稍微全面一点，命就会好很多。

　　无论是在历史上还是今天，很多人仕途不顺，通常是命运使然，并非缺乏运气。汉朝名将"飞将军"李广一辈子没有得到封侯的奖赏，王勃在《滕王阁序》中写下了"冯唐易老，李广难封"的名句，为他可惜，后人也多因读了这一千古名篇而为李广鸣不平。

　　不过，客观地评估，李广虽然名气大，但凭借战功却难以封侯。李广的运气并不算差——被匈奴人抓住能脱险，同时机会也不少，但是都失之交臂。因此，只能讲李广的命实在不好，为什么？因为他看问题和做事的方法有很大的问题，比如，他贻误了战机，作为上级的卫青派人去问话，他一气之下自杀了，这种处理问题的方式显然有问题。再比如，他善于骑射杀敌，但是按照韩信的观点，这只是匹夫之勇，不足以封侯。《史记》里没有记载过李广有效地组织大军杀敌，虽然他有过这种机会。

　　李广一生经历了 70 余战，但是没有练就将才的基本素质（比如《孙子兵法》里讲的审时度势等），说明他的思维方式有问题，也就是说看问题的方法、处理问题的方式没有达到侯的级别。（关于这段历史更详细的介绍，可以看《史记·李将军列传》。）

　　和李广相似的是三国时期（其实是东汉末年）的孙策，热衷于逞个人之勇，结果被坏人所杀。这就是他的命，郭嘉早就算出来，孙策最终会死于宵小①之手。孙策曾经有很多好运气，但是再

---

　　①　盗贼昼伏夜出，叫作宵小，现泛指坏人。

多的好运气也改变不了他的命。

前段时间有则报道，说一群人大早上在机动车道上"健走"，被一辆出租车铲翻，造成一死两重伤。网友们评论说是"不作不死"。其实这也是那些人的命，他们看问题的角度不是这样做是否合适、是否安全，而是在马路上别人不敢撞他们。如果大家看看周围，这种不把自己的命当回事的人有的是，而这些人几乎没有一个混得像样的。

既然命运不是天生的，那么一个人的命运又是怎样决定的呢？让我们来想象这样一个场景：如果有人在大街上扇了我们一个耳光，我们会做何反应呢？

所有的反应概括起来无外乎三种：第一种，一巴掌扇回去；第二种，认怂，捂着脸走开；第三种，先冷静分析，也许是我们真该被扇，那就接受教训，也许对方真的就是个浑蛋，我们或许该叫警察来管他，当然也可能有人日后找机会整治他，让他记住教训。

我们在一辈子的经历中总会遇到各种麻烦和难题，它们就如同别人或者现实生活不断地在扇我们巴掌。对待这些巴掌的态度和处理方法就决定了我们的命运。比如我们上小学时，第一次考试没有考好，怎么办？第一种方法是把卷子撕了，甚至把同学的卷子也撕了，这就相当于一个巴掌扇回去的做法，甚至有的家长还帮助扇。第二种方法是从此不学了。很多人告诉我，这辈子没有学好，就是因为小时候老师打击了他的学习兴趣，这相当于捂着脸认怂。当然我们都知道这是在找理由为自己不成器开脱。第三种方法是分析一下原因，或许该努力，或许老师改错了我们的考卷（这种情况是有的），或许老师根本不是好老师，或许家长考试头一天就不该带孩子去迪士尼玩儿……接下来根据不同的情况找出改进的方法，并且落到实处。

人一辈子被扇巴掌的情况和原因很多，各不相同，但是一个人对待它们的方法却有高度的一致性。习惯于扇回去的人一辈子都在扇别人巴掌，认怂的人一辈子都在认怂。英国著名的女首相撒切尔夫人喜欢讲这样一段话：

> 注意你的想法，因为它能决定你的言辞和行动。
>
> 注意你的言辞和行动，因为它能主导你的行为。
>
> 注意你的行为，因为它能变成你的习惯。
>
> 注意你的习惯，因为它能塑造你的性格。
>
> 注意你的性格，因为它能决定你的命运。

这可能是我们今天所说的"性格决定命运"的由来。其实决定命运的还包括我们的习惯、行为及其背后的思维方式。思维方式出问题的人，命运之神是永远不会眷顾的。前面提到的那些在机动车道上健走的人，就属于思维方式出了问题，用句北京的老话讲，就是凡事浑不凛。

　　东亚人爱走的另一个极端是凡事认怂，当然大部分人会安慰自己说，"忍字心头一把刀"，表示自己"内心强大"。比如在单位里，某个领导就是偏心眼，欺负他，工作都让他做，提拔时就是不提拔他，很多人就在想自己应该更努力一点、勤恳一点，争取打动领导的心，但是领导下次还会欺负他。这就相当于捂着脸认怂。

　　很多逼孩子读书的亚裔家长也是如此。我听到一些国内的家长教育孩子，"爸爸妈妈没本事，你好好读书，将来就有出息了"。事实上等到他们成了学霸、上了好大学，才发现自己依然没有机会。家长没本事，就像挨了社会或者周围人几巴掌，梦想着孩子将来成绩好就能翻身，其实就是认怂的表现。以认怂的态度对待人生一道又一道的坎，就会不断地被这个世界扇巴掌。他们的命运其实在从小对待挨巴掌的态度时就已经决定了。

　　在美国，很多亚裔的情况也是类似。美国的大学不能公平地对待亚裔子女，分数的要求比其他族裔高很多，大部分家长就是认怂心态，让孩子多考几分。其实，考再多分也没用，只能让亚裔之间的竞争更激烈而已。解决问题的根本方式是要努力废除歧视亚裔的"平权法案"，但是绝大部分亚裔家长一谈到这件事就认怂了。

　　2016年，作家刘震云在北京大学的毕业典礼上讲，阿Q和祥林嫂是中国人的父母，其实他们二位都属于被扇了巴掌认怂的人。

人对一个巴掌的反应, 其实决定了其一生的命运。

当我们认清了决定命运的这些因素之后, 当我们了解了古今中外各种智者、各种被命运垂青的人的思维方式后, 当我们能够用它们来替代我们自身那种要么认尿、要么鲁莽地扇人巴掌的思维和行动后, 我们就会有好命。在中国今天这样一个大环境下, 成功是一件大概率事件。在这样的大前提下, 我们有一种好的思维方式, 懂得如何最有效地做事情, 想不成功都难。

本书重点讲述了我对人生的看法, 以及古今中外智者对个人自我提升的一些智慧, 思考如何成功地过一个精彩的人生。同时, 我也就商业本质和未来世界, 分享了我在职场晋升和投资等方面的经验。当然, 全书都是围绕个人的精进这个主题。

第一章　幸福是目的，成功是手段

当一个人对社会产生了极大的正向影响力后，他不仅可以获得物质（比如金钱）和精神（比如名誉）的财富，而且会有一种由衷的幸福感。

人生是一条河

　　由于一直坚持成功只是手段不是目的的生活态度，我不论多忙，每年夏天一定要休息一个月。最近两年，暑期是带着全家在奥地利的小城萨尔茨堡度过的，因为在那里可以欣赏到世界顶级音乐大师们的表演。

　　萨尔茨堡在每年夏天都会举行一年一度的音乐节，从 6 月底一直延续到 9 月初，长达两个多月。每年，世界各地的音乐爱好者会云集于此，在凉爽的夏日里欣赏美妙的音乐，绝大多数世界级的表演大师和顶级乐团也要到此展示他们精湛的才艺。2016 年和 2017 年在那里演出的世界级大师有著名指挥家穆蒂、巴伦博伊姆，钢琴家阿格丽姬、波利尼、内田光子，以及著名歌唱家多明戈等。此外，著名的柏林爱乐乐团和维也纳爱乐乐团每年都要来。而从表演者到欣赏者都到此朝圣的唯一原因，就是这里出了一位音乐史上的奇才——莫扎特。

　　莫扎特是天才，如果整个音乐史上只评选一位天才，那么非他莫属。据说他三四岁就能作曲（当然今天人们认为那可能是他父亲替他写的），不管这个传说是真是假，但6岁他就为奥地利的特蕾莎女王表演音乐了，并且亲吻了她的女儿——美丽的安托瓦内特公主。早熟的莫扎特说要娶公主，但是薄命的公主后来却嫁给了路易十六，并且伴随她的夫君在法国大革命中上了断头台。莫扎特只活了35岁，但是他作品的长度（按演奏时间算）却抵得上年龄是他两倍的巴赫。莫扎特一生创作了41首交响曲，超过贝多芬和舒伯特交响曲总和（两人共18首）的两倍。当然，莫扎特出名并不仅仅是因为高产，而在于他的作品质量很高，代表了古典主义时期[①]的最高水准。

说到这里，你可能已经对莫扎特神往了。不过莫扎特生前却不受人待见，无论是在他的故乡萨尔茨堡，还是后来他生活的维也纳。莫扎特去世的时候，周围除了他的妻子没有一个亲朋。出殡时正赶上雪天，没有一个人为他送葬，他的夫人只能找人将他草草安葬。等几天后雪停了，莫扎特的妻子想去给他立碑，但是已经无法找到他葬在哪里，今天莫扎特的墓不过是一个衣冠冢。

但是历史并没有忘记莫扎特，他的名声远播，走出了萨尔茨堡和维也纳，走出了奥地利和德国，走到了全世界每一个角落。逐渐地，莫扎特成为古典音乐的代名词。

---

① 古典主义时期是西方音乐史的第五个分期，是指1750—1820年，包括前古典主义和维也纳古典主义乐派。——编者注

　　说到莫扎特的影响力，我喜欢用河流做类比。一条河流的水量，由它的长度、宽度和深度三个因素决定，一个人的影响力也是如此。具体到从事音乐的人大抵有两类。一类是迈克尔·杰克逊这样的人，拥有很多受众，但是他的音乐比较浅显，影响力也不是很持久，就如同一条很宽却比较浅、比较短的河流。莫扎特则正相反，他的受众从来就没有太多，但是他的音乐有深度，影响力绵长持久，如同一条宽度不大却源远流长并且很深的河流。虽然我们很难讲哪一种河流的水量更大，但是时代越久远，那种崎岖蜿蜒的长河会持续下去，不会断流，莫扎特便是如此。虽然莫扎特已经去世两个多世纪，但是今天他依然养活了故乡萨尔茨堡一城的人——那里唯一的产业就是音乐旅游，甚至在 300 公里以外的维也纳和国境线另一头的慕尼黑也到处都是莫扎特的影子，更不要说它在朝圣者心目中的地位了。

　　为什么会有人在意自己的影响力，因为它是人幸福感和满足感的来源之一。人的幸福感有多种来源，而且不同的人还会有所不同，比如男欢女爱、财富、成就和影响力都可以让我们感到幸福。不过，学者们认为，幸福感的本源只有两个——基因的传承和影响力。

　　人和其他任何物种一样，都担负着传承基因的使命，因此当人们看到自己的生命可以通过基因一代代延续时，会不自觉地展开会心的微笑。不过这种幸福任何动物都有，人终究还有高于其他动物的追求，那就是他的存在和行为可以给世界留下烙印或者创造快乐。当我们得知自己的所作所为给世界带来了或多或少的正面影响时，会有一种发自内心的高兴。而人的影响力则是由其作为的宽度、深度和长度所决定的。2012 年，我又回到离开了两年的谷歌，发现公司在很多地方已经改变了，甚至文化也变得不同了。不过我发现，当初写的一些代码被略作修改和封装后，依然在广泛地使用，其中使用率最高的一组算法已经被用在了上百个项目中。这时的幸福感远不是钱可以换来的。

苏联文豪高尔基讲过一句话，"给总比拿要快乐得多"。为什么美国的富豪会大量捐款给大学、医院和其他慈善机构，因为他们能够获得给予所带来的幸福感。当他们看到自己的钱能够在宽度、深度和长度上影响未来时，一定比挣到钱时感到更加快乐。相反，很多中国人不愿意捐钱，因为看不到这种行为的影响力，捐了钱最好的情况不过是把名字刻在（大楼的）石头上而已，因此并不能从中获得幸福感，也就懒得捐了。一个社会要想增加民众的幸福感，最简单的办法就是肯定每个人的成就，让他们感觉到自己是在给予。

很多人好奇我为什么花这么多时间写作，其实套用幸福学的观点很好解释。人生是一条河，每个人总希望自己这条河能够更宽一点、更深一点、更长一点。要做到更深，是靠自己的修行和对世界的理解；而要做到更宽，则是要和一些志同道合的人在一起共同做一些事情。比如我在"得到"开设《硅谷来信》专栏，其实便是借助"罗辑思维"的平台将思想传播得广泛一些；通过出版社出书，也是类似的目的。至于一种思想能否流传得更远，则要靠思想的价值，而这一点其实在短期内是很难知道的。

牛顿和贝多芬在他们还活着的时候已经被公认为是伟人，而且他们也知道自己死后必将名垂青史，因此他们是幸福的；尼采在他活着的时候还没有太多人关注他，但是他有信心将来大家都会认识到他的伟大之处，从这个角度上讲，他也是幸福的。但是，莫扎特在生前则不同，每一天都是平平静静地写他的曲子、演奏他的音乐，如此而已。今天没有人知道莫扎特是否像贝多芬那样，在生前意识到他将被后人冠以"伟大"这个称号，不过这已经不重要，因为他的价值在后世被全世界认识到了。今天，我们每一个人更应该有莫扎特那种心态，认认真真地做好我们认为有意义的事情，或许几十年后，我们早已不再做那些工作，而仍有很多人的生活或生命体验会因我们曾经的工作成果而发生改变，那时我们肯定会从心里绽开微笑。

这个世界没有欠你什么

自从我开通了订阅专栏《硅谷来信》，很多读者给我留言，大意是让我指导他们逆袭，同时流露出对社会千般的不满。几年前，中国几家报纸以《十年寒窗苦读敌不过一张VIP卡》报道了这样一件事情：

> 国内一些银行公开表示给予高端客户的子女提供实习的机会，这样就会对非VIP（贵宾）子女造成不公，由此引起了社会上很多人发出感慨，说十年寒窗苦读拼不过一张VIP卡，甚至有人说三观尽碎。

坦率地讲，文章中说的这些情况确实存在，全世界都是如此。银行作为商业机构，逐利是必然的事情，没有赢利能力，天天靠国家印钞票补贴，才是坑了老百姓。至于银行在平衡客户关系和提拔寒门英才上应该如何把握，这是它们的问题，我不做评论。

不过今天我要给那些指望通过十年寒窗苦读就一下子翻身的人泼点冷水，因为那是不现实的。

寒窗苦读只是一种读书态度，这种态度是好的，但是社会竞争是一种非常复杂的长期系统性的竞赛，寒窗苦读是成功的因素之一，和经济条件好、智商高、出身好、长得美一样，都只是其中的一个变量而已，而命运是多个变量互动的结果。这种因为寒窗苦读所以全世界都欠你钱的三观，早一天毁掉比晚一天毁掉好。

我知道，很多年轻人确实不容易，家境不好，父母层次也不算太高，他们节衣缩食供孩子读书，毕业后也找不到好工作。看到大城市里一些家境好的孩子从小就有更多的资源，日后在社会上靠各种关系混得如鱼得水，心里很是不平。我也很想帮助他们，但是给一两个人提供机会并不能解决大多数人的问题，这些人最后的命运其实要靠自己解决。下面，我就来聊聊怎样解决。

首先，我们必须承认，任何社会都是分层次的。为了简单起见，我们不妨假定社会分为100层，站在金字塔尖的是第1层，最底下的是第100层。当然，有人可能会说，改革开放前中国很平等、不分层，其实不是这样的。20世纪80年代后出生的读者可以去问问自己的父母他们当时的感受。在那个时代，农村和城市之间有一条无法逾越的鸿沟，农民进城被称为"盲流"。城市之间也分三六九等，我小时候去过绵阳城，当时只有一条主要街道；1978年我回到北京，感觉如同刘姥姥进了大观园。即使是北京，也有大院里和胡同里之分。那时交通倒不拥堵，但马路上的车行道除了有少量的公共汽车之外，其实是给极少数人的专车专用的车道。在小汽车里的人和骑自行车的人之间，家里装了电话的人和没有装电话的人之间，是天上地下的区别。事实上，在任何国家、任何时代，社会都是分层的。稍微好一点的社会不过是有个上下层之间的通道，让人员可以流动而已。我们今天所处的社会，可以说不仅是中国历史上最好的社会，横向对比在全世界也算是相对公平的社会，因此才会有"逆袭"这个词出现。处在底层的人，首先要认清楚这个现实，才能有希望。

其次，我们就来谈谈逆袭这件事，逆袭者的目标无非是在金字塔上往高处走几层。没有一个国家、一个社会，会每过两年就把现有的金字塔打碎，然后随机地再建造一个，那样的社会被称为动荡不安。因此，即使经过了十年寒窗苦读的人，也不要指望自己大学毕业时金字塔会被打碎，然后大家重新抢位置。所以我每次谈到这个问题时，总是希望每个人都实际些，不要期望一辈子能从第80层上升到前10层。在美国，20%最底层（按照经济收入）的人，只有4%（也就是绝对人数的0.8%）的人最终可以进入最上层的行列，这个比例是非常低的。因此，如果我们能经过努力往上挤几层就已经很好了，而且只要方法得当，还是可以做到的。

那我们该怎么做呢？

我们假定，一个人目前处于第70层，他相比第69层的人一定有明显的劣势，家境也好，智力也好，颜值也好，运气也好，总之有差距。如果他努力的程度和第69层的人一样，会是什么结果呢？他最多待在第70层，甚至会跌到第71层，因为下面一层的人可能更努力或者遇到了更好的运气，占据了他的位置。很多逆袭者的误区在于，只看到自己的努力，而没有看到别人的努力。另外，由于第69层的人占有某种优势，因此他付出80%的努力，产生的结果可能比第70层试图逆袭的人还要好。所以逆袭不成功是常态，成功的反而是少数。

庆幸的是，绝大部分人在一生中的大部分时间是处在松懈状态，而达不到 80% 的努力程度，这才给了逆袭者以机会。不过，处在第 10 层的人可能只需要付出 10% 的努力，产生的结果都比那些第 70 层的人付出 100% 的努力结果要更好。因此，逆袭也要讲究实际，"朝为田舍郎，暮登天子堂"的情况非常少见。美国商务部前部长骆家辉在当选华盛顿州州长时讲，从他爷爷家到州长官邸只有 100 米的距离，但是他们家人走了两代人的时间，说明逆袭是一个漫长的过程。

在你读到下面这段文字之前，我先要声明，我没有丝毫要歧视三本大学学生的意思。

我去过中国很多所大学，从一本到三本。不管他们为什么上了一本或者三本，我要说的是，三本大学的学生普遍用功程度远不如二本的，而二本的远不如一本的。我在清华、北大和上海交大这样的学校，晚上在校门口看不到什么学生，因为他们在校园里读书。我在很多二本的大学校园门口，晚上看到的景象像是夜市。这是我看到的中国大学的现状，如果我说得不对，大家不妨给我修正和补充。

真正的逆袭是什么样子？我不妨讲一个故事。

话说 18 世纪末英国有一个人，按照今天大家在网上的说法是标准的草根，因为他前半生过得实在"催人泪下"。他出生于穷苦人家，没有读过书，十几岁时就在煤矿里当童工，但是他很好学，后来成为一名机械工。不过直到18岁，他还不太识字。但是他知道，当个文盲，一辈子不会有出路，于是自掏腰包，拿出部分工资去上夜校，每周三次，从不间断。到19岁，他才会写自己的名字；到21岁，他可以阅读并书写简单的书信了。因为地位低下，他的恋爱和婚姻也一直不顺利，最后娶了一个大他12岁的乡村女仆。和别人不同的是，这位技工很勤奋且有恒心，当那些蓝领工人在工作之余喝酒取乐时，他在研究机械、读书和做作业。

可以讲，这位主人公年轻时没有过上一天好日子，他的太太在为他生下一个儿子后便去世了。他不得不将幼儿交给自己的妹妹代管。不久后，他的父亲（也是名技工）因为工伤而双眼失明，也要靠他照料。不过靠着自己的努力，他在31岁那年还是当上了矿上的技师。他终于有钱将自己的儿子送入学校，然后就开始跟儿子一起学习。他的儿子罗伯特和他一样喜欢研究东西，十几岁时，罗伯特读了富兰克林做雷电实验的故事，自己也做起雷电的实验，结果差点把家里的房子烧了。

由于在矿上工作，当时矿上的瓦斯爆炸很多，他就天天琢磨发明一种矿上使用的安全灯，最后经过努力，他还真发明出来了。不过，当时英国著名的科学家汉弗莱·戴维爵士也几乎同时独立地发明了安全灯，这引发了长达几十年的发明权之争。我们的主人公当时只是个普通的技师，而戴维是著名的科学家、英国皇家学会会长，也是世界上发现元素最多的人，有着显赫的社会地位。因此，这次争议对这位技师来讲很不利。虽然矿主们都支持他，但这件事最后不了了之，这位技师没有因这项发明挣到什么钱。

这时候，如果换作你，你觉得该怎么办，抱怨社会不公平？或者认为自己这一辈子算是完蛋了，寄希望于下一代（他当然也这么做了，送孩子上大学读书）？都不是。他对此并没有在意，而是将注意力都集中在另一项伟大的发明之上。最终，历史给了他一个称呼——火车之父，讲到这里，你已经猜到了，他就是继瓦特之后英国最伟大的发明家乔治·史蒂芬森。

我并不想给大家写鸡汤文，恰恰相反，我是用史蒂芬森的故事对比我们身上的不足之处。对于那些试图在金字塔上爬几个台阶的人来讲，要做的不是抱怨社会的不公平，而是需要付出足够的努力，同时把注意力放到最该关注的事情上去。虽然我们通常会抱怨社会阶层固化，但是往下的通道永远是非常宽的，只要稍微不努力或者多抱怨几句，就能往下走几层；相反，往上的通道即使再宽，往上走也是一件辛苦的事情，如果不能像史蒂芬森那样看到自己的不足，并且用半辈子的时间来弥补，又用半辈子的时间往上走，那么能够维持现有的阶层已经是烧高香了。

人生最重要的投资

很多人希望通过投资获得财富自由，进而能够生活幸福。然而，对于绝大部分人（包括大部分专业投资人）来讲，在较长的时间跨度上，投资的回报不会比市场的平均值更高，而市场的平均回报率不过一年 7%~8%。因此，对于那些辛苦挣工资的人，通过在股市上或者其他什么地方的投资达到生活更好的目的并不现实，这一点我在前面已经详细介绍过了，这里不再赘述。

对于年轻人来讲，对自己的投资和在职业上的进步，远比在股市上捞点钱或者向父母借钱买一套房子更为重要，也更为靠得住。当然，还有一个和投资自己至少同样重要甚至更重要的投资，就是找一个好的配偶。很多读者在《硅谷来信》的留言中问我这个问题，对此我也不吝表明我的观点。不过，在讲我的观点之前，我先介绍几个"智者"对这个问题的看法。

金融巨子约翰·P. 摩根讲："一旦婚姻投资得当，你的事业也将随之达到高峰。假如把婚姻视为儿戏，草率决定，随之而来的惩罚将是离婚、精神痛苦，以及存款金额的锐减。"摩根这番话虽然是对他儿子说的，我倒认为对女生同样适用。至于什么是好妻子，他讲了三个基本要求——迷人、有气质、聪明。如果能够做到这三点，就已经烧高香了，其他的都不必苛求。不过，对于大部分人来讲，这三个要求其实非常高了。此外，摩根还讲了一个女性应该有的基本素养——不搬弄是非而且性格好。

著名投资人巴菲特在中国很多人心目中也是偶像级的人物，实际上他在中国的粉丝比在美国还多，这可能是因为中国人对投资的话题特别感兴趣。巴菲特也给了女生两个择偶的建议：第一，找一个比自己更优秀的人，因为在巴菲特看来，找一个不如自己的人是一辈子的麻烦；第二，趁着年轻的时候将自己嫁出去。巴菲特是一个未谋胜、先虑败的人，结婚之初就不能不考虑万一离婚怎么办。在他看来，找一个收入比自己低的人，将来离婚还得养他，实在不是一件划算的事情。事实上，我身边一些优秀的女性就没少吃这种亏。

另外一个名气不如他们大的人，讲的一些话我觉得也很有道理。这个人叫乔·沙皮拉（Joe Shapira），是Jdate婚恋网站的创始人。这家网站原木是方便犹太人找对象的（J是犹太人Jew的首字母，date在这里是谈恋爱、找对象的意思），由于成功率特别高，而且配对成功之后大家满意度非常高，后来美国一些其他族裔的人也使用它，它被认为是一个非常严肃的婚恋网站。两年前，沙皮拉在创办一个新公司时来找我融资，交谈中我问Jdate为什么能成功，他告诉了我一个对外很少讲的秘诀。

　　沙皮拉讲，无论是男生还是女生，在找配偶时都有一些不切实际的幻想。假如给某个男生打个分数，比如70分，当然沙皮拉讲的不是一个具体的分数，而是一个比较综合的考量，我用分数来说明问题比较简单。根据他和Jdate网站的统计和研究，男生一般都会想找一个95分的女生。当然女生其实也并不能简单地用分数来衡量，这里我只是为了说明问题。那么95分的女生是否会搭理这个男生呢？不会！这种情况其实在中国也很常见，网络上总能看到"女神""男神""国民老公"这类的词，实际上也反映出这种幻想。那么85~90分的女生是否会搭理他呢？有可能。但是他们交往是否能成功呢？也不可能！这种交往虽然可以开始，但是最后的结果就是瞎费工夫。那么对于这个70分的男生，经过努力有可能成功配对的女生大致是多少分呢？一般是60~80分。沙皮拉讲，其实他的秘诀非常简单，就是在Jdate网站上，根本不会让70分的男生看到有80分以上的女生的存在！在这种情况下，这位男生就会觉得某个80分的女生是世界上最完美的了。当然，Jdate网站也是同样对待女生的。正是因为从一开始就没有了不必要的幻想，Jdate网站的配对才让大家觉得特别满意。我把沙皮拉的话重新诠释一下，就是要合乎自己的特点，而且切合实际。当然，中国人择偶是否和犹太人有相似性，我不敢妄下结论，不过我想这可以给大家做参考。

这些人的观点，我大部分是赞同的，至少不反对。我常常和年轻人讲，找一个对自己好的人非常重要。除此之外，我对男生和女生还分别有些具体的建议。当然，我要声明在先，如果你是一位家长，我不希望你用我的观点去约束孩子。对于孩子，我总是认为要给他们充分的自由，包括犯错误的自由。

给男生的建议

一个相当有智慧的人告诉我，"聪明人会欣赏聪明人，而且只有聪明人才会欣赏聪明人"。我观察周围的人 20 多年，证实这句话是对的。对一个男生来讲，特别是聪明的男生，他打动一个"漂亮而且聪明"的女生，要比打动一个"漂亮但不聪明"的女生容易得多！虽然中国人觉得郎才女貌才相配，但是一个漂亮的笨女生是很难喜欢上一个真正的才子的，这里面的道理大家应该不难想明白。当然，道理不完全等同于事实，但是在这件事情上，它们是一致的。根据我对清华以及在后来的工作单位对很多男生（包括和我年纪相仿的，也包括我的学生和下属）的观察，那些自恃颇高的男生，挑女生时会先看相貌，以貌取人或许是人的天性吧。那些觉得自己的学历很高、工作很有成就、经济条件也很高的男生总是在想，自己在那些既聪明智慧，又美貌如花的女生面前多少还有点儿害羞，但是对那些读二本、三本大学的漂亮女生还是应该有很大的吸引力的。然而结果还真不像他们想的那样，因为人家根本不把这些"才子"引以为豪的东西当回事。找聪明女生的好处有很多，比如从优生学上考虑，母亲的智力水平对孩子的智力影响比父亲更大。如果大家希望孩子比较聪明，将来读书不要太辛苦，最好找个聪明的女生。

漂亮的女生虽然不多，但是遇到她们的机会还是有的，可是遇到一个像摩根所说的那样"迷人、有气质、聪明"的女生，就非常困难了。容貌靠遗传，而魅力则靠培养。我们常说"大家闺秀"，其实就是指她们从小受过很好的培养，才有了一般人所不具备的迷人之处。"罗辑思维"的首席执行官脱不花（李天田女士）讲过，想了解一个女生20年后的样子，看看她的母亲就知道了。当然，时代在进步，一代人更比上一代强，孩子通常会比父母优秀，但是家庭和周围环境对人的影响常常是深远的。

除了迷人、有气质、聪明，一个女生自己对恋爱和未来家庭的看法也很重要。婚姻是两个人的事情，如果一个人心智不成熟，或者两个人的价值观和文化习惯完全不匹配，婚姻是难以长久的。那些永远离不开妈妈或者自己家庭的女生，将来在自己的婚姻中会有问题。在这方面，男生应该有足够的独立性，并且承担对自己未来家庭的义务。在一个完美的婚姻中，双方都要明白关系的亲密程度和重要性依次是"夫妻优先于子女，更优先于双方的父母"。如果承认这种优先级，在妻子和母亲同时落水时，先救妻子还是先救母亲，就根本不是问题了。中国很多人认为，两个人的结合就是双方家庭的结合，而且小家和大家的边界分不清，我对此完全不认可。这并不是什么美德，只不过是农耕文明的产物而已。

我给男生的最后一个建议是，一个人，特别是年轻的时候，可塑性很重要。虽然我们常说喜欢一个人就要包容对方的缺点，但包容一天可以，一年可以，包容一辈子还是很有难度的。幸福的婚姻不应该是一方包容另一方一辈子。具有可塑性的好处在于，虽然一开始有摩擦，甚至在很多方面有所缺陷，但是这样的人进步会很快，磨合起来也很容易，将来日子会越过越容易。我们都知道，今天看似再完美的匹配，时间一长总要遇到矛盾，能够有一定的柔性，彼此妥协解决问题、相互适应，才能一起过得长远。

给女生的建议

毕竟我有两个女儿，因此对女生比对男生更关心一些。

大部分时候，爱情和婚姻对女生的重要性超过它们对于男生的重要性。虽然女权主义者可能反对这种看法，但是从基因的角度讲这是早就决定了的，而且哺乳动物得以进化到今天，必然有它的合理性。也正因为如此，无论是在文学作品中还是在生活中，女生父母对孩子婚姻操的心比男生父母要多。在简·奥斯汀的名著《傲慢与偏见》中，班内特夫妇有 5 个女儿待字闺中，那可真是操碎了心。在生活中，几乎每一位女生的父母都像班内特夫妇一样。当然，对自己婚姻和前途最关注的肯定还是女生自己。

世界上每一个女孩都有一个属于自己的公主梦。在很多人看来，最理想的婚姻莫过于找到一个合适的人，从一个完美的爱情再到一个完美的婚姻。世界上确实有很多动人的、完美的爱情，很多故事确实非常感人，它们不仅出现在虚构的文学作品中，比如中国的《梁祝》、英国的《罗密欧与朱丽叶》，而且在现实中痴情的男子也是有的。

但丁一辈子始终不能忘情他只见过两面的贝雅特丽齐。第一次见面时，贝雅特丽齐还是一个小姑娘，但丁就爱上了她；第二次见面时，对方已经嫁人，然后不久贝雅特丽齐便病逝了。但丁为此终身遗憾，在他的《神曲》中，贝雅特丽齐被刻画为引导他的使者。

这类故事总让人心碎，也让人对专情的好男人有所指望。我在大学读《神曲》时，不禁对佛罗伦萨心驰神往，想着有一天去阿尔诺河畔的廊桥，体验一下但丁遇到贝雅特丽齐的情景。和但丁类似，牛顿也被描写为一个钟情的好男人，他为了一个药剂师的女儿一辈子没有娶妻。在中国，也有一辈子想着林徽因的金岳霖。

不过，这些故事都有一个特点，就是以悲剧结尾。或许是因为悲剧的爱情没有结果，才让人有无限的遐想，也让人觉得如果悲剧不发生结果一定是好的。但是，如果罗密欧真的娶了朱丽叶、但丁娶了贝雅特丽齐，或者牛顿娶了药剂师的女儿，又会如何呢？我们只能假设"结果会好吧"，仅此而已。事实上，完美的爱情并不意味着完美的婚姻。

在历史上，富有传奇色彩的茜茜公主被剧作家们描绘成获得了幸福爱情的人，然而在真实生活中，她的婚姻并不幸福，尽管她的丈夫很爱她。今天，有很多人在研究牛顿时发现，他对宗教和科学的兴趣可能要远大于对女人的兴趣，他如果真娶了药剂师的女儿，后者或许一生都会很孤独。

讲这些故事是要说明，婚姻和恋爱是不同的。恋爱是激情，是化学物质分泌所带来的愉悦；婚姻则是由两个人一同构造一个舒适的共同体，在那个共同体中，双方都将受益。你可能注意到我用了"舒适"这个词，如果用英语里的cozy我觉得更合适，只是我没有找到非常好的中文词语对应它，或许温馨也是其中一部分含义。

一段完美的爱情，仅仅是一个好的开局，但并非完美的全过程。靠化学物质维持的激情并不能持久，因为接下来要看在激情降温后是否能将它变成一份温情、一种亲情关系。在这个过程中，不仅需要双方努力，而且需要对方是一个合适的人，否则再努力也没有用。

我给女生的这个建议可能有点儿毁三观，却是事实。在中国，通常大家接受一个观念，就是老实本分的男生靠得住。我们经常看到很多政治正确的心灵鸡汤文也向女生传递类似的信息，以至不少女生觉得，找一个自己控制得住的，甚至有点儿窝囊的男生相对安全。

这个想法其实站不住脚。我想告诉女生的是：世界上没有什么老实的和不老实的男生之分，只有对你好和对你不好的人，维持长久婚姻靠对方老实是没有用的。

我回想了一下几十年来见过的那么多男生，坦率地讲，没有见到几个真正老实的。相反，通常让大家大跌眼镜、出轨离婚的，大多数是被公认为"老实"的丈夫们。而很多看似很规矩的模范丈夫，包括一些在大家想象当中应该是行为楷模的人，比如中青年学者、有头有脸的公众人物，暗地里却都流露出对年轻漂亮女性的爱慕表情，甚至一些人还利用自己的光环与身份和一些漂亮的女性维持一种暧昧关系，只是这些事情通常外人并不知道罢了。等到有个别人的这种行为被发现后，一下子让整个媒体都惊呼大跌眼镜，其实被发现的只是冰山一角而已。

很多人没有出轨、没有离婚，只是没有贼胆、没有贼能力，或是经过反复考虑发现做那种事情不合算而已。那些真正对妻子特别好、特别忠心的男人有没有呢？确实有，我也见到过，他们大部分都是共同患难过的夫妻。不过那些男人并没有被人贴上忠厚老实的标签。可见，男人看上去老实和婚姻的稳定没有什么关联性。

讲到这里，读者朋友可能会觉得我把很多男人都骂了。其实这本身并不说明男人有什么不好，或者说道德水准太差，这是人的本性使然，或者基因为了延续自身而使人变成这样。如果男性不好色，人类这个物种早就濒临灭绝了。熊猫之所以成了濒临灭绝的动物，就是因为它们对"性"失去了兴趣。

人类之所以不断地繁衍，其实基因里都有好色的成分。不仅男人如此，其实女生也这样。如果你注意观察，会看到一些财富早已自由的女士，找的丈夫都很年轻英俊，而且很多大男人，明明自己有高学历，却甘心赋闲在家。既然喜欢外表是人的本能，就不要强行改变它，只能因势利导，找一个能够对自己好的男人。

能对自己好，不能看对方怎么说，而要看他怎么做。不仅要看他在热恋中如何对自己，也要看他如何对别人，以及能否比较长的时间对自己好。在恋爱中的男人，总是爱讲甜言蜜语，这或许是真心，但是等到激素的分泌减少后，男人常常就不认账了；而恋爱中的女生还常常吃这一套，对方说什么她信什么。

在美国有个笑话。一个男生哄女生说："你知道'ABCDEFG'是什么含义吗？"女生说不知道。男生说："A boy can do everything for a girl."也就是"一个男生能为一个女生做任何事"，女生听了感动得就跟了他。用不了多久女生就发现，不像男生说的那样，于是就指责男生。

男生说："还有后面三个字母没说呢，IJK，'I'm just kidding'。"意思是"我是开玩笑的"。

比相信花言巧语更傻的是那些不断被同一个男人骗，还不断给他机会的女生。有些女生讲，宁可相信鬼，也不要相信男人的嘴，这话是有道理的。

看一个人是否对自己好，首先要看他的"婚姻观"，即是否认可夫妻间关系的重要性高于其他关系的重要性。我讲过，中国人老爱纠结"是先救妈妈，还是先救老婆（女朋友）"。我首先希望女生不要问男生这个傻问题，因为这种问题实在让男生不舒服，男生通常也不会诚实地给出答案。毕竟，女孩子总得大气些。

如果你是一位女生，我建议你仔细观察他，你会发现他对这个问题的真实想法。如果他经常纠结这一类问题，或者找理由来解释为什么他家里人比你更重要，趁早对这种男生说"再见"，因为他将来永远有借口把你牺牲掉。

当然，一个男生最终能否对你好，还要看他有没有这个能力。大部分男生都会描绘一个美好的未来，但是很多人根本无力实现它。这里我说的能力不是指对方现在的经济实力，那都是存量，很快就花光了，而要看他有多少创造未来的能力。比如，一个过于木讷而不谙世故的人，在"对你好"这件事情上的能力恐怕就比一个天天设法让你生活丰富起来的人要差很多。当然，能够发现一个男生的美德和未来的价值（包括经济上的价值）也很重要。

大家会问，怎么判断男生未来的前途呢？其实聪明的女生从来不缺这个本领，她们比较善于判断男生未来的前途，而漂亮的"花瓶"却常常判断不清楚，这最终会导致悲剧。我们常常说一朵鲜花插在了牛粪上，很多漂亮女生因为围着她转的男生实在太多，而没有足够的判断力，以至挑花了眼最后选择了一个很差的。这也从另一个角度诠释了我所说的"聪明的人会欣赏聪明人"。

如果一个女生有幸找到一个用行动对自己好，而且有能力在将来对自己更好的人，牢牢把握住他吧。中国还有句老话，"嫁得越早，嫁得越好"。这句话并不绝对，但还是有些道理的。今天不会有人十几岁就结婚，因此不需要担心早婚，但是拖到 30 多岁还不结婚就未必是好事了。

一位名医告诉我，对于女生，从生理的角度讲，嫁得早有非常多的好处。今天很多人因为在职场上打拼，总是在想今后还有机会，事实上红颜终将老去，不如趁年少的时候好好享受生活。

我的这些建议都算不上很具体。毕竟感情这种东西世界上 70 亿人就会有 70 亿种看法，它完全靠自己感受，而我讲的也是一家之言，不过是给男生女生们做参考而已。毕竟幸福是要靠自己把握的。

先让父母成熟起来

看到这个题目大家可能感到有点儿奇怪，我们常常说让孩子们成熟起来，为什么说要让父母成熟起来？原因很简单，中国很多父母并不成熟。很多父母托人找关系要和我聊聊他孩子的发展，我极其不愿意给人这方面的建议，因为实在事关重大，有时碍不过中间朋友的面子，也只好见面听他们聊一聊自己的想法。大部分时候我听完这些父母的介绍，发现问题不在孩子身上，而在他们身上。

2016年年底，我在"得到"《硅谷来信》专栏写了一篇《先让父母成熟起来》的来信，发表出来后引起了巨大反响，赞同者有之，反对者自然也不少。但是不论持哪一种意见，大家都认可父母在子女成长中起着重要作用，也认可父母的局限性会影响孩子未来的发展。而当时触发我想要谈谈这个问题的原因，竟是一条有点儿八卦的新闻——张靓颖的母亲通过媒体站出来公开反对女儿的婚姻。

关于这件事，媒体上已经有了非常多的报道，这里我就不做细节描述了。如果简单地概括一下事情的经过，大致是这样的：张靓颖在微博上宣布将与男友冯轲结婚，她母亲发表了一封致社会公众的公开信。信中述说了冯轲的一些不是，认为他不是一个可以让女儿托付终身的男人，并反对这桩婚事。

张靓颖的母亲讲的是否是事实，我不知道甚至不太关心，因为那不是问题所在。这位老人的想法和做法是否有道理？我认为并没有（道理）！当然大家可能会问："你连事实都没有搞清楚，怎么就乱下结论？"原因很简单，首先，这不是一位母亲该做的事情；其次，她的做法也不对，这正是我要讲的事情。至于冯轲是不是好人，这是张靓颖自己的事情，更何况如我在前一节所述，男人是很难以好坏来衡量的。当然，我说的也未必正确，只是把自己对这个问题的思考陈述出来而已。

张靓颖母亲对孩子的担忧，我完全理解。中国很多父母过分关心自己的孩子，生怕他们走错了路、吃了亏，或者错过什么好机会。在我的《大学之路》一书出版后，很多父母找我聊他们的孩子，这些父母几乎都是中国的高级知识分子、精英阶层和高级官员，他们的孩子并非上不了好学校，或者在职业发展上不顺利，恰恰相反，他们中的大多数孩子是在中国或者美国最好的大学读书，进了世界最著名的公司或者从事着很有前途的职业。比如，很多孩子是在国内的北大和清华，或者国外的斯坦福大学、卡内基–梅隆大学等著名学府里读书，而工作单位也是在谷歌、微软、亚马逊，或者知名的投资银行、大型咨询公司等。这样的年轻人在大部分人看来已经很有出息了，中国有一个专门的名词来形容他们——"别人家的孩子"。但是他们的父母还是不放心，生怕他们选专业或者就业时吃亏，甚至在公司里选错了项目吃亏。

　　遗憾的是，这样过度的关心对孩子不仅没有好处，还可能坑了他们。我们不妨从下面三个角度来分析一下这个问题。

　　第一，虽然中国有"不听老人言，吃亏在眼前"的说法，这在两千年几乎一成不变的社会里，或许有点儿道理，但在社会变化日新月异的今天，老年人的见识未必比年轻人更正确。如果我们相信社会的变化总体上是进步的、往前发展的（而不是倒退的），那么年轻人的所知所得，从总体上讲一定比上一代多。那些像蚂蚁一样的小公司，尚且有可能后来居上超越已经非常辉煌、体量比它们大许多倍的大公司，更何况一个新时代的个体在接受更好的教育后超越上一代的个体呢？小公司实现超越的原因是理念更新，它们和大公司之间是新旧时代的竞争，旧的时代一定竞争不过新的时代。同样的道理，如果两个年轻人在社会上竞争，一个是新时代的思维方式，一个是父母传递给他们的旧时代的思维，后者不免会败落，甚至被淘汰。我在《大学之路》一书中讲，教育中最可怕的事情是，用上一辈的思想教育这一辈的人如何去迎接 20 年后的未来。

　　第二，可能有人会问，如果年轻人跌了跟头怎么办？或许我有点儿宿命论，但是我相信"是福不是祸，是祸躲不过"的道理。这不仅在投资上是个铁律，在人的成长上也是如此。人不可能一辈子不栽跟头，如果一定要栽跟头，早一点比晚一点好。无论父

母多么正确，也不可能呵护孩子一辈子，孩子终究要长大。如果
20 岁栽跟头，有的是机会站起来，到了 40 岁再栽跟头，站起来
就没有那么容易了。美国开国元勋之一的杰斐逊就经常讲，要相
信年轻人，相信未来。

对于自己的孩子，我从来没有限制她们做什么、找什么样的
男朋友。大女儿对于自己未来的职业想法已经换了三次，我从来
不过问，最后被她通知到就好。在我看来，年轻的时候栽栽跟头
没有什么了不起，能够因此成熟起来反而是件好事情。有一次在
她所在学院和他们院长谈公事，谈话间院长问起我孩子在学校的
情况，都选了哪些课程，我说我一无所知，但是我相信老师们会
帮她解决这些问题。那位院长颇为奇怪我会非常仔细地和他谈论
学院里一些教授的科研，却不过问女儿的学业。我说，教授们或
许会觉得我的建议有价值，因为我过去负责过一些科研工作，但
是我的女儿未必这么觉得。虽然我知道她如果听了我的建议在学
业上或许会顺利得多，但我并不打算强制她听我的意见，孩子的
生活是她自己的，栽跟头、走弯路都随她去，好在年轻人总是有
试错的本钱，管多了只能添乱。我母亲常对我讲，儿孙自有儿孙
福，我想这是老人应有的智慧。这是我想讲的第二点。

第三，也是最后一点，我是说给中国的父母听的。在现代社
会，婚姻更多是两个人的事情，而不是一大家子一起掺和的事情。
相比西方国家，中国的父母比较爱干涉孩子的婚姻，虽然他们是

出于好心，却未必能起到好的作用。30年前中国人的婚恋观非常简单，父母那点成功的经验放到今天早已没有了什么价值，如果父母的婚姻都失败了，再给子女出谋划策就更显得可笑了。虽然他们会说失败是成功之母，但是没有成功过的经历可能带来的是另一次失败，而不是成功。我曾经遇到过一位各方面条件都不错的职业女性，年纪已经不小，但婚恋就是不顺利，后来才知道她背后有一个不成熟的母亲和姨妈在不断地给她出馊主意。

　　父母成熟起来的意义何在？只有父母成熟了，才能让孩子有一个好的起点。父母应该明白，自己生活的年代比子女们早了30年，接受的是30年前的理念，代沟是一定存在的。如果父母意识到这一点，就需要和孩子们一同学习、一同成长。很多年前，当高中生和大学生都痴迷于脸谱网时，已经35岁的拉里·佩奇讲，他不觉得脸谱网对30多岁的人有什么用途。拉里·佩奇这样思想开放的互联网精英尚且不能理解小十多岁的学弟学妹们的想法，更何况隔了一代人的父母与子女之间呢！几年后，我向年轻人了解为什么他们喜欢"阅后即焚"的社交产品Snapchat（一款照片分享应用），我发现年轻人的一些想法，年长10岁的扎克伯格确确实实是无法替他们想到的。我的两个女儿年纪仅仅相差6岁多，使用互联网的习惯就完全不同，在妹妹看来，姐姐使用的脸谱网和其他互联网服务都是"老人家"的产品。后来，在接待年轻创业者时，只要他们做的是和年轻人有关的产品，我和合伙人都要让我们的孩子们来试用，然后谈体会，因为年轻人有很多老一代人所没有的看问题的视角。

父母成熟，首先自己要不断地进步。父母是孩子最好的老师，孩子的观察和学习能力其实非常强，父母身上哪怕有一点点的坏习惯，孩子很容易就能学会。很多父母自己经常看无聊的电视节目，长时间地打麻将，却逼着孩子读书，可以想象孩子读好书的可能性不大。还有一些父母当着孩子的面相互争吵，或者和别人争吵，这些其实都在影响着孩子的成长。我的一位校友，自己创业非常忙，但是仍然把孩子培养得非常好，后来孩子上了哈佛，我问他是怎样解决孩子的教育问题，他说："把孩子也培养成小创业者。"在上哈佛前，他的孩子组织起一个慈善组织，经营得不错，在当地也小有名气。现在他的孩子虽然上学去了，这个组织依然在当地发展得很好，说明他当初做的事情很有前途。事实上，我的这位校友虽然事业非常成功，但是为人谦和，非常勤勉，他本身就是孩子最好的老师。

除了与时俱进和给孩子做好表率之外，中国这一两代父母还要完成一个非常艰巨的任务，即在观念上从农耕文明的思维方式向现代商业文明的思维方式转变。中国从1978年改革开放开始，仅仅用了30多年的时间就走完了西方国家200多年的工业化道路，将三次工业革命压缩到一次完成。虽然技术进步可以加速，财富积攒时间可以压缩，但是需要几代人才能完成的观念更新很难在一代人的时间里实现，处在这样一个变革时期的家长要特别有意识地提高自己的认知。

今天，中国依然有很多父母把孩子看成是自己的私产，不论多大都说孩子应该听自己的话、孝顺自己。这种认识其实还停留在农耕文明时代。那时没有健全的社会保障制度，一个大家族的人要抱团取暖，很多事情才能解决，养老就是最现实的问题。哪个大家族能够做到几代人和睦相处，就能在竞争中取得优势。当然这种家长制不仅让女性没有地位，也大大地限制了个人的发展。在今天，很多观念不仅显得不合时宜，而且对孩子的发展也不利。今天，如果能让孩子从心里尊重父母，在行动上愿意和父母交流，那么比停留在形式上的孝顺有意义得多。在当下，我倒认为父母和子女之间所缺乏的恰恰是彼此的尊重和理解。我的母亲和岳母在几代人间的相互关系上都有两个共识。首先，在我家，我和我妻子是主人，她们都是客人，因此没有发言权。当然，到了她们家，她们便是主人，我们没有发言权。其次，对我的孩子怎么教育由我们自己决定，她们不多发言。很多人都说我们家里的老人很开明，但是她们并非一开始就有这样开明的想法，而是靠自己不断地与时俱进，以及我们不断对她们施加影响的结果。我或许应该庆幸，我的父母和岳母都很成熟。

然而父母不成熟，做子女的也有责任。很多年轻人总想着让父母理解自己，也不想想父母在几十年前接受的是农耕时代的观念，如果自己不主动和父母沟通，这个代沟是很难跨越的。一些年轻人讲，我经常给父母打电话问候他们，其实这种简单的问候，以及那些彼此已经重复说了半辈子的、关于自己家庭或者亲戚之间的闲话，说得再多也帮助不了父母进步。年轻人应该把自己看成是一个成年人，用一种尊敬，而且是成年人之间的沟通方式和长辈说话，要不断将自己接受的新思维方式和理念传递给父母。

我过去会把读书心得告诉父母，把自己对时事的看法告诉他们，也会把我买的书给他们读，然后一起讨论里面的事情。这样他们渐渐发现，从我身上学到了用另一种方式、一种30年后的方式看待世界。我也会告诉他们幸福来自我自身的感受，而这一点不会因为别人的祝福或者诅咒而改变。对他们最有意义的是，当他们有了一种新的理念，再去和他们的同事或者朋友沟通时，那些老朋友会羡慕他们，羡慕他们思想能跟得上形势。这个时候，他们会真心觉得自己的孩子在很多方面已经超过他们了。

我的大女儿在高中毕业时，她的校长让每一个同学给家长写封信。我读了她的信很有感触，她除了表达了感激之外，还讲到了一个观点："既然有白天就有黑夜，那么我们不能够因为喜欢白天就厌恶黑夜。因此，我们不应该由于自己对一件事情的喜爱，就不宽容别人做相反的事情。"当时读到这里，我真的感觉受到了教育，甚至觉得这不像是一个我过去一直认为长不大的孩子说出的话。

　　再回到张靓颖这件事情，她的母亲在做法上还有两个不明智的地方。首先，她把本该在家里关起门来讨论的事情放到公众平台上，结果让谁都下不了台。聪明人做事会留三分余地，不能自己把自己逼到死角。其次，很多父母在劝说不动子女时，喜欢搬救兵。换位思考一下，如果别人这么对你，你会不会烦？如果自己会烦，何必要烦子女呢？更何况还是找了一堆水军来给孩子施加压力，更没道理了。

　　在我周围有不少来自农村或者底层家庭的子女，通过努力实现了社会阶层的进阶，很多已经成为社会精英。我接触过那些朋友家里的老人，发现他们有三个共同的特点。首先是大气、开朗，不斤斤计较，不倚老卖老。其次，虽然他们自己受教育程度不高，但是学习的愿望很强烈，愿意尝试新的东西、接受新鲜事物。有一次，一位过去长期生活在农村、现在到美国看望子女的老人和我讲："你们（指我和他的孩子）也不比过去那么年轻了，多保重身体，注意饮食，少吃红肉（指猪牛羊肉）。"我听了他最后一句话觉得很奇怪，这位老伯一直生活在农村，怎么会知道要少吃红肉这件事，这是一般美国医生给人的建议，很多中国老人觉得冬天吃羊肉是大补的。于是就问他怎么有这个常识的。他讲，来到美国后，医生们给他新的饮食建议，虽然和他过去几十年的经验不同，但是他觉得有道理就接受了。可见，一个人是否愿意接受新的知识，在于是否有开放的心态，而非过去的教育程度。最后，虽然那些老人在物质上不富有，但是在精神上会不断给予子女支持和鼓励。同样是上面这位老人，当他儿子在美国打拼最辛苦的时候，从来对孩子都是说不要有后顾之忧，孩子留在美国还是回到中国他们都支持，也从来不伸手向孩子要钱。生长在这样家庭里的孩子是幸运的，因为他们能有一个不错的起点。

孩子在某种程度上是放大了的自己，要想让他们有出息，父母们先要成熟起来；要想让孩子将来成为精英，自己要先成为精英的父母。

向死而生

我知道这个话题有点儿沉重，因为是关于死亡的，不过这是我在家父过世后一直采用的一种生活态度。这种态度，不仅没有让我的生命缩短，还让我工作和生活得比较有效率。

我在大学时有一位非常幽默的同学，他有一次骗外教说："秦始皇有一句名言——好死不如赖活着。"我们当时听了都哈哈大笑，觉得他真能白话。但是笑过之后我仔细想想，他说得确实没有错，史书中虽然没有记载秦始皇说过这句话，但是秦始皇的行为却非常一致地表明这就是他的想法。这并不是说秦始皇愚昧，因为古今中外很多人都有类似的想法。在美国，医学院是获得捐赠最多的地方，因为人都怕死。甚至有些富豪死后让人将自己的尸体冻起来，以便现在的绝症将来被攻克了自己还能复活。至于谷歌半人半仙的"科学疯子"库兹韦尔天天吃一把维生素，一定要坚持活到他所谓的人可以永生的年代，更是荒唐。2013 年，谷歌成立 Calico[①]。当时，大家在私下就聊为什么佩奇会同意投巨资（第一笔投资就有 10 亿美元）做这件谷歌并不擅长的事情，谷歌全球研发总监兼上海地区负责人郄小虎就说了一句开玩笑的话："人有了钱，就想长生不老。"果然，那个星期的《时代》周刊就以类似的题目发表封面文章——《谷歌是否能让人不死》。

今天虽然绝大部分人不想死，但是不得不接受一个现实，就是人不得不死。一些富豪虽然投入巨资试图找到导致衰老的基因、逆转衰老的趋势，但是在可预见的未来，这种努力是不可能有结果的。我曾经专门请教过约翰·霍普金斯大学、麻省理工学院、人类长寿公司（Human Longevity）、NIH（美国国立卫生研究院）、基因泰克公司，以及 Calico 的一些顶级专家，询问他们通过基因编辑或者基因修复是否能让人的寿命突破目前的极限（最新研究表明，正常人寿命的极限基本上是 115 岁[②]），答案都是否定

---

①　Calico 是谷歌公司于 2013 年成立的一家生物科技公司，现为字母表公司 Alphabet（谷歌重组后的新上市实体公司）旗下子公司，总部位于加州旧金山市，主要致力于研究对抗癌症和延长寿命相关的科技。

②　Xiao Dong, Brandon Milholland and Jan Vijg, Evidence for a limit to human lifespan [J/OL]. *Nature, 538*: 257-259 [2016-10-13]. http://www.nature.com/articles/nature19793.

的。用他们的话讲，衰老最后体现在人类身体的全面崩溃，就像一面千疮百孔要倒的墙，即使能修好一两个基因，也不过是堵住了一两个小洞，对那面要倒的墙没有多大帮助。因此，人到了年龄，诸多毛病远不是修复一两个病变基因就能解决问题的。因此，库兹韦尔说要坚持到人能够永生的那一天，可能更多是安慰自己罢了。

从哲学的层面讲，死亡其实并不可怕。我最早很严肃地思考这个问题，是在父亲病重时，因为第一次感觉到死亡离我非常近。我读了爱因斯坦和他朋友的一段谈话，这位物理学家是一位看穿了时空的智者。他说，我们对死亡的恐惧有点儿莫名其妙，我们站在"有"的世界，试图理解"无"的问题，按照"有"的逻辑，对"无"产生恐惧。这句话，不是那么容易理解，不过你会慢慢体会出它的含义。

人如果不想在"有"的世界对"无"的世界产生恐惧，就要采取一些有意义的行动。梁实秋在晚年感叹："人一出生，死期已定，这是怎样的悲伤，我问天，天不语。"这未免有点儿伤感，对于宿命，我倒是更喜欢周国平的态度："这个世界人家其实都在排着队沿着一条路往前走，停不下来，走到尽头就是死亡（到此为止和梁实秋讲得差不多）。这时，有些男人和女人搭上了腔，开始说笑起来，更多的人参与了进来，整个队伍便充满了欢乐。"我想，我们的生活其实就应该是这样的。

俗话说，除死无大难。父亲过世后，我对这句话体会非常深。每当遇到困难、挫折和失败，我就想，没关系，我还活着，活着就有希望。金融危机的时候，我曾经遇到过一天损失 20% 的财富，而且一连几个月"跌跌不休"。周围的人，包括替我们打点财务的专业人士，都急得像热锅上的蚂蚁，慌得六神无主，而我照样吃得好、睡得香。我和他们讲，没关系，我们还活着，只要活着，就有希望。每天早上醒来时，我看到一丝亮光，就从心里感激一次上苍——我今天还活着。

活着总要做些事情，但是考虑到我们最终还是要死掉的，就应该明白我们并没有时间什么事情都做。至于做什么事情，我的想法常常和别人不同，我是倒着来思考这个问题的，或者说向死而生。首先，我并不奢望活得比我父亲长很多，因此我很容易算清楚这辈子还有多少天可以做事情。其次，我把要做的事情，从最重要的开始，列一个单子，然后从单子上最重要的事情开始做。有些事情看似很重要，但是仔细想一想，其实也是可有可无，站在一生的角度看，放弃了也并无大碍。至于什么事情必须做、什么事情可以不做，我常常与他人的想法不同。那些要占据我很多时间，但是对社会、对历史并没有什么太多增益的事情，我便舍弃了。一些人问我为什么离开腾讯、离开谷歌，他们按照自己的思路有各种猜测，其实，那些事情没有我来做，也有别人能做，但是却要占据我的时间。而有些事情，只能我来做，包括将一些

知识、一些感悟用通俗的文字写出来。在我的单子上那些属于我
的事情，比别人可以取代我的事情重要得多。这个单子上的事情
要全做完，可能需要未来生命两倍的时间，我只争朝夕地做尚且
来不及，又怎能不推辞掉那些可以由别人来做的事情呢?!

　　我每次到中国出差办事，总有很多人问我，能否抽出一两个
小时聊一聊，或者吃个饭，我通常都会回绝。可能有人会觉得我
不给面子，对此我也懒得解释。我考虑问题的出发点很简单，我
的生命真的只有有限的这一点点时间。那些希望我给面子的人，
在他们看来那只是花了一两个小时的时间，而在我看来，却是被
拿走了一部分生命。为了不让夹在中间当传话筒的朋友为难，我
立了一个规矩，有事找我可以，我会根据重要性安排，应酬就免
了。我想等他们快到生命终点时会明白这一点，并非我不给面子，
而是生命太宝贵。

　　生命既然那么可贵，每个人就都希望自己的生命能够长久点，
哪怕多一两个小时都是好的。但是，绝大部分人在希望延长那一
点点生命时，常常忽略了延长它的代价。绝大部分得了绝症的人，
为了多活一两周时间，花掉的医药费超过他之前一生医药费的总
和。当然，这有时并非病人的意思，而是家属的决定。相比之下，
美国人对生死看得要透一些，这或许和不少人信奉基督教有关。

　　美国稍微有点儿财产的人，都会在非常年轻的时候立下生前
遗嘱，其中律师都要问一条，如果明知抢救不过来，是否还要抢

救。大部分立遗嘱的人的回答是否定的。中国人出于孝道，到这个时期倾家荡产都要延长那一点点生命。美国人虽然不讲究孝道，但是出于情感也不能见死不救，除非被救助者在清醒的时候立下遗嘱不需做那种徒劳的努力。基因泰克公司的科学家告诉我，对于晚期的癌症患者，即使新发明一种特效药对他们的病有效，也不过能延长 2~4 个月而已。因此，医学家们普遍的观点是，与其生不如死地多活两个月，不如用这个钱把人生几十年活好。

绝大多数人都过分看重最后的一两周，而忽视前面的几十年。在健康的几十年里，人们浪费掉的时间又何止两周呢？子女们把喝酒聊天刷手机，或者无所事事的时间省下来 1% 陪父母，多尽孝道的时间就能有几个月之久。父母们把自己忙工作的时间抽出 5% 陪子女，享受天伦之乐的时间无形中多了不知多少。甚至只要每天开车和坐车时想着系安全带，人均寿命就能延长两到三周[①]。因此，珍视生命，从平时一点一滴做起，就等于延长了我们的寿命。

一位基督徒和我讲，他父亲走的时候很平静，老人说，死亡是人对社会的最后一次贡献。我虽然不是基督徒，但我想在我生命的尽头，我也会对周围的人讲这句话的。的确，没有个体的死

---

① 根据世界卫生组织数据推算的结果。中国 2013 年每 10 万辆车交通死亡人数为 100 人，即 0.1%（大约是美国的 10 倍），相当于减少人均寿命三周左右；而如果系安全带，死亡率能下降 90%。

亡，就没有整体的发展。凯文·凯利讲，只有一种细胞不死，就是癌细胞，但是整个机体会死掉，然后它也会死掉。如果我们人不死，我们的社会就要死亡，最终每一个个体也难逃死亡的厄运。有生就有死，这是宇宙的基本规律。《自私的基因》一书的作者道金斯则从另一个角度论述了死亡的必要性。他认为，我们不过是基因的载体，所有物质（包括我们）的生命，不过是基因为了延续和进化的目的而存在的。从这个意义上讲，我们的生命真的没有那么重要。在我们有限的生命中，如果能够将遗传的信息传递下去，再将创造出的信息（知识等）流传下去，我们的生命已经相当完美。

当我们想到生命的意义，站在一生的高度过每一天时，就能活出精彩！

第二章　人生需要做减法

人的天性是喜欢增加而不喜欢减少，喜欢获得而不喜欢舍弃，但是，很多时候减少和舍弃会让我们过得更好。由于这种做法有时违背人的天性，因此很多人做不到，当然，这样也就给了那些能做到的人更多的机会。

不做选择的幸福

我在第一章聊了幸福的重要性，那么是否选择越多越幸福呢？其实未必。我们先来看一个大家颇为关注的现象——为什么印度人在美国，乃至全世界跨国公司中担任高管的人比中国人多呢？

在我们的认知中，中国人和印度人都比较聪明、用功，起点也差不多。最近这些年，由于中国经济的发展，中国人的起点甚至还略高一筹。然而到目前为止，印度移民在美国大公司中当首席执行官的非常多，比如微软的首席执行官萨提亚·纳德拉、谷歌的皮柴（今天的谷歌是字母表公司Alphabet的子公司，而Alphabet的首席执行官是拉里·佩奇）、花旗集团的前首席执行官潘伟迪等，而中国人做到这个级别的人还真没有。再往下一级，即担任《财富》500强公司副总裁的印度人也比中国人多很多。加州大学伯克利分校和斯坦福大学的一项调查表明，截至2012年，印度裔人才领导的公司占到了33.2%，这一数字目前还在增加，而在硅谷的人口数量中，印度裔只占到了6%。对此很多人认为是印度人会吹牛，拉帮结派，打压中国人。这种说法不能说完全没有道理，但是如果一个族群只会吹牛，似乎很难不断出现高管，而且还能长期做下去。因此，比较客观理性的人会寻找更合理的解释，比较流行的看法包括这样几种。

首先，不少人认为，对比大公司里是印度人还是中国人当高管的多，这个问题本身就有点儿像把苹果和橘子做对比。印度人走出国门比中国人早半个多世纪，如果按照开放国门的时间来看，中国人在走出国门的 30 年后，平均表现绝不比同样开放国门 30 年时的印度人差。

其次，可以归结为语言，即印度人的英语交流能力比中国人好。虽然印度人讲英语口音很重，但是其他英语国家的人听起来没有问题，这就如同大部分中国人听山东话和河南话没有问题一样。但是，中国人除了极少数有语言天赋的人讲英语和土生土长的美国人差不多，大部分人多少都有点儿问题，不仅有口音，而且因为词汇量小，表达意思不够准确，因此极大地限制了交流能力。此外，中国的教育重理轻文，使得中国年轻人算术水平不错，但表达和写作能力欠缺。

再次，在意识形态方面，西方国家对中国多少有些防范，但是它们并不认为印度是威胁，这也让印度人在和中国人的竞争中占到了便宜。不过这些原因虽然能够解释印度人在跨国公司里比中国人当高管的人数多、比例高，却不能解释为什么美国本土的精英们常常在企业里也竞争不过口音很重、对美国文化了解不如自己多的印度人。

最后，芝加哥大学商学院的奚恺元教授从幸福学的角度给出了一种我认为颇为合理的解释，那就是印度人缺乏选择的状态，以及不选择而产生的幸福感和成就感，帮助了他们的精英在公司里取得成功。

事实上，印度人无论在婚姻中还是在职业上，选择常常比其他族裔都少，而且少得多，这个特点在他们的婚姻中表现得特别突出。

今天，在世界各国，男女大多是通过自由恋爱走入婚姻殿堂的，印度人的婚姻却显得非常奇葩。除了非常少量的人像我们一样采用自由恋爱的方式结婚，大量的印度人还是采用一种古老的择偶方式，简单地讲有点儿像中国古代通过父母之命、媒妁之言找配偶。更要命的是，婚姻双方需要门当户对。在历史上，印度曾是阶层固化的种姓社会，不同种姓之间是不能通婚的。虽然今天印度从法律上废除了种姓制度，但是在习惯上它的影响力是根深蒂固的。我孩子所在的学校有不少印度裔的学生，他们的家长在聚会时会根据种姓聚在一起，高种姓的人群是不接纳低种姓的。

印度的种姓制度远比中学历史教科书里介绍的复杂得多。虽然按照一种划分方式，印度人被分成了婆罗门、刹帝利、吠舍和首陀罗 4 个阶层，但是在每个阶层内还有进一步的细分，不仅有横向的划分，还有纵向的划分。全部算下来，印度不同的种姓有十几层、几十种。在任何社会里，处在金字塔顶端的人总是比较少的，因此高种姓的子女找配偶的选择余地就特别少，这就如同日本皇室可选择的婚配对象非常少一样。印度人一旦结婚，无论男女，基本上只能从一而终，因为虽然没有离婚限制，但是离婚后再选择的空间就更小了。因此，印度人对婚姻基本上就是认命的态度。

接下来的问题来了，这种半包办的、结婚前彼此缺乏了解的婚姻能否幸福呢？根据美国学者的研究，印度人对婚姻的满意程度并不比美国人差，同等收入水平的印度人，幸福指数远比美国人要高。在美国的印度人，对婚姻的满意程度和整体幸福感要远远高于美国平均水平，离婚率则在各个族裔中是最低的，即使是从事餐饮、出租车司机、收银员和其他简单服务的中低收入的印度人也是如此。通常我们认为，当有更多选择时，我们会过得更幸福，但事实并非如此。印度人对婚姻没有选择，只好更仔细地经营他们的婚姻和家庭了，反而比那些只注重选择、不注重经营家庭的美国人要幸福得多。美国盖洛普等调查机构在对国民的幸福指数调查时还发现了一个有趣的现象，离婚的美国人，在离婚 5 年后的幸福感（无论再婚与否）相比没有离婚时并没有提高。当然，打离婚官司的律师们不同意这种说法。

人们的经济收入通常会在成功地选择职业或者更换工作单位后有较大幅度的提高，但是人的幸福感和成就的取得，却不是来回来去选择的结果，而是在没有多少选择时深度经营的结果。这种现象可以称之为"不选择反而获得幸福"。

对于印度人，他们不仅在婚姻中没有选择，在工作中大多也是如此。

印度虽然近年来发展很快，但是依然非常穷，当它的精英通过读书或者工作移民到了一个新的国家之后，几乎没有可能再回到印度，除非遇到极少的机会被派遣回国，代表跨国公司管理印度的分支机构。当然，极个别出身于名门望族、在印度有广泛人脉的年轻人除外。由于没有退路，绝大部分到了美国的印度人，只好死心塌地在新的国家里经营好自己的工作，并且在并不宽的上升通道里挖空心思、削尖脑袋往上爬。印度男人在生活上也没有太多的诱惑可以让自己分心，另外，由于女性在婚后常常不上班，承担了教育孩子和管理家务的事情，也让男人有更多的时间花在工作上。当然，这也让他们在职场上比较有竞争力。相比之下，美国人在自己的主场，有太多的选择，不仅在婚姻上如此，在工作上也是这样。因此，很多美国人不仅有选择困难症，用中国的话说就是"挑花了眼"，而且常常不能专心在一家公司、一个领域做太长时间。我们常常说美国人很潇洒，潇洒的另一面却是不够执着。

　　非常有趣的是，如果你给印度人非常多的选择，他们也会和美国人或者中国人一样犯选择困难症，甚至在职业上的表现远达不到他们应有的水平。我身边就不乏这种例子。

　　最早进入谷歌的几位印度科学家能耐都特别大，他们以前要么是大学教授，要么是搜索领域公认的顶级专家。这些人在公司里资历老、人脉广，应该能获得更多的升职空间，但是实际情况却不是这样，他们升到一定的职级后就再也上不去了。但他们不是因为机会太少，恰恰是因为可选择的机会太多。

　　2003 年，谷歌在还没有上市时，就在班加罗尔开设了印度工程院，这个研究院主管一职自然就被一位资格最老、当时职级最高的印度裔研究员拿走了。这个人到谷歌之前在学术界已经非常有名，到了谷歌贡献也非常大，得到了上下一致的认可。回到印度后，这位主管拿着美国水准的工资，过上了帝王般的生活，这本来就是他想要的。然而，由于当时印度团队的研发水平很低，项目开展不起来，加上孩子要上学了，于是他为了自己的前途着想，两年后又跑回谷歌总部，抢走一个比较重要的新项目。有了新项目自然就要大规模招人，而在美国招人不可能太快。这时，他发现自己交出去的印度团队，已经从当初的十几人变成了几百人，他招进来的印度本土员工职级已经升迁了不少。于是，为了获得更多的人力资源，他又跑去和印度团队合作。当然以他的资历还是拿到了很多人头，让他的项目得以开展。不过很快，谷歌又在其他国家开办了分支机构，他利用之前为谷歌开办研究院的经验，又跑到世界各地帮助开办新的办公室。总之，他获得了很多别人所没有的机会，但是一旦有了选择之后，他在接下来的十多年里，就一直在公司里做选择，而无法安心经营一件事情。到后来，他的下属早就职级比他高、承担的任务比他大了。

另外几个印度老员工情况也是类似，每次赶上公司扩张有了新的机会时，由于他们资格老，这些好机会就首先给了他们，包括到谷歌新成立的西雅图分部、苏黎世办公室担任主管。他们每次做出新的选择时，看似获得了更好的机会，但是肯定也要失去一些原来的东西。于是他们又重新选择，最后都无一例外地十几年如一日地在原有的职级上踏步。今天，在谷歌职级很高的印度人，包括首席执行官皮柴，反而比较晚进入公司，来了以后没有选择，只好在职业金字塔上老老实实地爬楼梯。

相比印度人，在美国的中国人今天的选择太多了，尤其是在大公司就职的中国人，这要感谢祖国的快速发展。很多人从美国名校毕业后，在一个大公司里工作几年，如果表现得好，会被提升一两次，他们原本应该继续努力发展，但是很多人会被发展更快的中国公司挖走，以至很多人想的不再是努力工作获得晋升，而是如何巧妙地用自己在美国和大公司的经历包装自己。很多人利用越来越多开始国际化的中资公司在海外设置分支机构的机会，很快就从一个底层的工程师或者产品经理，摇身一变成为中资公司海外机构的总监或者其他负责人。稍微不济的也可以回国找份好差事，拿到的薪酬待遇比美国高一倍还不止。既然有这么多的机会，还有必要在一家公司、一个领域长期努力吗？

不仅在工业界如此，在学术界中国人在海外的发展也堪忧。20 世纪 80 年代到美国的中国人，回国的很少，基本上一心一意在美国发展，他们很多人在美国的顶级大学里做了教授、系主任，甚至很多人还获得了自己所在领域的大奖。但是近年来，中国留学生能够在美国名牌大学里立足并快速发展的人越来越少，一方面是因为中国吸引归国人员的政策起了作用，另一方面是选择太多，导致人太浮躁，不愿意长期在一个地方、一个领域努力经营，而做到顶级是需要时间的。

很多时候，我们把太多的精力花在了选择上，而不是经营上，导致难以精进。或许少些选择，会更加聚焦，也会让我们更幸福、更成功。

做人与作诗：我们需要林黛玉

中国人对林黛玉并不陌生，即使是没有能够完整通读《红楼梦》的人，至少也在影视作品中见到过这个人物，或者听说过她。

林黛玉是一个能让我想哭出来的人物，在世界那么多文学作品中，能让我产生这种感觉的角色还不多见。在所有小说中，让我感到最凄惨、最难过的情节是三个年轻女性的死——黛玉之死、晴雯之死和《简·爱》中简·爱幼时的朋友海伦之死。而晴雯在某种程度上则又是黛玉的缩影。

我第一次读完《红楼梦》是在高考复习期间。那时晚上看书看到 11 点钟，觉得该调剂一下脑子，让身心放松一下，于是就读《红楼梦》。等到高考结束，这套 4 册的巨著基本上也读完了。《红楼梦》的内容实际上非常丰富，但并非所有的内容对年轻人都有吸引力，因此，我在读第一遍的时候，实际上只是关注到宝、黛、钗之间的爱情故事。我不知道有多少十几岁的年轻人（尤其是男生）第一次读《红楼梦》就能马上喜欢林黛玉，我在第一遍读《红楼梦》的时候，对薛宝钗的印象更好些。这种看法恐怕和今天很多人对黛、钗的评价类似，比如大部分人认为黛玉多病、多心、多疑、小心眼、尖酸刻薄等，而宝钗则显得知书达理、善解人意、心胸开阔些。今天，很多男生说起来都喜欢健康、性感的女性，这样一来宝钗是最合适的，而这些特质和黛玉根本无缘。不仅男生如此，很多女生也成天在想，如何让自己性感起来。一位容貌绝代的年轻女性曾经问我，如何能让自己更性感。我说你已经够让人惊艳了，但是形容之美终不如举止优雅、腹有诗书。她似乎并没有听懂我的意思，我想她恐怕也未必能懂得黛玉。

对黛玉看法的改变是读了很多遍《红楼梦》，并且对生活体会比较深刻之后。除了能够体会她的凄美、敏感和善良，还能够理解因为她身世所造成的她身上诸多的不是。当然，这些还不足以让我能够喜欢她，真正让我喜欢上她的原因，是她代表了一种作诗的性格。什么叫"作诗的性格"？不妨先看看和她对应的宝钗。宝钗是做人的性格，这个比较容易理解。

我们今天常讲"会做人"，在职场里其实就是情商高，这很具体，也是现实生活中大家喜欢的优点。但是，在文艺作品中，会做人只能算是特点，虽然有好的一面，却显得太俗，宝钗就是这样。作诗的性格则相反，它只要意境、浪漫、唯美和理想，同时不失率真，它对世俗的美德会不屑一顾。为了理解这一点，我们不妨看看《红楼梦》中的一个细节。

在《红楼梦》第二十回里，史湘云当面对林黛玉说："你敢挑宝姐姐的不是，就算你是好的，我不如你，她怎么不及你呢？"林黛玉听了当时就"冷笑"道："我当是谁，原来是她，我哪里敢挑她呢。"后来还是众人劝解开来。

黛玉的冷笑很说明问题，她根本看不上宝钗"会做人"的俗气。而众人来劝解，说明他们的境界和黛玉不在一个层次上——在整个贾府里，能够懂得黛玉的只有宝玉一个人。黛玉是作诗，宝钗是做人；黛玉有灵性，宝钗有美德。

在现实生活中，我们需要会做人，光有作诗的性格不见容于世，这一点没有疑问。但是，世界上不能缺少黛玉这样以生命作诗的人，否则一个社会就是庸俗的社会，一个国家就是庸俗的国家。

林黛玉虽然年纪轻轻就死了，但是她这种以生命作诗的精神在一代代年轻人的心里生根发芽，在我们的生活中才有了"浪漫"二字。因此，从这个意义上讲，林黛玉不曾死，因为她化作雨神，沁润到每一个少男少女心里。作诗的性格在文明进程中的作用不容小觑。如果我们追溯历史可以看到，正因为我们这个民族多少还有点儿作诗的性格，才有屈原、李白、李商隐这样的人。而在人类的历史长河中，也不乏像林黛玉这样以生命作诗的人，像贝多芬、托尔斯泰、凡·高、海明威等人。在西方的诗人中，我更喜欢雪莱、拜伦和济慈，而不是歌德，前者都是以生命作诗，而歌德活得太实在。

我们的社会有时太讲究功利，太讲究做人，纵有金山银山，也是乏味无趣的。我被很多"成功人士"拉进了各种微信群中，虽然不发言，但是可以看到大家在说什么、做什么。让我感到很绝望的是，那些群里的精英大部分时候只在做两件事——生日发红包和公司有了好消息时（比如公司上市，成为某大公司战略合作伙伴，或者当选什么荣誉职务）发红包。当我们的精英们都变得只会做人之后，社会就没有了灵性。一位中国最有名的大学的校长问我，他们学校在培养人才方面还有什么可以改进之处时，我讲，我们的毕业生太无趣了。

　　社会的上层如此，中层和底层也是如此。在互联网上，不乏把自己标榜成左派的键盘侠们，其实他们哪里懂得什么是真正的左派。在两次世界大战之间，出现了一大批真正的左派，他们是以生命写诗的人，像罗曼·罗兰、茨威格①、海明威、乔治·奥威尔（《1984》的作者）、白求恩、罗伯特·卡帕（著名新闻照片《中弹了》的拍摄者），他们在为自己的理想甚至是幻想燃烧生命，其中不少人放弃一切，在西班牙内战时去保卫马德里。甚至还有人（比如《硅谷百年史》的作者之一皮埃罗·斯加鲁菲）认为，硅谷的成功，主要靠这种林黛玉式的理想主义叛逆行为。当然，所不同的是，林黛玉得到了一个悲剧结局，而硅谷的很多创业者成功了。我虽然更倾向于保守主义主张，但是从心里敬佩他们。今天很多键盘侠脑子里想的不过是有房有车的生活，所抱怨的不过是自己还没有那两样东西，这些人多少玷污了"左派"二字。至于那些天天在媒体上发声、把平等挂在嘴边的精英，如果真的同情"难民"，不妨把他们安置在自己的家中，而不要把他们安置在不欢迎"难民"的社区。

----

　　① 斯蒂芬·茨威格（Stefan Zweig），奥地利小说家、诗人、剧作家和传记作家。代表作有小说《象棋的故事》《一个陌生女人的来信》《心灵的焦灼》，回忆录《昨日的世界》，传记《三大师》《约瑟夫·富谢：一个政治性人物的肖像》。——编者注

新东方的创始人俞敏洪不止一次发出感叹，北大和清华培养了太多精致的利己主义者。我们的社会有太多的薛宝钗、太少的林黛玉。很多人问我，机器智能取代人之后，人怎么办？我说，人有两个上帝赋予的特殊天赋是机器所无法取代的：一个是艺术的创造力和想象力，另一个是梦想和浪漫的情怀。如果你的生活和它们相关，你不用为自己担心，因为你总能想到机器想不到的事情。古人类学家一直想搞清楚为什么我们的祖先现代智人在和（包括聪明的尼安德特人在内的）各种人种的竞争中最终胜出，目前比较确定的答案是，我们的祖先是唯一具有梦想能力的物种。这个天赋传到了林黛玉的身上，也传到了我们每一个人的身上，我们必须要用好它。

人生不仅要做人，也要作诗。中国从来不缺乏会做人的人，尤其是在当下时代，因此仅仅会做人是难以脱颖而出的，如果还会作诗，便容易鹤立鸡群了。

西瓜与芝麻

我在商学院讲课时，常常讲这样一个故事。

王妈妈生了三个女儿（在农村超生是很正常的事情），大女儿初中刚毕业，王妈妈就让她外出打工去挣钱了。大女儿到了富士康，每个月能挣2000多元，女孩很孝顺，除了自己花，还寄给王妈妈一些。王妈妈觉得不错，等二女儿读完初中就让她辍学，也到深圳去给郭老板打工挣钱去了，当然王妈妈又有了一份收入。每送出去一个女儿，她就多一份收入，但是即使如此，她的日子依旧过得紧巴巴的，看不到前途。

王妈妈孩子的老板郭台铭则不然，他从每个女工身上赚20%的剩余价值，但是雇了几百万名像王妈妈女儿这样的员工，这使得他的财富在2017年达到了480亿元人民币左右。因此，以王妈妈的思维方式不仅永远接近不了郭台铭的水平，也不能理解自己为什么穷。王妈妈想，要是能有10个女儿就好了，这样就有10份收入。姑且不说王妈妈年岁已高生不了孩子了，就算她还能生，一辈子能生的孩子毕竟有限，因此她看来注定是穷苦的命。

好在王妈妈的大女儿出去几年，见了世面，知道每个月挣2000元不是长久之计，于是告诉妈妈一定要让家里的老幺读书，改变命运。王妈妈终于想通了这个道理，不再让三女儿辍学，让她读完了高中，上了专科院校，这样老幺就成了有技能的人，而不是靠出卖体力谋生的人。虽然老幺可能一辈子仍然无法望到郭台铭的项背，但是有了一个良好的开端。

我们中国人对这种事情有个通俗的比喻——芝麻和西瓜。郭台铭是捡西瓜，王妈妈则是捡芝麻。一个西瓜的重量是芝麻的两万多倍，因此，捡芝麻捡得再勤劳，也捡不出西瓜的重量。当然，大部分人看到这里可能会不耐烦地讲，这个道理谁不懂啊。遗憾的是，大部分人还真不懂。我们不妨看看下面那些在生活中捡芝麻的行为，就知道我所言非虚。

- 为了拿免费的东西打破头。
- 为了省一元出租车钱，在路上多走 10 分钟。
- 为了抢几元钱的红包，每隔三五分钟就看看微信。
- 为了挣几百元的外快，上班偷偷干私活。
- 为了"双十一"抢货不睡觉。
- 为了一点折扣在网上泡两个小时，或者在北京跑五家店。

……

这些人的问题不仅在于时间利用得非常没有效率，更糟糕的是他们渐渐习惯了非常低层次的追求。人一旦心志变得非常低，就很难提升自己、让自己走到越来越高的层次上。很多时候，不仅是那些低收入的人会计较芝麻大的事情，很多经济状况不错的人也不例外。不少人请我带过一些奢侈品，美国比中国可能可以省 10%~20% 的价钱，一个苹果手机或一个名牌手袋也许能省几百元到两三千元。这笔钱算不算是芝麻呢？对于能够支付那些物品的人来讲，依然是芝麻，为了省这点钱花了很多心思非常不值，何况请别人带还欠人家一个人情。在这里我不想评论每个人的购物方式，但是要指出的是，当一个人的心思放到了捡芝麻上，他就永远失去了捡西瓜的可能性。

一个人在工作中也常常容易捡芝麻、丢西瓜。我在前面提到的伪工作者就是捡芝麻的典型例子。那些人习惯于做简单、重复且价值又低的工作，因为那种工作不需要太动脑筋，不会遇到非常大的困难。但是，人一旦习惯于这种工作，真正有创造性的工作就做不来了。我曾经批评过 2016 年在阿里巴巴抢月饼的人，以及为他们开脱的人，他们行为本身的对错倒在其次，这种把心思放在捡芝麻上的人，让我瞧不上，因为他们永远地远离了西瓜。糟糕的思维方式和衡量价值的标准，决定了人不幸的命运。

不仅个人如此，一个单位和公司也是如此。在互联网历史上曾经辉煌的雅虎，从全球第一大互联网公司走到被出售的地步仅仅经历了 10 年时间。虽然从大环境上讲它运气不太好，遇到了谷歌和脸谱网这样更强大的公司，但是它在产品上捡芝麻的习惯也害了它。雅虎所开发出的互联网服务数不胜数，用户在使用它的产品前，不得不先搜索一下产品的网址。然而，这么多产品却没有什么是世界第一的。很多产品在线服务的流量和赢利能力非常有限，贡献的都是一些小芝麻，把它们最后加起来，还不如谷歌一个产品带来的收入高。

在任何市场上，像雅虎这样的公司很多，它们看到别人在一个领域挣了钱，自己也要涉足那个领域，最后分到芝麻大一点的市场份额，得不偿失。与其这样，不如把自己的专长发挥好。

苹果公司的产品线一个巴掌就能数过来，却是全世界挣钱最多的公司，因为它在捡西瓜。捡西瓜的人在思维方式上和捡芝麻的人完全不同，他们不会为那些蝇头小利动心，而是把目光放得更长远。乔布斯在回到苹果时，发现公司内一大堆的项目和产品都是小芝麻，他在那些项目和产品上一个个画叉，直至剩下个位数的产品，再把它们每一个变成西瓜，这才救活了苹果。

除了眼光和思维方式的不同，捡西瓜更是要有能力的，它不能靠运气，而是需要长期培养才能获得。我们在职场中的每个人，与其把心思放在赚小钱上，不如把它们都聚焦到一点，练就捡西瓜的能力，让自己从同事中脱颖而出。通常，人有能力晋级一个台阶，贡献、职责、影响力就可能增加一个数量级，至于收入就更不用发愁了。当然，世界上捡芝麻的人多、捡西瓜的人少，你如果致力于捡西瓜，就要耐得住寂寞。有人说，我没有遇到西瓜啊，其实不是没有遇到，而是因为你满眼都是芝麻，天天为捡芝麻而忙碌，就没有机会练就捡西瓜的能力了。

回到王妈妈的故事，她应该庆幸有一个能够改变自己思维方式的大女儿。正是因为这个女儿，她们全家才能够改变命运。遗憾的是，大部分人捡芝麻的思维方式一辈子也改不了，今天那些还想不清楚为什么不该写程序、不该抢月饼的人就属于这一类。不过，也正是因为这样，才给那些立志于捡西瓜的人足够的机会，毕竟世界上西瓜要比芝麻少。

捡西瓜并不难，因为大家喜欢捡芝麻，这个秘密你不妨告诉更多的人，不用怕他们来和你抢西瓜，因为大部分人见到芝麻依然会去捡，捡多了，西瓜自然就留给了你这样有智慧的人。

生也有涯，知也无涯

在中国的思想家中，庄子是一个"异数"，可以讲前无古人、后无来者。之前我们在谈到林黛玉时说，正是因为我们的民族还有一点点作诗的性格，才有庄子这样的人，因此毫无疑问，庄子是一个充满了奇特想象和浪漫色彩的人。当然，无限的想象力和浪漫的色彩只是他表述自己那一套完整的哲学思想的方法，这样寓理于生动的寓言中，让大家容易理解，因此《庄子》是一本既有趣又充满智慧的书，我将它推荐给了所有的大学生。庄子很多睿智的思想不仅植入了我的思维中，而且也是我行动的指南。"做减法"就是我从《庄子》中学习到的一种智慧。

庄子在《养生主》一章中开篇讲了这样一句话："吾生也有涯，而知也无涯，以有涯随无涯，殆矣。已而为知者，殆而已矣。"它的大意是，我的生命是有限的，但是知识是无限的，以有限的生命追求无限的知识，是要失败的。已经知道这个事实还要为之，失败是确定无疑的了。

罗振宇老师在很多场合把我说成是一个善于利用时间，同时能做很多事情的人，以至很多人也这样看我，于是写信问我做事情的时间是如何挤出来的，怎样才能同时做更多的事情。其实，罗振宇老师是在往我脸上贴金，我虽然时间管理得还算好，也不能同时做很多事情。我做事的诀窍（如果这也算是诀窍的话）恰恰和大家想的相反，就是少做事，甚至不做事。当然，我把这个答案告诉提问者时，很多人会说，每天的事情那么多，这件事情应该做，那件事情也是必须完成的，怎么可能不做呢？我会对他们讲："这是因为你已经陷入了常人的思维定式，你说的那些事情如果不做的话，难道天还能塌下来吗？"

如果说我比常人有什么优点的话，那可能有两个：首先，我能够跳出思维定式，换一个角度来判断一件事情的重要性；其次，我敢于舍弃。而这两点，都是从《庄子》中悟出来的。

我在大学里读《庄子·养生主》时，感慨万分。首先，我感叹他的智慧，他在那么早就能够站在一个很高的维度，把"有限""无限""永恒"这样一些概念考虑得那么透彻。其次，他清楚地告诉我们，因为时间有限，不可能什么事情都要做，必须要有所舍弃、顺其自然。

在很多时候，我们会陷入一种思维定式不能自拔。我们在生活中经常遇到这样的人，他们有习惯性迟到的毛病，而每一次理由都还不一样。比如，今天出门之前，刚好母亲打来一个电话，总不好不接，于是耽搁了一点时间；而昨天的迟到则是因为在地铁站遇到一个老同学，对方要寒暄几句，不和人家说几分钟话会显得架子太大，太不给面子了；前天参加聚会迟到则是有别的理由，本来做好的准备提早下了班，但是快到聚会的地点时，一看时间还早，顺道去家乐福买了个化妆品，可不巧赶上收款的队排得很长；大前天下班接孩子也迟到了，因为下班前同事跑来聊了两句，就耽搁了 5 分钟，谁知晚出来这 5 分钟就赶上了下班的高峰期，于是堵车了。我发现，这些人迟到的毛病基本上改不掉，因为他们有一个思维定式，临时插进来的事情必须要做，不做就没礼貌、没面子，或者就亏了。其实那些事情如果不做，天根本不会塌下来。

每当别人问我："怎么才能每天有更多的时间做事情，或者如何能够抓紧时间？"我总是告诉他们："你不可能有更多的时间，因为你已经很抓紧时间了。你需要做的是跳出原有的思维方式少做事。如果你想通了很多事情不做其实也无关大体，就不要去做它们，这样你就不会天天忙忙碌碌了。"如果一个人不能够把一件事情做好，他首先想到的就应该是少做事情，而不是让自己更忙碌。在工作中，每当我发现如果交给一个下属他似乎不能胜任的工作量时，我从不会要求他花更多的时间在工作上，比如加班，因为他在压力下要么会手忙脚乱，一件事情也做不好，要么干脆就糊弄事。这个时候，我会让他交出一部分事情给别人做，但是剩下的事情必须按时完成并且做好。当然，有些急于晋升的人会和我说："我能行，我再努力一点，我周末能加班。"但我一般从不给他这样的选项，因为如果让他同时做几件事，最后公司的收获是 0；如果只让他集中精力做好一件事，公司好歹会收获 1。

跳出思维定式有时需要大胆的反常规思考，甚至舍弃很多利益。我 2014 年年底离开谷歌时，很多人问，公司付给你那么多钱，待遇那么好，工作又灵活（但是不轻松），为什么要辞职呢？我说在谷歌的工作占去我太多时间，以至我没时间做别的事情，比如写书。这里面我和别人想法不同的地方就是我想通了，要想换取更多的时间，就必须牺牲很多经济利益。大部分人会在时间和金钱之间选择金钱，当时很多人和我讲："如果没有时间做别的事情，应该减少其他事情来保证支付你高薪的那份本职工作。毕竟，你说的其他事情，应该是用'业余'时间去做的。如果没有业余时间，就放弃掉和工作无关的其他事情好了。"这是一般人的思维定式，过分地考虑了钱的因素，而忘记了人一辈子的时间是有限的。如果换一个角度来想这个问题，生命是由有限的时间构成的，而钱超过一定程度后，其实并不重要了，那么也就容易明白为了获得时间而辞去高薪工作的道理。

当我们跳出一般人的思维定式，重新审视人生时就会发现，可以不做的事情实在太多。接下来，就是下决心少做事情，然后把几件该做的事情做好就行了。

为了进一步说明少做事情的好处，我再分享一下我身边两个人的经历。这两个人都是想出国的女生，基础都不算好，智商也不算高。其中一个人，我们不妨称之为A女士吧，是国内一个三本大学的毕业生；另一个人，称之为B女士，是从护校毕业的护士，学历是大专。因为她们毕业的学校不算好，所以在单位里升迁的机会自然不多。

A女士因为亲戚是我过去的同事，请我帮忙看看怎样能够帮她出国读书。我告诉她的亲戚和她本人，现在出国读书其实很简单，比20多年前我出国时要容易很多，但至少要把托福先考过。A女士工作并不忙，因为在单位里没有人觉得她能够独当一面，一直没有交给她那种特别难完成的任务，不过杂事还是有一些的。A女士自己很把这些杂事当回事，今天说单位里有这样一件事要她做，明天又来了另一件事。至于剩下来的时间，她还要花掉很多用在和一大群亲戚朋友的聚会上，而过去时不时要做的美容美甲也舍不得停掉。在她看来，这些事情都是不得不做的。几个月后，我好心问问她的进展情况，她不愿意说，她的亲戚替她打圆场向我讲，A女士好像太忙了，没有时间读书，还说有时为了读书搞到深夜，似乎太累了，效率也不是很高。又过了几周，我再了解一下她准备复习考试的情况，结果很不乐观，我发现她一个星期恐怕连10个小时学英语的时间都没有，而她给我的解释就是事情太多太忙。最后的结果就不用说了，两年下来一本托福单词书还没有背熟，而与此同时，她本职工作也没有做好。后来她的亲戚也不好意思再找我帮忙了，但据我所知，她还在原来那个不死不活的单位混事，而且工作依然没有起色。

B女士毕业后就进医院当了护士，每天都在医院工作8个小时，有时还要值夜班。B女士也并不是很聪明的那种人，不过为了出国，她把剩下来的时间全部用在准备托福和GRE（美国研究生入学考试）上，所有的交际应酬一律取消，晚上值夜班时没有太多事情，她就背单词。两年后，她居然被约翰·霍普金斯大学的公共卫生学院录取为硕士，要知道该校在公共卫生领域全美排名第一。我是在美国遇见她，听她讲自己的故事的。对这个大专毕业生能被录取，我感到非常惊讶，问她有什么秘诀，她说很简单，少做点事情就好，把要做的事减到最少。十几年后，她居然在一家全球500强的医疗公司做了经理。大家平时看她真不觉得她是个聪明人，又问她是怎么做到管理层的。她说，我比较笨，一件事花好长时间才做得好，因此不能像别人那样今天做一件事、明天又换一件，我要花很长时间做一件事，到美国工作十几年，只跳过一次槽。

对比这两个人，我不能说A女士不努力，但是她不懂得舍弃的智慧，谁也帮不了她。B女士也并非什么天才，她只是把能舍弃的都舍弃了而已。

既然我们的生命很有限，我们需要时刻提醒自己的就应该是少做事情、做好事情。在低水平上做很多事情，花两倍的时间只能获得两倍的收益，但是如果把时间集中起来将事情做得比别人好，两倍的时间可以获得10倍甚至更多的收益，这就是我常讲的捡芝麻和捡西瓜的关系。人有一个弱点，就是见到小便宜想去占，很多利益舍不得放弃。很多做IT的人可能都有过这样的经历：今天张三有件事找你帮忙写个代码，承诺给2000元；明天李四给你找了一个挣外快的机会，你又能挣到3000元；后天王二麻子求你帮他的单位修个电脑，答应给你1000元。这类事情你做不做呢？很多人会觉得送上门来的钱，不挣是傻瓜，结果把自己搞得每天忙于应付差事，水平没有长进，本职工作可能也没有做好。

不仅人如此，一个初创公司也是如此。通常，第一次办公司的人找投资人融资时都会描绘一个非常美好而宏大的远景图画，讲自己既要做这件事，又要做那件事。而有经验的投资人都会建议他们做减法，并不是希望他们做的东西多而全。我在很多地方讲过，创业不要一开始就做平台公司，因为小公司一开始资源很有限，不可能像大公司那样全面铺开工作。要想在短时间里在某个方面领先于大公司，必须把所有的人力集中在一个点上，因此小公司必须学会做减法。硅谷有一家2013年成立的视频识别公司，在创立时有一个很宏大的计划和一张长长的做事清单。当它的创始人来找我们融资的时候，我们发现这家公司的技术不错，创始人也很优秀，我们也很想给他们投资，但是他们的心思不够专一。于是我对他们讲："如果你们做这么多的事情肯定要失败，如果你们能把这张清单缩短，减到不能再减，我就投资。"于是他们把这张清单减为三件事。我说："还是多了些，要减到只有一件事，一直减少到再减你们就不能成为你们自己的程度。"他们最后真的减到了只剩一件事，我说："这就是你们的核心价值所在，就这么去干吧。"然后我们给他们投了资，一年多之后，他们就被亚马逊高价收购了。在收购时，亚马逊看重的恰恰就是该公司那一点的核心价值。而他们最早所列出的诸多想做的事情，绝大部分亚马逊早就做了，而且做得更多、更好。因此，这家公司如果真做了一堆可有可无的事情，就不可能在一年多的时间里把该做的事情做好。很多正在创业的人，既包括找我融资的，也包括一般的朋友介绍来的，在向我介绍完他们的想法后，总要让我给一些建议。我听了他们的介绍后，大部分时候给出的第一个建议就是"做减法"！

庄子讲，"吾生也有涯，而知也无涯"，不仅学习如此，做事更是如此。人生成功的秘诀在于做减法，而做减法的关键在于能够跳出一般人的思维定式，找到那些其实无关紧要的事情，然后下决心把那些事情放弃掉。

我们一定比 18 世纪的人过得好吗？

今天的大部分人至少花了 16 年在读书（12 年中小学教育加上 4 年大学本科教育，而我自己的读书时间长达 24 年），如果再读研究生恐怕时间更长。今天很多人在获得第一份工作时，已经过了 25 岁了，人生 1/3 的时间，而且可能还是最好的 1/3 就没有了。接下来如果从事所谓的白领工作，虽然按规定每周工作 40 个小时，但是无论是中国的年轻人，还是美国比较景气的行业的员工，工作时间都远远超过这个规定。我们这么辛苦为的是什么？无非是想生活得好一点。但是我们做到了吗？有些时候，我们甚至忙得没有时间来思考这个问题。

不过再忙的人也有闲下来的时候。有时在夜深人静时，我会想到这个问题，会问自己我们真的比几百年前的人过得好吗？今天大部分人对这个问题的答案应该是信心满满的，毕竟我们的社会进步了这么多，我们今天用的大部分东西，工业革命前都没有！

的确，如果从物质生活和健康水平来讲，我们比过去有了长足的进步。人类迄今为止完成的最伟大的事情就是工业革命，如果没有工业革命和随后而来的几次技术革命，就没有今天的一切。今天的人平均寿命比过去的帝王都要高很多，几乎是过去普通人的两倍。虽然很多人对今天的雾霾发牢骚，担心食品安全问题，但是在18世纪工业革命之前，从城市到乡村比今天更脏乱，食品因为无法保鲜，比今天更不健康。如果不考虑住房面积，单纯从物质生活来看，今天一个工薪族的生活质量可能好于过去的帝王。

然而，如果读一读简·奥斯汀的小说，比如《傲慢与偏见》或者《爱玛》，我们就能体会到那里面的人过得也很好，甚至比今天要好很多。男女主人公住着城堡般的房子，每日的生活清闲舒适，还不用学习那么多功课和谋生技能，即使是他们之间的爱情，也足以让今天的人神往。当然，他们的生活不代表当时普通百姓的生活。《傲慢与偏见》里的男主角达西先生，是一位年收入一万英镑的贵族。要知道当时像哈佛或者耶鲁这样的大学，一年的开支也不过1000英镑，而女主角伊丽莎白的家庭也属于乡绅阶层。但是，今天很多财富超过他们的土豪其实也没有过上那样的生活。如果了解他们每天生活的状态而不是他们炫耀的财富本身就会知道，那些乍富起来的土豪生活得并不幸福。很多中国的顶级富商私下里和我讲，他们虽然不缺钱，但是从起家至今，十几年乃至几十年来都在辛苦和惶恐不安中度过。当然，可能有人会说这是生意人特有的现象，普通人并没有这么大的压力。实际上，不管任何阶层的人都有各种各样的压力，不仅在职场中非常累，回到家后也会感受到生活的压力，即所谓的心累。就这样，大部分人都在忙忙碌碌中匆匆地走完了一生，是否有幸福可言，只有天晓得。

中国总有些人喜欢把"贵族"两个字挂在嘴边，希望自己在拥有财富后摆脱在人们眼中"土财主"的形象，希望别人像对待贵族一样对待他们。经济上窘迫的人，也会退而求其次，追求一种所谓"小资"的目标。今天在全世界，贵族基本上已经是"化石"了。美国作为世界上最富有的国家其实从来就不曾有过贵族，华盛顿、杰斐逊这些庄园主和利文斯顿这样的老牌工商大家族虽然非常富有，在美国早期政治上也极具影响力，但是他们不同于欧洲贵族。此后的商业巨子杜邦或者洛克菲勒等人，今天的科技新贵比尔·盖茨和拉里·埃里森这些人，就更不能算是贵族了。中国很多人讲哈佛、耶鲁是贵族大学，美国东北部的菲利浦·埃克塞特（Philip Exeter）或者比尔·盖茨上的湖滨中学（Lakeside）是贵族学校，想方设法把孩子送进这些学校，这其实只是在大脑中虚构出来的所谓贵族教育的形式而已。

今天在欧洲（尤其在英国）依然保留着很少的可以世袭的爵士头衔，但是继承这些头衔的人绝大多数早已和贵族无关。这些人除了获得从祖上传下来的一个空头衔外，和市井中的普通人无异；另一些人则是因为在自己的专业中做出了杰出贡献而被授予头衔，比如英国长跑冠军、2012 年奥运会组委会主席塞巴斯蒂安·科，著名指挥家柯林·戴维斯，以及发明计算机快速排序算法的查尔斯·安东尼·理查德·霍尔等人。而同时继承了头衔和财富，并且依然还有点儿社会地位的人越来越少，几乎绝迹，比如著名的木桐·罗斯柴尔德酒庄的前一任主人菲利普·罗斯柴尔德男爵。那个顶级酒庄是他除了男爵头衔外继承的唯一祖产，而在他去世之后，酒庄也早已易手，他这一支贵族血脉其实已经终结。当年显赫一时、富有传奇色彩的罗斯柴尔德家族，今天也已经式微，其他贵族家庭情况也类似。从总体上讲，贵族不过是一个历史的产物，随着社会的发展，他们已是濒临灭绝的物种。

贵族作为一个社会阶层不存在了，但并不等于他们的精神和生活方式不存在。大多数人在物质层面和享受层面对贵族的理解和贵族真正该具有的精神与生活方式是两回事。要想在精神层面有点儿贵族的样子，就必须了解和学习贵族安身立命的三个根本——军事上的责任、维护地区治安的义务和社会活动时的体面。

贵族过去是一个地区的军政长官，对外要防御外敌，对内要管理地方事务，因此他们从小学习军事和政务。在这个过程中，他们懂得了荣誉感和责任感的含义，养成了重承诺的习惯。

布什家不是贵族，但是多少具有欧洲贵族的这两个特点，因此他们家几代人都服过兵役，担任过公职。在伊拉克战争中，贵为总统的小布什亲驾战斗机降落到波斯湾地区的航空母舰上，这对军队和全体国民都是巨大的鼓舞，这是贵族精神的一种体现。美国前总统林登·约翰逊在珍珠港事件爆发时已经贵为国会议员，也是罗斯福总统颇为仰仗的助手，但是他坚决要求到前线去，执行了50多次战斗任务，在一次执行轰炸任务时战机被击落，机上8人只有他侥幸生还。同样，当时贵为罗斯福助手、美国证券交易委员会首任主席、美国驻英国大使约瑟夫·肯尼迪的两个成年儿子小约瑟夫·肯尼迪和约翰·肯尼迪（后来的总统）也都上了前线，哥哥小约瑟夫·肯尼迪阵亡，弟弟约翰·肯尼迪也是九死一生，在海上漂泊了十几个小时才获救，同时他还救了一名战友。这些人没有贵族头衔，但是在行事的过程中体现出贵族的精神。贵族有光鲜的一面，也有在危险来临之时承担更多义务的一面。

贵族为了能够在众人面前展现应有的体面，从小要学习如何参加社会活动，学习贵族礼仪。但是，贵族在举止上最重要的是在自然危险面前的淡定。用中国话讲，就是"泰山崩于前而色不变"。

2013年，时任美国总统的奥巴马出席户外新闻发布会，赶上天公不作美，下起了雨，奥巴马随即让身边的海军陆战队士兵帮忙撑伞挡雨，结果招来批评。一些人觉得这是总统滥用职权，这倒不全面，更重要的原因在于作为总统这种行为有失体统。大家可以注意一下，美国军人在下雨时是不打伞的，更不会匆忙奔跑避雨，他们正确的举止是穿着雨衣在雨中列队快速行走。为什么要这样？因为一名军人在自然灾害面前必须淡定沉稳。奥巴马没有接受过军事训练，显得慌张情有可原，不过贵为总统这样的举止就缺了点贵族气概。

在18世纪，生活节奏远没有今天这么快，因此贵族们的生活讲究从容、自律和优雅。可是这和钱的多少关系不大，那种令人向往的气质和自信其实来源于他们的内心在用责任和荣誉对自己进行约束，对外则展现出从容和优雅。这些是任何时候幸福生活的根本。

回到人幸福的来源，除了在前文中讲到的基因的传承和成就的影响力之外，还有三个具体的维度。

第一个维度是爱情和婚姻。有美好爱情的人是幸福的，这也是我建议在大学期间要谈一次恋爱的原因。中国人非常不幸的一点是，爱情几乎止于婚姻，或者时间再长一点，止于有孩子。在这个维度上，今天的人未必比18世纪的英国人更幸福，也可能不比同时期清朝的人好到哪里去。

第二个维度是对未来的期望。一个人如果能够确定明年比今年好，后年比明年好，他就有幸福感。反过来，即使一个人今天位高权重、腰缠万贯、声名显赫，如果他知道明年可能破产、可能名誉扫地或者不再有人关注，就无法高兴起来。今天中国很多上层人士并没有幸福感，因为他们对明天不确定。但是，由于中国的快速进步特别是经济的发展，中国人对明天的信心是全世界少有的乐观。而从我的很多读者给我的来信和回复中看，喜欢读书的朋友对明天的信心又要远远高于中国人的平均水平。

第三个维度是生活的态度。一个人是否愿意像 18 世纪的贵族那样，内心有责任和荣誉，平时过着从容而优雅的生活，遇到危险和困难能够镇定自若？如果愿意这样生活，就能够赢得别人的尊重，幸福感也就会强；如果不愿意，每天像一只无头苍蝇，忙忙碌碌，别人看待他也是无头苍蝇，那么就无法感受到幸福。

从这三个维度来看，幸福和物质的关系真的不是那么大。平时，如果我们问一问过去的同学或者朋友"最近过得还好吗"，他们回答好和不好的标准通常并不是最近是否赚了大钱，而是上述几个维度。很少有人会说"最近很好，公司发了我一笔奖金"，大家更可能会说"最近不错，我现在已经管几个人了，公司挺重视我的"，或者"挺好的，我现在有男朋友了"，抑或"还不错，不像以前那么忙了，有点儿时间做些自己的事情了"。

今天科技进步的结果，应该是让更多的人能够过上优雅而从容的生活，而不是让大家变得没有时间生活，这就是我对技术进步的期望。当然，我们自己也需要记住幸福生活才是根本，其他都不过是达成这个目的的手段而已。今天的人并不用太担心物质的匮乏，如果我们能够在每天出门时想到"责任""荣誉""从容""优雅""镇定"这 10 个字，就能过得比 18 世纪的贵族更好。

第三章 谈谈见识

很多时候，成败与否取决于见识的高低，而不是自己简单的努力。今天，由于交通和通信技术的发展，我们增加见识要比过去容易得多。但在我们心中，有时依然有一道围墙，阻碍了我们的见识。

我们和天才相差有多远?

我一直认为天才是存在的,而且常常让我们无法望其项背。比如我们知道爱因斯坦是公认的天才。不过,在他那个时代,人们都说约翰·冯·诺依曼更聪明。据费米和费曼等人回忆,他们需要用计算机算一晚上的题,冯·诺依曼心算半小时就能算出来。当然,当时的计算机不是很快,每秒只能进行 5000 次运算。费米和费曼已经被认为是天才级的科学家了,但如果和冯·诺依曼的差距如此之大,可见天才真是让人高山仰止。此外,冯·诺依曼也是"现代计算机之父"图灵博士的精神导师,图灵在提出计算机的数学模型(也称为图灵机)时,就是受到冯·诺依曼的著作《量子力学的数学基础》的极大启发。

长期以来,我一直认为聪明应该是成就一番大事的必要条件,特别是在科学上。我的智力让我难以理解那些最高深的科学理论,因此就算在科学上我有献身精神,能做出的成就也非常有限。人常常会对自己所没有的东西很好奇,正因为我自己不是天才,就想寻找到那些超级聪明的人,和他们聊聊天,看看人能够聪明到什么地步。

　　我过去有一位同事就属于这种人，他在二十几岁时，就获得了三次世界谜题比赛的冠军、四次亚军，还是美国队的领队。实际上，有七次决赛都是在他和同一名德国选手中展开的，用他的话说那个德国人比他厉害一点。我的这位同事后来第一次参加世界数独比赛，就获得亚军。我曾经试图解一道谜题，想了很久不得其法，他三两下就搞定了。我并不是一个笨人，如果用智商来衡量，我几次测试的结果都在 150 左右，但我的这位同事明显高于我，应该算是很聪明的人了。不过这位超级聪明的人很快离开了谷歌，因为他的心思并不在工程上，而在解谜题上。在谷歌内部，成就最大的人并非那些智力最高的人。

　　在工程上，智力只是成功的诸多因素之一，远不是决定性因素。但是我过去一直认为那些在科学上已经做出一番大事业的人应该是绝顶聪明的天才，这当然是从结果判定，或许有幸存者的偏见。我在博士毕业后，有幸先后和 4 位诺贝尔奖获得者进行过深入交流，他们分别是诺贝尔经济学奖获得者威廉·夏普、物理学奖获得者亚当·里斯和朱棣文、化学奖获得者布莱恩·科比尔卡。在这里，我就和大家分享一下我对他们的印象。

威廉·夏普因为提出了评估资本回报和风险的夏普比率[①]而获得诺贝尔奖。从夏普的投资建议可以知道，他是一位有大智慧的人，但是听他讲课并不能判断他是否属于那种非常聪明的天才。

亚当·里斯因为发现暗能量让宇宙膨胀加速而获得诺贝尔奖，朱棣文是因发明了用激光冷却和俘获原子的方法而获奖，他们给我的印象是头脑极其敏锐，在智力上是我难以望其项背的，但是我无法判断是否超过了我那位绝顶聪明的同事。

布莱恩·科比尔卡是靠发现细胞之间蛋白质通信的机理而获奖。他逻辑非常清晰，话不多，是一个非常善于深入思考的人。和朱棣文、夏普相比，科比尔卡的书生气比较重，长期致力于基础科学研究，他的成就似乎主要是靠长期努力所取得的。

根据我不很全面的经验判断，这4位诺贝尔奖获得者未必有我的同事聪明，但是都成就非凡。因此我们似乎看不出智力和成就有完全正相关的关系。当然，搞科学和工程，基本的智力还是

---

① 夏普比率（Sharpe ratio），又被称为夏普指数，即基金绩效评价标准化指标。夏普比率在现代投资理论的研究表明，风险的大小在决定组合的表现上具有基础性的作用。风险调整后的收益率就是一个可以同时对收益与风险加以考虑的综合指标，以期能够排除风险因素对绩效评估的不利影响。夏普比率就是一个可以同时对收益与风险加以综合考虑的三大经典指标之一。投资中有一个常规的特点，即投资标的的预期报酬越高，投资人所能忍受的波动风险越高；反之，预期报酬越低，波动风险也越低。所以理性的投资人选择投资标的与投资组合的主要目的为：在固定所能承受的风险下，追求最大的报酬；或在固定的预期报酬下，追求最低的风险。——编者注

需要的，不过《异类》的作者马尔科姆·格拉德威尔认为，智商在 120 以上就基本够用了，超过了 120 之后，智力就不是决定性的了。智商 120 是什么概念？大约 40%~50% 的中国人都能达到，也就是说有接近一半的人在智力上都足够做出重大成就，即使到不了诺贝尔奖量级。但很显然，这不是事实。当然，如果说中国人的智商在 120 以上的都不够努力或者教育水平都不够高，就不符合实际情况了。

为什么那么多人不缺乏智商、受过良好的教育，也足够努力，成就却要比那些诺贝尔奖获得者，或者其他有成就者差很多呢？一个解释是，智商或者在解决难题中所表现出的智力，和真正的聪明并不完全是线性正相关的；另一个解释是，天才的大脑和我们常人在生理上有一些明显的不同。对于这个问题，不仅你我关心，很多科学家也想知道答案。而寻找这个答案的一个直接的方法，就是找一个超级天才的大脑研究一下。1955 年，一位医生得到了这个机会，他的名字叫作托马斯·哈维。

那一年，大科学家爱因斯坦去世了，他生前最后住的医院是普林斯顿大学医院，而哈维正是该医院负责爱因斯坦的医生之一。哈维利用工作之便偷走了这位神一般天才的大脑，在进行了防腐处理后，把它做成了 240 个切片保存了下来，以便研究天才的大脑和常人到底有什么不同。这件事当然瞒不过美国联邦调查局（FBI），他们一直在追踪哈维，不过联邦调查局的探员们只是想暗中保护哈维和爱因斯坦的大脑。爱因斯坦的儿子知道这件事情之后当然很生气，但经过哈维的解释他还是谅解了哈维，不过提出了一个要求——研究成果必须发表在世界一流的杂志上。

从20世纪50年代开始，全世界就在翘首等待哈维的研究成果。遗憾的是，哈维研究了一辈子，也没有发现爱因斯坦大脑有什么特别之处，更让他失望的是，这位提出相对论天才的大脑重量只有1230克，远远低于常人的1400克。虽然他的大脑沟回比较多，但是这至今还不是判断天才的直接证据。到1980年，背负巨大压力的哈维担心在他有生之年无法完成研究爱因斯坦大脑的艰巨任务，于是决定让全世界的科学家一起来参与研究。

众人拾柴火焰高，参与的人多了，大家不仅容易做出成果，而且会有不同的见解。1999年，加州大学的科学家发现，爱因斯坦大脑中的胶质细胞比较多，而不是负责数学、物理能力的神经元细胞多。但是，医学界的共识是，神经元细胞在人的思维中起着主要作用，而胶质细胞只起着辅助作用，因此这个发现被医学界嗤之以鼻。后来，加拿大的科学家又发现爱因斯坦的脑洞大，也就是说他的头盖骨和大脑的上端空间大。虽然我们开玩笑时总会说"脑洞大开"，但是脑洞大和智力似乎没有什么联系。

　　中国的科学家们也获得了一部分脑切片，他们研究发现，爱因斯坦左右脑之间的胼胝体比较发达，因此认为他的左右脑可能通信比较好。但是，之前没有人认为胼胝体和智力有什么关系，现在也没有足够的证据证明这一点。总之，今天全世界对爱因斯坦大脑的研究可谓仁者见仁、智者见智，没有一个统一的结论。当然，人们可以认为科学家们还没有找到什么最终的证据，不过更有可能的是，爱因斯坦的大脑在生理上可能和常人并没有太多的不同。

　　事实上，每一个人都有自己的天赋，有的人记忆力好，有的人善于思考，很难用一把尺子度量。人类发明了智商、情商等一大堆指标，就是因为人的天赋是全方位的，不是单一的。正因为如此，使用一种量化的指标给人贴上标签也是不对的。至于人们的天赋有多少是天生的，有多少是后天环境导致的，抑或是自我开发的，今天依然没有定论。以爱因斯坦为例，至少他在上大学之前并没有显示出超人的智力；相反，很多在中学或者大学显得很聪明的人，后来变得很平庸，或许这是因为那些早期体现出来的聪明只能说明他们善于解决某一类问题（比如考试题）罢了。

　　爱因斯坦和常人最大的不同在哪里？我认为有三个。

　　首先，爱因斯坦善于提出问题。两年前我和著名物理学家张首晟教授谈到清华大学和斯坦福大学在研究上的区别，他认为主要差距在于提出问题。斯坦福大学的科学家善于找到当下最重要的问题，清华大学的教授能够很好地解决问题，但是在把握研究方向上就差了不少。

其实，不只是爱因斯坦，朱棣文、里斯和科比尔卡获得诺贝尔奖的成就，当初都不是被外人看好的研究，他们都是从自己的兴趣出发找到的题目，没有受到发表论文、申请经费和实用性的干扰。

其次，爱因斯坦善于做白日梦，也就是脑子不受约束地胡思乱想各种情景，然后从中总结规律，而大部分科学家的思维方式常常受到教育和周围人思维的约束。

最后，爱因斯坦是一个非常有恒心的人。他对自己的观点非常执着，并且愿意为寻找出答案花上一辈子的时间。他关于统一场论的假设至死也没有完全想清楚，更没有证实，这件事是 60 年后才得到基本证实的（2017 年度的诺贝尔物理学奖授予了证实引力波的雷纳·韦斯、巴里·巴里什和基普·索恩三人）。爱因斯坦不是那种寻求最快发表论文研究课题的人，而是愿意花时间从根本上解决问题的人。

凡天才必有过人之处，但是我们和他们之间的差异可能不是生理上的差距，而是在其他方面，比如认识上、见识上、勇气上或方法上。所以，我们不如多学习他们做事情的方法，这些是我们可以控制的。

起跑线和玻璃心

在中国常常听到一句话，"不能让孩子输在起跑线上"。为了不输在起跑线上，从小就要非常辛苦地学习这个、学习那个。赞同这个观点的不仅有中国家长，也有著名作家马尔科姆·格拉德威尔。他在《异类》一书中就表达了类似的观点：一朝领先，一辈子领先。

但是，不论大家多努力，一个 50 人的班，永远有第一名和第五十名。更关键的是，即使在起跑线上赢了，今后也未必赢，因为学习是一个长期的事情、一辈子的事情，是马拉松比赛，而不是百米赛跑。我从小到大都是在一流的学校里度过的，周围的样本应该算是中美两国赢在起跑线上的人了。但是我见到最多的情况是，每过一个阶段就有人主动退场，请注意，是主动退场。最后的赢家，不是一开始跑得快的人，而是为数不多坚持跑下来的人。

在这里，我来和大家分享一个故事，以说明为什么必须树立"人生是马拉松长跑"的想法才能笑到最后。

这个故事发生在 20 世纪上半叶的美国。

美国中部密苏里州过去有一所被称为"独立高中"（The Independence High School）的中学，当然这所学校的名字现在已经改成了克里斯曼高中。独立高中1901届的年级第一名是查理·罗斯（Charlie Ross），他在校期间曾担任过学生年刊的主编，算是个挺有名的学生，他也因此是英语老师布朗小姐最喜欢的学生。毕业典礼一结束，布朗小姐就走上台亲吻了罗斯，祝贺他以优异的成绩从学校毕业。

罗斯旁边站着一个比他几乎矮半头的学生，我们权且先称他为哈里。哈里其貌不扬，来自一个非常朴实的世代务农的家庭，在美国中部的密苏里州，这样的家庭再普通不过了。那些家庭出来的孩子都很朴实，没有什么吸引人的地方，用今天的话说就是很土气。不过哈里并不缺乏勇气，他当时就问布朗小姐："我难道不应该也得到一个吻吗？"

布朗小姐很简单地回答："等到你做了什么了不起的事情吧！"

其他同学看到这一幕都在想，罗斯将来总得做出点什么成就，才能不辜负老师对他的青睐。

按照传记作家们的描述，罗斯的压力应该不小，而且将压力变成了动力，一直非常努力。高中一毕业，罗斯就考进了当地的密苏里大学，毕业之后，他留校任教并成为该大学新成立的新闻学院的第一位教授。接下来他在新闻界崭露头角，由于他异常勤奋，加上人又聪明，终于在1932年获得了普利策奖。在随后的十几年里，罗斯不敢懈怠，在新闻界的影响力越来越大。1945 年，罗斯被杜鲁门总统任命为白宫负责新闻和出版事务的首席秘书，这可能是新闻界的人士能做到的最高职位了。

　　从罗斯的经历可以看出，一个人即使赢在了起跑线上，成功也要靠自己长期努力。当然，如果事情到这里就结束了，不过是一个心灵鸡汤的故事而已。这个故事中的另一个主角，那个可怜的哈里后来的命运怎么样了呢？这里我也就不卖关子了，先告诉大家结果——他就是美国第 33 任总统哈里·杜鲁门。事实上，从20 世纪 40 年代开始，罗斯在新闻界能够平步青云，在很大程度上是靠杜鲁门的提携。

　　根据杜鲁门图书馆的记载，接下来的故事是这样的：

　　　　罗斯得到任命后，非常高兴地和总统讲："布朗小姐如果知道我们现在又在一起了一定很高兴。"总统拿起了电话，给独立高中的布朗小姐拨了电话："喂，布朗小姐，我是美国总统，我是否该得到一个吻？"对面的布朗小姐回答："来吧，你可以得到它。"

　　传记作家喜欢将这件事情加以渲染，以说明一个男人的嫉妒可以激发他无限的潜力。杜鲁门的成功和这件事有多大关系很难说，他是否在当上总统之前长达 44 年的职业生涯中一直还想着这件事呢？我觉得并没有。和罗斯相比，杜鲁门无疑在起跑线上输得一塌糊涂，事实上在从高中毕业后的十多年里，他因为家庭贫困，无法上大学，没有人脉，没有机会，一事无成。当罗斯已经在新闻界大显身手时，他还在为温饱发愁，但在最后的长跑中，杜鲁门赢得很漂亮。

杜鲁门的成功过程至少说明，起跑线上的输赢对一生的影响并不是那么大。事实上，即使在起跑线上领先，优势其实也未必能持续很久。1945 年，杜鲁门接替去世的罗斯福，从副总统上位为总统，抢到了 1948 年总统大选的优先起跑权，但在谋求连任的过程中一直落后，这也再次说明起跑的优势不是那么重要。那么杜鲁门是如何当上总统，又是如何连任成功的呢？我把它概括成耐心、运气和勤奋。杜鲁门的故事我们在下一节里详细讲述。接下来我们继续聊和起跑线相关的另一个话题——玻璃心。

20 年前，我们很少说类似"玻璃心"这样的词，但今天我们经常会听到"玻璃心""伤不起"这类的话。很多人尤其是年轻人，似乎真的脆弱到了不能受一点儿伤的地步。玻璃心是如何养成的？这和我们今天过分强调起跑线的重要性有关。

由于过于强调起跑线的重要性，很多家长和老师不断地告知孩子一朝落后，永远落后，孩子们一旦遇到一点不顺利，暂时落后了，就害怕得要死。用不了多长时间，孩子的心就变得很脆弱，成了玻璃心。这些人如果一开始处于顺境，就越发地有信心一路走下去，但是人很难永远有好运气，一旦遇到挫折，便成了一件了不得的事情，"整个人都不好了"。在这种时候，如果我们的家长和学校能够给予孩子正确的引导，培养他们在人生中长跑的意识和能力，一时的失败或者落后原本算不上什么大事。但是在起跑线理论的指导下，学校和家长所做的，一方面是继续给孩子施加更大的压力，另一方面小心翼翼地为孩子保驾护航，最后大家都变得输不起。我有时真的很同情这样的学校和家长，他们承担了原本不必要存在的越来越大的压力。

有的家长认为，先帮助孩子抢到一个好的位置，进入一所好的大学，其他事情以后再说。在这样的指导思想下，学校和家长对孩子百般呵护、精心辅导，不给任何刺激，让孩子们尽可能少地受到挫折。这份苦心能否真的得到回报，我们并不知道。就算这种方法短期内有效，最后孩子们在学业上表现得很好，顺利地进入了好大学，但玻璃心一旦养成，副作用会非常大，一辈子都是大问题。换句话说，很多人虽然后来懂得了把人生当作长跑的重要性，但是在年轻时养成了玻璃心，以后就无法为长跑提供动力了。我在清华大学当过班主任，入学时，一个年级200多名新生都是原来学校最顶尖的学生，但到了第一学期的期中考试，总要有最后一名，总要有最后1/3的学生，这时候哪些人具有一颗坚强的心脏、哪些人是玻璃心马上就看出来了。对于前一种人，他们可以跌倒，但是会爬起来不断前进；对于后一种人，即使老师费尽心思给予各种帮助，也还是走不出心理阴影。后一种人并非智力、能力和知识储备不如别人，而是从小被养成了一颗玻璃心。等毕业后大家到了单位里，一切都要重新开始，那时候就不会有什么人来照顾"玻璃心"的感受了。

今天，当大家都在试图抢先跑出去几十米，或者都在训练那种有爆发力而没有耐力的短跑时，聪明人不妨练就一颗永远摔不坏的强大心脏。有一颗强大的心脏，自己总是能够不断坚持地跑下去，即使跌倒，也能不断爬起来。如果还能够一边跑，一边欣赏路旁的风景，那就更好了。最终跑到终点的会是这样的人。

论运气

2003 年我博士毕业，校长威廉·布罗迪（William Brody）在毕业典礼上没有讲那些人定胜天的大道理，而是讲了运气对人一生的重要性。虽然时过境迁，他所讲的内容我仍然记忆犹新。

我们从小被告知，每个人日后的成功要靠自己的努力，我想这一点毫无疑问。不过今天我要和你们讲的是运气的重要性。

人一辈子总有走运的时候和不走运的时候。今天我给你们讲的这个人在很多人看来实在是一个不走运的人。

　　他出生在美国中部的密苏里农村，出生在那里的人的机会总是要比出生在东部工业发达地区的人少很多——坏运气。这个人家里世代是农民，他们很朴实，也不富裕，有人称他们为"红脖子"，这对于那个年轻人来讲并不算是什么好运气。

　　因此，这个年轻人在高中毕业后没有钱上大学——坏运气。当时在美国为数不多的、能够不用交钱就可以上的大学是陆军学院（即西点军校），但是他的视力太差又不合格（视力分别是 0.4 和 0.5）——又是坏运气。

　　在接下来的 12 年里，他都是在家乡的农村度过，做过杂工，在农场干了多年的农活，甚至为了一口饭担任过神职人员——还是坏运气。他曾经向中学的一位女同学求过婚，但是被对方拒绝了，可能对方不想沾上他的坏运气吧。

　　在这期间，他在密苏里州国民警卫队服过役，并且用业余时间学习了法律，却没有机会从事这方面的职业——看来他的运气实在不好。在第一次世界大战期间，他作为一名炮兵上尉到法国作战，由于他表现英勇，荣升了少校。

　　由于有了军队服役的经历，当他再次向那位女同学求婚时，对方答应了他，同时，他也得到了到俄克拉何马州的西尔堡野战炮兵学校学习的机会。看来他要时来运转了，但是命运并没有对他垂青。等他从炮兵学校毕业，战争已经结束了，各国都在裁军，他没有了去处——再一次的坏运气。

于是，他只好回到家乡开了一家小店。这时他36岁了，已经不算年轻。由于他经营不善，几年后，小店在20世纪20年代美国经济一片繁荣的大背景下破产关门了——坏运气一直追随着他。在经营小店时，他认为安德鲁·梅隆①的政策不利于穷人，便参与了政治，加入了民主党。

小店破产后，他竞选当上了当地小县的法官。这个职务和今天人们理解的单纯的司法人员不同，他实际上是个兼管当地治安的行政人员，因此要每两年选一次，果然两年后他就被选了下去，看来他的运气依然不佳。这时他进入大学又开始学习法律，作为退伍军人，他上大学是免费的。在学习期间，他竞选所在县的首席法官，结果选上了，当然也就同时离开了学校，这时他已经42岁了。

县首席法官是中级公务员，没有多少收入，影响力也有限，如果运气好的话，这个位置上的人会一直干到退休。这位中年人的情况也差不多，他在这个位置上做了8年，没有任何升迁。这时，他已经50岁了，剩下的机会已经不多了，他决定去竞选密苏里州的参议员。

但不幸的是，他并没有得到民主党的支持，或许是大家

---

① 安德鲁·梅隆，美国大金融资本家，1921—1932年任美国财政部部长。

觉得他不是一个有运气的人吧，而在他前面还有 4 个更合适的候选人。按照惯例，这时他会在县里找一份有收入的虚职然后终老。当然，如果是这样，历史上也不会有人知道他。

不过就从这时起，运气开始站到了他的一边，民主党这 4 位候选人都出于某种原因不适合或者不愿意竞选参议员，因此该党只好支持他出来竞选。在接下来的选举中，他战胜了共和党的候选人，这可能是他人生的第二次好运气。

作为一个来自密苏里这样的小州的参议员，他原本没有机会成为国家领袖。不过，到了 1944 年，他的好运气又来了。罗斯福要第四次竞选总统，他当时知道自己的身体已经无法完成下一个 4 年任期，因此副总统会自然递补成为总统。

罗斯福最好的搭档是当时的副总统华莱士，但华莱士是一个非常同情共产主义，并且和苏联走得很近的左翼人士。这在"二战"期间没有什么问题，但在战后重建国际政治秩序时，华莱士当总统会导致美国社会的分裂。

因此，罗斯福需要找一个四平八稳、各方面都能够接受的人选，于是这位一直支持他的新政、看上去毫无性格、谁都不会反对的参议员，反而成了合适的人选。就这样，这位参议员的好运气又来了，他在 1945 年成为副总统。几个月后，罗斯福总统就去世了，他继任了总统。这就是美国第 33 任总统杜鲁门。

在接下来的演讲中，布罗迪分析了我们应该如何对待好运气和坏运气。根据我的理解和后来十几年的体会，我用我的话讲给大家。

人总是有运气好的时候和运气不好的时候，中国有一句俗话，"老天饿不死瞎家雀"，讲的就是这个道理；而李白也曾讲，"天生我材必有用"，道理也差不多。每次我走到死胡同，要寻找出路时就会想到李白的这句诗。人在运气不好的时候，最需要的不是盲目的努力，而是慢下来思考，有耐心地做事情。给谷歌员工讲授"金融学 101"①课程的马尔基尔老师总是讲："时间是你的朋友，而时机不是。"也就是说，耐心是成功的第一要素。在过去的45 年里，美国股市的回报率大约是 7%（略低于 8% 的整体历史平均值），累计到今天，大约涨了 20 多倍。但是，如果你错过了股市增长最快的 25 天，你的投资回报就少了一半，每年只有 3.5%，这样 45 年下来，你的回报不到 4 倍，也就是说财富积累至少会少 80%。至于那 25 天是什么时候，没有人会知道，聪明的投资人永远在股市上投资，而不是试图投机挑选最低点和最高点。因此，摆脱坏运气的关键是耐心，让时间成为我们的朋友。当然，杜鲁门在不走运的时候其实已经为后来做了很多准备，这就不一一说了，因为关于"有准备的头脑"的说法已经太流行了。其实，任何经历只要善于利用都是财富，不善于利用都是浪费时间。一个

---

① 在美国的大学里，入门的专业课程都使用 101 的编号。金融学 101 的含义就是最基本的金融学常识。

有心的人，会善于把过去的经历变为今后成功的铺路石。杜鲁门成功的要素，第一恐怕就是耐心，他有足够的耐心等到了他时来运转的时候；第二是他善于把过去看似没有多大用途的经历，变成帮助日后成功的财富。

杜鲁门的成功还有一个重要因素是低调和朴实。英语里有一个单词"humble"，一些人把它翻译成"谦卑"，其实它并没有多少"卑"的含义，而是指朴实低调，更多的是"谦"的含义。我孩子的老师在给他们讲为什么humble是一种美德时说，humble的人常常比夸夸其谈的人更为自信，因为他们不需要通过吹嘘让别人知道他们的能力。杜鲁门能当上副总统，主要是靠他humble的品质，罗斯福身边并不缺聪明人，但是杜鲁门却是为数不多能够为各方所接受的人。

1948年，杜鲁门在争取连任时运气实在不算好，很多人一开始都不支持他，外界也不看好他，在盖洛普民意调查中，他一直落后于对手杜威，这种情形有点儿像2016年的特朗普。所幸的是，杜鲁门和特朗普一样，都不是玻璃心的人。在困境中，杜鲁门善于在厄运中做事的本领就发挥了作用，他并没有什么好方法，比对手多的就是耐心和踏实。他一个选区、一个选区地拉选票，有时一天要做很多场演讲，有的演讲就几个人听，不过他依然认认真真地做。最后，幸运之神终于垂青于他。社会上不是强者生存，而是适者生存。

　　杜鲁门 1948 年的成功有多少运气的成分呢？非常大。不过，正是因为他了解到这一点，他一生都很 humble，没有为自己的成功沾沾自喜，这才让他的后半生不断得到好运。

　　我们在生活中经常遇到这样的人，成功了觉得是自己努力的结果，失败了是运气不好，他们会经常抱怨命运的不公平。君不见，每逢股市暴涨时，13 亿神州尽股神；股市暴跌时，大部分人都认为是市场错了，自己不过运气不好而已；更有一大批疯狂的投机者，赔了钱要聚众闹事，希望政府买单。今天的美国也有同样的情况。大部分长期吃救济的人都抱着这样的想法：自己不过是运气不好而已。但是，如果一个人能反过来想，在成功时感谢帮助过自己的人，感谢上天安排的命运，在厄运中泰然自若、看清自己，或许更容易等到时来运转的时候。在我接触到的成功者中，绝大部分人都会认为自己不过是交了好运而已，不炫耀自己的能力，也不过分强调自己的努力。有了对运气的认同，人就会少一些怨气，就能更平和地做事，也就更接近成功。

　　既然我们认同了运气的重要性，也就不必对自己太苛求。如果我们有足够的耐心、有好的方法、有持之以恒的努力，或许好运气会降临到我们头上。但是，如果我们努力了，好运气依然没有来，怎么办？在这种情况下，我总是用约翰·肯尼迪的话安慰自己："问心无愧是我们唯一稳得的报酬。"因为我能做的不过是"尽人事、听天命"而已。

比贫穷更可怕的是什么？

《硅谷来信》的一位读者留言：她的一个朋友对她说，过去穷怕了，因此现在行为有点儿乖张，请她见谅。实际上，她的朋友现在不仅不穷，而且拥有多套住房，以中国现在的房价来衡量还颇为富有，但过去的习惯一点都没有改。

她说的这种现象似乎并不少见，"小时候穷，一辈子穷"这句话被很多人用来形容逆袭的艰难。小时候的贫穷确实会带来很多不良的后果，比如缺乏安全感，或者一旦有了权力就会用非常赤裸裸的手段贪腐，等等。中国台湾的陈水扁就是一个例证。

所谓人穷志短，意思是说贫穷会令人走不出原有的生活圈子，以至缺乏远见，或者小时候因为贫穷受到太多人的冷眼，之后一旦得势，为人会变得冷漠，比如电视剧《人民的名义》中的公安厅厅长祁同伟。

但是，对于"小时候穷，一辈子穷"的这种说法，总的来讲我并不认同，因为我周围很多人小时候过的都是穷日子、苦日子，长大后不但没有上述毛病，反而因为吃过苦，更有动力努力向上，也更懂得珍惜所获得的每一分、每一点，甚至在经济条件好了之后开始回报社会，对周围朋友也相当慷慨。美国著名的慈善家迈克尔·布隆伯格只是一个送奶工的孩子，上大学时靠打工糊口，他自己讲，当时每周薪酬只有 3.5 美元。但是等他有了钱，每年都是几千万美元、几亿美元地捐款，仅他的母校约翰·霍普金斯大学就从他那里获得了 11 亿美元的巨额捐赠。

相反，我也看到不少从小锦衣玉食养出来的孩子，长大后除了追求更多的物质享受外，没有什么值得称道的地方。其中一些人如果将来家道中落，日子可能会相当难过。很多人都奇怪，以曹雪芹的才华为什么会混得如此之惨，历史上雍正皇帝对他们家其实不算太苛刻。后来我遇到一位身世和曹雪芹类似的长辈，就很能体会曹雪芹为什么落得那样的结果了。这位长辈的家庭条件曾经非常优越，新中国成立前上海很多大楼都是他们家的，1949 年后生活一落千丈，心理的落差可想而知。虽然他才华横溢，但一辈子仕途平平，过得一般，别人对他的评价是不谙世事。

理解了他们，便理解了为什么茨威格会自杀。读他的《昨日的世界》，就能理解一旦失去过去所拥有的自由、美好的世界，是一种怎样的绝望。简单地讲，由俭入奢容易，反过来则千难万难。如果能重新选择是先穷还是后穷，我想大部分中国人还是会选择前者，因为先穷毕竟还有希望。相比之下，今天很多欧美人选择了后者，先过两天好日子，哪管将来生活怎么样呢，最终一辈子是一天过得不如一天！

应该承认，很多人指出的贫穷所带来的诸多毛病确实存在，小时候的贫穷和将来的发展不顺利确实有很大的相关性。但是，相关并不代表构成因果关系。我在德国时，德国人和我讲，过去他们一直认为女性比男性更适合酿制啤酒，这在统计上也是成立的，因为事实如此。但真实的原因却是德国家庭中由女性做面包，因此她们身上携带酵母，是酵母决定了啤酒味道的好坏，而不是酿制者的性别。了解了这个因果关系后，男性同样能酿制出上好的啤酒。因此，如果我们能够找到贫穷影响一个人一生发展的根本原因，那么即使小时候贫穷，将来也未必没有机会。相反，即使小时候富有，也要杜绝很多坏毛病，否则会成为穷到只剩下钱的地步。

我发现，活得诸事不顺的人都有三个共同的问题。

首先，缺乏见识。没有见识，视野就被局限了。你可能有这样的体会：和某些人讲道理永远讲不通，这并非是那些人故意要和你作对，而是他们实在没有见识，大家的认知水平根本不在一个平面上。

《庄子·外篇·秋水》的"夏虫不可以语于冰者，笃于时也；曲士不可以语于道者，束于教也"①说的就是这个道理。对于在见识上不长进的人要少和他们来往，更不要和他们争论，因为道理讲不通，徒费口舌。

----

① 白话译文：夏天的虫子不可能谈论冰，是因为受到时间的限制，它们活不到冬天；乡曲之人无法和他们论道，因为他们受制于不高的教育程度。

其次，缺乏爱。我们常说某某人太小家子气，成不了大事。小家子气，其实就是缺乏爱的表现。有些人说，贫穷的人小时候被人瞧不起，于是长大之后没有安全感，对钱特别贪恋。这个解释未必说得通。贪欲其实除了圣人，谁都或多或少有一点。穷人也有不贪的，富人也有极为贪婪的。很多人小时候因为家里穷，父母没有条件太关爱他们，而在学校和社会上又常常遭人冷眼，因此缺乏关爱。这就造成了他们不懂得关爱别人、不懂得分享。对于一些人来讲，小时候其实家里不穷，但是没有培养关爱他人的习惯，以至他们长大以后非常小家子气，这在个别独生子女身上特别明显。

有一次，一位自身条件很好的女生讲了她的一个困惑。她交往过的几个条件很好的男朋友都和她分手了，对方给她的评价是不懂得如何爱别人。开始她以为是对方在分手时恶语相向，也没有在意，但第二次听到同样的话时就有点儿害怕了，于是她试图去爱，但是做不好。后来她想，可能因为自己是独生女，从小就没有把好东西分享给大家的习惯，而周围人对她又都是有求必应。她所讲的事情已经过去好几年了，我之所以还记得这件事是因为它引起了我对独生子女问题的思考。

在我看来，独生子女带来的社会问题并非缺乏劳动力，而是很多人没有了原有社会的家庭生活和亲戚关系。第一代独生子女感受不到兄弟姐妹的关心，到了第二代连堂表兄妹的关系也消失了，这才是可怕之处。缺乏爱的人难以大气，不大气的人做不成大事。很多人以为有了钱就有了一切，但如果钱只花在自己享受上，并没有发挥它的最大效能；相反，如果能花在别人身上，投入到社会再生产中去，将会获得更高的回报。

最后，比贫穷更可怕的是缺乏规矩。缺乏规矩会令人踩到别人的脚趾而不自知，其结果是，轻则没有人愿意帮他们，重则大家会和他们作对，而这个世界上没有人帮助是不行的。当然，这些人也会感觉到别人对他们不友善或者敬而远之，但是常常还不知道原因，于是便对人、对社会产生一种戾气。

前一阵有这样一则新闻：一个70岁的老太太往飞机发动机里撒了一把硬币，说是祈福，不仅造成了不小的经济损失，而且耽误了大家很多时间。在中国没有民事诉讼索赔，但在一些国家，航空公司不仅可以起诉她索赔巨款，其他乘客也可以要求她赔偿时间损失，这可不是一件小事情。这位老人一定有多坏吗？也未必。有人说她没有常识，其实不是没有常识，而是没有规矩。更早一些时间，东方航空公司的一位乘客因为手欠放下了应急滑梯，这也是没有规矩的典型表现。我们经常会听到"熊孩子"这三个字，熊孩子的特点就是缺乏规矩。小时候缺乏规矩，长大以后就没有守规矩的习惯，那么将来的麻烦就很大。

缺乏见识、缺乏爱、缺乏规矩，是比缺钱更可怕的事情。没有钱，有一辈子的机会能够获得，而缺乏这三样东西，后天再获得的难度就非常大了，而它们的缺乏其实和穷没有必然联系。很多人在说，现在社会分层了，我们的孩子没有了机会，其实机会总是有的。贫穷可能会在短期内使物质条件差一点，但是并不影响父母在见识、爱和规矩上培养好孩子。有了这种意识，做到这些事并不难。反之，家里富裕，孩子也不一定就有见识、有爱心、守规矩。

因此，对家长和对我们自己来讲，小时候的贫穷不是将来孩子不能成功的理由。

对话庄子：谈谈见识

我在《硅谷来信》专栏中对话了七八位中外先哲，庄子是我对话的第一位中国人，他是我人生的精神导师。

第一次读《庄子》时，我就被其中的《逍遥游》深深吸引。这篇不朽的名著，开篇就非常有气势。

> 北冥有鱼，其名为鲲。鲲之大，不知其几千里也。化而为鸟，其名为鹏。鹏之背，不知其几千里也。怒而飞，其翼若垂天之云。是鸟也，海运则将徙于南冥。南冥者，天池也。《齐谐》者，志怪者也。《谐》之言曰："鹏之徙于南冥也，水击三千里，抟扶摇而上者九万里，去以六月息者也。"

其大意是说，北方的大海有一种鱼，叫作鲲，鲲的大小有几千里。从这里我们可以看出庄子的想象力之丰富。鲲变作鸟，叫作鹏，鹏的背有几千里宽。怒而飞，翅膀像挂在天边的云。这只鸟在海里运动（飞翔），要飞到南海。南海就是天池。《齐谐》这本书记载了怪异的事情。书上讲，鹏在飞到南海的过程中，击水一下三千里，扶摇直上九万里，离开北海六个月才歇息。

毛泽东主席至少两次在自己的诗词中引用了这篇文章，一首是《念奴娇·鸟儿问答》，开篇第一句便是"鲲鹏展翅，九万里"；另一首是他年轻时写的，全诗他本人只记得两句："自信人生二百年，会当水击三千里"。

我最早读《庄子》是在高中时期，那时年轻，读完这一段豪气顿生，觉得这一辈子应该做点什么事情。今天再读它，则会感叹自己的渺小。在经历了很多事情之后，我懂得了天外有天，看看自己前面的人，明白自己与他们还有很大的差距。我不知道20年后再读到它又会有什么感想。

庄子在他的另一篇《秋水》中，阐述了见识的重要性。文中一开始讲百川汇于大河，河神觉得很了不起，等到了海里，"望洋向若而叹""'闻道百，以为莫己若者'，我之谓也"。"望洋兴叹"这个成语便源于此，当然今天它的含义有所不同。

很多时候，成败与否取决于见识的高低，而不是自己简单的努力；见识的高低，则取决于我们的环境。我们在前文中提到了

《庄子》中"夏虫不可以语于冰者，笃于时也；曲士不可以语于道者，束于教也"这句话。人最终能走多远，取决于他们的见识。我们常讲"名师出高徒""要与比自己好的人为伍"，实际上就是为了提高我们的见识。

20 多年前，我在国内做语音识别做得还不错时，去日本开了一次国际会议，对比当时国内和麻省理工学院、卡内基-梅隆大学的语音识别水平，就有了"望洋兴叹"的感觉。于是，我放弃了很多已经得到和即将得到的利益，在 29 岁时跑到约翰·霍普金斯大学著名的语言与语音处理实验室读博士、做研究。在那里，我遇到了很多世界级的大师，见识到了许多过去在国内见不到的技术，眼界才开阔起来。如果没有这段经历，我可能就像那只"夏虫"，自己觉得过得很好，却并不知道外面的天地有多大。

新中国成立之初，毛泽东主席老家的一些亲戚到北京来看他，他谈到了表哥王季范将他带出闭塞的韶山冲，到了湘乡城，这样他才知道天下之大，才做出后来的一番伟业。今天，由于交通和通信技术的发展，我们增加见识要比过去容易得多。但是在我们心中，有时依然给自己围起来一道墙，阻碍了我们的见识。今天，我们提升境界的阻力很多时候在我们自身，而不完全在环境。

很多人之所以不愿意抱着一种开放的心态去接受新的东西，是因为他们已经很满足于自身的成就和环境，或者说他们已经觉得自己很了不起了。然而什么事情都是相对的，庄子在《逍遥游》里讲了大和小是相对的，我们自己觉得很大的东西，放到更大的环境中就显得渺小了。同样，《逍遥游》里还讲到时间的长和短也是相对的，寒蝉的寿命很短，而大龟的寿命就很长，它把500年当作春，把500年当作秋，但是它相比大椿这种古树，就又显得很短了，因为大椿树把8000年当作春，把8000年当作秋，这就是长寿。当然，我们今天比庄子对时空的概念有了更深的认识，相比宇宙，一切都是渺小而短暂的。

当我们只看到眼前、看到周围的时候，做了一件好事、受到一些夸奖，就不免沾沾自喜，喜欢拿来显摆，但是如果把它放在一个大时代中，我们做的这一点点事情就算不上什么了。同样，如果把我们所生活的时代放到历史的长河中，也不过是一瞬间而已。想到这里，我们那一点点成就难道还值得沾沾自喜吗？我听到很多人讲，自己多么忙，做的事情多么重要，以至没有时间享受生活。但是如果静下心来仔细想想，果真如此吗？很多人做的看似重要的事情，如果跳出自己认识的局限看，其实是可有可无的。

在IT（信息技术）领域大家喜欢举微软Office软件的例子，这款软件使我们的工作效率有了很大的提升，以至大家几乎天天都要用到它。按道理说，不断改进和完善它的工作是非常重要的，在微软内部，每年有上千名工程师在改进它，每个人讲起自己的工作都很重要，少了他的工作似乎整个软件就不能用了。但是，在过去的十多年里，这款软件其实并没有什么大的变化。也就是说在十几年的时间跨度里，那些自认为重要的工作其实显得可有可无。产生这个结果的原因不是软件开发者的智力不够高，而是没有将自己的工作放在一个更大的时空中做评价。

2010 年，我到威斯敏斯特教堂（也被称为西敏寺）拜谒牛顿墓，那里面也安葬着很多其他改变了世界历史的伟大人物，比如达尔文。在威斯敏斯特教堂里，我感慨万分。由于教堂内空间有限，很多伟人包括达尔文的棺椁都只能竖着埋葬，任何人在历史的长河中都显得很渺小。中国的一个成语"高瞻远瞩"其实就是要我们把目光放远，不要为眼前那一点点成就而沾沾自喜。

此外，并不是什么东西都是越大越好，过分追求大、追求长远，很可能一事无成。庄子讲，从细小的角度看宏大的东西是不可能全面的，但是，从宏大的角度看细小的东西也不可能真切。大和小虽有不同，却各有各的合宜之处。也就是说如何把握度，让它们相辅相成，那就是艺术了。

我有时在闲暇之余或者遇到想不开的事情时，会拿出《庄子》随便读一段。然后，回顾一下自己做的事情，想想我的烦恼，对照庄子说的话反思一下，很多时候就豁然开朗了。这本书值得每个中国人好好研读、细细体会。

阅读的意义

有一天下午，我在我们小镇的图书馆遇见一位老奶奶，她借了一本《哈利·波特》，我问她："您也喜欢看这种书？还是给您的孙子孙女借的？"她告诉我，是她自己想读一读。原来，她发现自己已经和过去她疼爱有加的孙子陷入了"无话可说"的尴尬境地。每当她打电话询问孙子的生活情况，对方的回答只有三个字：挺好的。

有一天，她问起孙子在看什么书，孙子说自己刚开始看《哈利·波特》。这位奶奶决定看看这本书，于是就借了第一册。看完之后，他们之间的谈话多少有了些话题，于是她决定再看第二册，以便今后能以此作为聊天的话题。在此之前，她只是听过这本畅销书的书名而已。

这位老奶奶和她的孙子虽然有血缘关系，但是其实并没有什么共同之处，老人的舐犊之情是出于人类的本能，但是孙子未必会理解老人的苦心，更何况当老人照顾他时，他还不记事。他除了被父母告知这是他奶奶之外，恐怕想不出这个老人和自己有什么关系。但是现在他们有了，书中的内容就是聊天的话题。

阅读是一个永恒的话题，它不仅仅表示通过文字获得信息，而是一种生活的行为。除了获取信息，阅读还有很多其他用途，比如交友。

钱锺书在《围城》中讲了这么一个观点，借书有利于男女之间的交往，因为年轻的男女交往起来总不免害羞，会不好意思。借书是一个好的借口，借一次书，还一次书，至少就接触了两次。其实，如果考虑到他们可能还会谈一点书中的内容，接触的机会就远不止两次之多了。

富兰克林在他的自传中讲过类似的一件事情。富兰克林曾经有一个政治上的对手，那个人颇有影响力，但支持他的政敌，于是他想把那个人争取过来。我们一般能想到的办法是对人家好言相劝，晓之以理，诱之以利，甚至恳求对方。但是富兰克林的方法却很有创造性，他去向对方借书，而对方还真借给他了，于是两个人后来成了朋友。为什么借书这件事在当时的情况下非常可行，因为这说明至少两个人有共同语言。在此基础上，谈合作也好，谈利益也罢，才能搭得上话，至于什么惺惺相惜，那是深度交流后的结果。

当然，如果仅仅是为了交朋友而阅读，还是有点儿太功利了。今天我们的阅读，很重要的是为了改变当下的生活方式。特别是当互联网出现后，我们很容易获取知识，而对于成为一名阅读者的需要其实反而超过以往任何时候。

现在，我们每天都给自己安排非常满的日程，也一直在抱怨自己太忙，但并不清楚时间都花到哪里去了。虽然我们的收入比长辈多出很多，但钱总是不够花，很多年轻人反而要老人们补贴。

我们总是在买一些并不需要的东西，然后因为它们堆满了房间、塞满了抽屉而心烦。我们有很多提高效率的工具，但是效率其实并没有提高，搞得我们难以拥有充足而优质的睡眠。我们和许许多多所谓的"熟人"加了微信，但是能说点真心话的朋友却越来越少。我们每天刷小视频、刷消息，但是半个月后那些内容我们根本记不住，也对我们没有产生任何影响。

其实这些现象的背后透露着一种恐惧——生怕自己错过些什么。不论我们身在何处，总怕没有看到某一条消息，错过了某一次机会。我们总希望能经历更多有趣的事情，看到更多的好风景，品尝到更多的美食。我们把它称为快节奏，但其实回眸时，我们是没有节奏的。

苏格拉底临死前说，未经审视的人生不值得度过。而审视人生需要有闲暇。我们今天有很多获取知识和资讯的渠道，但是它们不能帮助我们审视人生，因为它们不是给我们带来闲暇，而是让我们更加没有闲暇来思考。读书则不同，尤其是在读纸质书时，我必须有比较长的时间不做其他事情，这样才能入境。正因为不得不把手中的事情放在一旁，才能审视人生。因此在我看来，阅读是当下可以让我们审视人生不多的方法之一。

一本好书，本身也可以帮助我们重新认识自己、认清世界，弄清心头百思不得其解的疑惑，并最终成为一个更好的人。我曾经很多次阅读《富兰克林自传》这本小册子，每次都有不同的感受，那些内容会在不经意间提醒我一些内心明白却总是被淡忘的道理。在书中，富兰克林是一个活生生的人，对比他，我能审视自己的不足。

我有时在想，我走上科学研究这条路，或许和两本书有关。小时候，父亲借来一本科普读物《地球》(很遗憾，后来想再找到这本书却一直未能如愿)，实际上是介绍地理和天文的读物，我那时还不识字，里面的内容是父亲讲给我听的，它们让我第一次体会到宇宙的范围要远远超出人们的观察所能够触及的地方。这本书给我留下了对这个世界好奇和想象的空间，而那时我有足够多的时间反复思考书中的内容。小学毕业时，我读了伽莫夫的《从一到无穷大》这本书，算是对数学有了完整的认识。在此之前，数学对我来讲是课本里那些具体却不成体系的东西。当然伽莫夫讲的很多内容当时我还不完全能懂，后来当我学了更多一点的科学知识，再次翻看这本书，就发现里面的内容我又懂得多了点，直到最后我能理解这本书中全部的内容。伽莫夫是美籍俄裔著名物理学家，提出了宇宙大爆炸理论和核聚变理论。我虽然不可能见到他，但是通过他这本科普读物，我能体会到他对数学的认识。后来我发现，其实我对数学的理解和他是一致的。而这种认识促使我学习他也写作了一本数学的科普读物，就是《数学之美》。

当下是知识爆炸的年代，市面上的书很多，许多人会纠结读什么书，甚至期望一本书能够改变自己的人生态度、思维方式和行事方法。一本好书，如果引起人的共鸣，确实在这些方面对人有巨大的帮助。但是我们如果为了一个非常明确的目的去找一本书阅读，未必能达到预想的效果。很多励志的书籍、快消费的书籍便是如此。它们的书名、标题和内容简介让人乘兴而来，让人以为读完之后就能脱胎换骨，但是最后，读者们通常会发现里面都是些绝对正确又绝对无用的大道理，不免扫兴而去。我不是一个守规矩的或者系统性的探寻者，选书时不会想太多，看到什么就读什么。好书往往是在不经意之间发现的，我记得最初买《曾文正公家书》时，只是出于对那个"镇压农民起义的刽子手"的好奇，后来发现里面充满了哲理和智慧。这套书也对我的一生产生了巨大的影响。

如果选了一本"坏书"，我或许读不下去，扔到一边，这并没有浪费我什么时间，因此对我来讲也没有什么损失。当然，我也可能在读完它之后完全不认同其中的观点，但也未必收获全无。我读过"文革"期间的一些畅销小说，发现完全不能认同作者的观点和价值观。但是，读完后不禁想到，我们曾经历过如此荒唐的年代和有如此荒唐的想法，也算是一种警示。此外，我也能理解那批作者的无奈。想到这些事实，才能更珍惜今天。

阅读不仅让我们在冷酷无情的科技时代获得喘息，而且重启了大脑深入思考的功能，还是抵抗狭隘、思想控制和舆论支配的方式。1995 年，约翰·霍普金斯大学高级国际研究学院的学者、伊朗裔畅销书作家纳菲西女士在德黑兰带领一个学习小组，强化了文学在许许多多人心中的力量。她在《在德黑兰读〈洛丽塔〉》（*Reading Lolita in Tehran*）一书中写道，所有传世的文学作品，无论呈现的现实多严酷，都有一股借着肯定生命来对抗生命无常的基本反抗精神。作者以自己的方式重述故事，通过小说中的现实创造出一个新的世界。每件伟大的艺术品都是赞颂美好，都是对人生的背叛、恐惧与不义的反抗。

　　每个人都可以选择他的生活方式，但是阅读本身就是一种生活方式。前一阵我在修订《大学之路》第二版的内容，读到牛津大学的历史，里面介绍了牛津大学圣埃德蒙（13 世纪的坎特伯雷大主教）的一句话："Study as if you were to live forever, live as if you were to die tomorrow." [1] 翻译成中文也许应该是"终身学习，向死而生"。这句话算是对阅读的另一种诠释吧。

---

[1] 这句话被甘地等多人引用，但最初的出处来自圣埃德蒙。

第四章　大家智慧

历史上传颂至今的名人大家，在不经意间将人生的感悟告诉我，也不知不觉地影响了我。后来，我有机会遇到世界上很多优秀的人，他们的思维方式同样影响了我。

莎士比亚的智慧：论朋友

在风险投资领域有一条金科玉律——投资就是投人。那么，评价人的关键是什么呢？

对于创业者的评价，我的体会是品德，尤其是诚信比能力更重要。在风险投资中，当你把几百万元、几千万元，甚至更多的钱，在没有任何抵押的情况下交给一个不认识的人，让他创业，这个人首先必须让你信得过。创业者如果骗投资人的钱，通常投资人是毫无办法的。我见过不少创业者，一旦办公司办得不顺，就把公司的技术和产品拿出去再办一个公司，去融新的资金。同时他们会对原来的公司进行破产清盘，这样投资人的钱就不用还了。国内一个非常有名的早期投资人，或许是被这种没有诚信的创业者坑苦了，在后来给创业者投钱时都要加上一个霸王条款——如果你拿了我的钱把公司办砸了，只要你还打算继续办公司，我给你的投资永远算到你的新公司里。那位投资人在和硅谷的同行聊到这件事时，开始大家对他定这种霸王条款颇为不屑，但后来听他说了很多被骗的经历后，都表示理解。当然，这样像防贼一样防人的做法，也就会让一些讲诚信却首次创业失败的创业者在二次、三次创业时背上很重的包袱，这就是不诚信给社会带来的成本。人们通常会看重创业者的能力，但是在能力之上还有品德。

不仅投资人要考虑被投资对象的品德，朋友之间的交往也是如此。朋友的交往其实也是一种投资。由于基因的局限性，我们很难同时交往超过 150 个人①。150 个人是你一生中在亲友方面能够投资的总额，而亲戚们可能又占掉了其中的一半，剩下来能够交往的朋友或者合作伙伴就很有限了。成功的人其实在很大程度上是靠找到了志同道合的、对他帮助最大的人帮助他，而运气不好的人，可能是因为交了一群狐朋狗友。因此成功的交友是人一生最重要的投资。在这方面，对我影响很大的是莎士比亚的一段话。

莎士比亚的《哈姆雷特》被认为是他一生中最重要的作品。大部分人都知道它里面那句名言："生存还是毁灭，这是一个问题。"（To be or not to be，that is a question.）但是我觉得更重要的是里面的老臣波洛涅斯（奥菲利娅的父亲）对他儿子雷欧提斯的一番忠告，因为这其实是莎士比亚的人生智慧，只是借助波洛涅斯的嘴说出来而已。这段话很长，我就拣几条有关的说：

凡事三思而行，不要想到什么就说什么。

---

① 研究显示，邓巴圈（Dunbar circle）的人数，也就是邓巴数，一般而言因为人类认知能力的限制会保持在 100~250 人，大多是 150 人。——编者注

这其实是教导我们为人做事要持重，要多动脑筋，不要毛毛躁躁。这其实是现在很多人的通病。

对人要和气，但不要过分狎昵。

很多时候，礼数有加，但保持距离是朋友之间最好的交往方式。

相知有素的朋友，应该用钢圈箍在你的灵魂上，可是不要对每一个泛泛的新知滥施你的交情。

这三条也是我一生交友的准则。人一生总能认识一些挚友，他们是我们一生最大的财富。我到谷歌后认识了后来长期的合作伙伴朱会灿博士。会灿在谷歌比我的资格更老，他曾经一个人开发了谷歌的图片搜索，并且和杰夫·迪恩等三个人一同开发了谷歌云计算平台中的存储部分（GFS）。我到谷歌后不久，会灿找到我，我们一同建立了中日韩文搜索的团队。会灿和我从性格上、经历上以及爱好上相差甚远，但他是一个非常理性而大气的人，也从来没有摆过老资格，因此我们的合作非常愉快。2005年，谷歌要在中国发展，他和我都不适合也没有精力到一个新的地方运营一个庞大的分公司，于是我们在这个问题上达成共识——要请一位更有资格的人担当此事。后来在我的推荐下，公司请来了李开复博士来负责大中华区和亚太的业务。会灿主动给开复做副手，而我对理论研究更感兴趣，就回到我的老板诺威格博士那里，负责起谷歌自然语言处理的一些工作。以后的工作我们其实没有交集。

2009 年，腾讯找到我，希望我加入他们。我需要有一两个合作者一起工作，而我首先想到的便是会灿。由于会灿也有意试试新的机会，于是第二年我们就一同到了腾讯。两年后，我需要回到美国，就和他商量了我的想法，在他没有反对的前提下，不久后我就回到了谷歌，而会灿考虑了良久，也在半年后随我再次到了谷歌。又过了两年，我完成了在谷歌的任务，决定自己创立一家风险投资基金，事先我也把打算告诉了他。由于开始的时候基金规模小，福利和医疗保险肯定赶不上谷歌，因此那时我也不建议他离开公司。不过我告诉他，即使等到基金规模大了，也依然会给他保留合伙人的位置。两年后，我们基金做得不错，福利也可以向谷歌看齐了，于是才建议他加入我们，而他也如约答应了。像会灿这样的人，是我最应该珍视的财富。

人一辈子做事情，不可能没有人帮忙，而这个合作伙伴的选择，其实至关重要。有些时候，考察一个人只要看看他（她）的朋友圈就行了。人遇到一个合适的伙伴并不容易，因此要像莎士比亚讲的那样，"用钢圈箍在你的灵魂上"。当然，莎士比亚还说了后半句话，"不要对每一个泛泛的新知滥施你的交情"。一个人因为交往的带宽有限，因此不可能和所有人交情都很深，一个表面上对所有朋友一视同仁的人，实际上是很难有至交的。我过去有一个非常不成功的老板，当年是一个专业能力颇强的新锐。因为他做事情无私心，老局长很喜欢他，就提拔他。这位老板是一个好好先生，对所有部下一视同仁，他自己觉得这很公平。但是不到两年，所有能干的部下全跑光了，手下剩的都是平庸之辈，他一点业绩也做不出来，于是很早就退休赋闲了。

人的出生自己无法决定，周围的家人、亲戚的圈子基本上是固定的，无法改变，能自己决定和选择的只剩朋友了。好的朋友是巨大的财富，而损友则是巨大的负资产。至于如何避免损友，每个人都应该有自己的方法，当然很多人一辈子没有合适的方法，最后死在所谓朋友的手里都不知道是怎么死的。你如果问我是怎么做的，我用的是曾国藩的一个原则，简单地讲就是不要给损友第二次机会，永远不要来往。曾国藩在家书里写过这样一句话："袁婿荒唐……永远绝之。"非常坚决。这里所说的"袁婿"是指曾国藩的四女婿、他的老朋友翰林袁芳瑛的长子，非常不成器。曾国藩的这种做法，也给了我很多启发。

我对任何人，一般都先假设他是正直、善良和诚信的。当然，这样一来我会有很大的机会上别人的当，而在生活中我也确实如此。不过这没有关系，我只会上一次当，因为在上当之后我并不给那些人第二次机会。你可能会问，这样一来，是否会错失很多本来能够成为朋友的机会，因为人是会改变的，他可能会变好。

是的，人确实会变好，但是已经与我无关了。要知道，可交往的人很多，而你的时间和精力只能维持少数的几十个。这种笨办法能够避免在朋友关系的投资上出现填不满的无底洞。我们都知道，不知道止损的投资者注定是要倾家荡产的，在和朋友的关系上也是如此。

在我的心目中，莎士比亚和曾国藩都是智者，他们的建议都是金玉良言，我对他们的话也是在身体力行。

朋友是我们一生的财富。

拉里·佩奇的经营管理智慧

谷歌的成功在很大程度上要感谢两位联合创始人——拉里·佩奇和谢尔盖·布林。我在 2002 年刚到谷歌时，佩奇还不到 30 岁，是主管产品的总裁；布林比他大几个月，是主管工程的总裁。今天在美国大部分公司里，首席执行官是实职，总裁反而是虚职，有点儿荣誉职位的意思。很多公司在刚成立时由创始人负责，但是成长起来后就交给了职业经理人，然后给创始人一个总裁的虚职以表示尊重。当 2001 年埃里克·施密特来到谷歌担任首席执行官后，很多业界的人认为谷歌完成了权力的交替。再加上随后佩奇和布林在媒体上露面不多，大家也就没有太把他俩放在心上。

　　但是，谷歌内部的人都知道，这两位联合创始人其实并没有让出大的权力。他们不做事务性的事情，是因为经验不足做不好，那些事完全交给了施密特；但是遇到大的决定，他们的意见就是决定性的了，因为他们掌握更多的股票和投票权。有一次记者问施密特，谷歌说"不作恶"，那么"作恶"的标准是什么？施密特半开玩笑地讲，谢尔盖（指布林）说什么（是作恶）就是什么。可见，这两位创始人的影响力还在。佩奇和布林保持影响力的另一个原因是，他们和早期的员工都是吃一锅饭创业的。在我的印象中，施密特晚上和大家一起吃饭的时间不多，而佩奇和布林总是和大家在一张桌子上吃饭，佩奇下午会和大家一起玩儿旱冰球，而布林晚上会和大家到休息室吃零食聊天。另一位在谷歌影响力非常大的高管霍尔茨也是每天晚上和大家一起吃饭，然后一起玩儿扑克牌等游戏。

　　2011 年之前，谷歌的竞争对手，比如微软，对谷歌有很多误判，其中最大的误判就是低估了佩奇的能力。佩奇在很长的时间里始终把自己放在学生的位置，把施密特看成老师，因此外界（尤其是微软）常常把佩奇看成是遇到狗屎运的小屁孩，没太把他当回事。佩奇从创办谷歌开始，就潜心研究各个成功大公司的管理经验，但凡有点儿空闲时间，他就读各种公司的财报。

　　他晚上和我们吃饭时，常常一边吃饭，一边聊天，同时还在看财报。在谷歌，很多工程师读财报的能力完全比得上高盛的分析师。由于轻视了佩奇的能力，很多竞争对手吃了大亏。2011 年，在佩奇接替施密特再次担任谷歌首席执行官后，华尔街一度也很不看好他，但是后来证明，佩奇不仅有能力管好一个大公司，而且在创新上更有眼光，也更锐意进取。在这里，我和大家分享佩奇经营管理的三个智慧。

第一个智慧：把产品做成牙刷

第一个智慧体现在佩奇对于好的品牌产品的理解上。所谓好的品牌产品，首先要功能好，其次要让大家认可相应的品牌。谷歌的产品就符合这两个要求。谷歌是怎么做到的呢？佩奇对此做了个很容易理解的比喻。

一个好的产品要有牙刷的功能。牙刷有什么特点呢？大家每天都要用牙刷两三次，虽然每次只使用三五分钟，但是由于每天使用，大家养成了习惯，就离不开它了。佩奇认为，好的产品要让用户每天都必须用上几分钟，就如同刷牙一样，久而久之用户就养成了使用该品牌产品的习惯。谷歌最成功的产品是搜索服务。它的特点是用户每天都会使用两三次，时间一长，用户使用谷歌的习惯就养成了，而且会把谷歌的网页设置成开机默认网页。

让产品具有牙刷功能其实并非佩奇的发明，实际上宝洁公司和可口可乐公司一直在这么做。宝洁是生产各种日用品的公司，它的产品，比如佳洁士牙膏、汰渍洗衣粉、潘婷和海飞丝洗发水等，大家每天都在使用，渐渐地形成了"宝洁＝日用品"的认识习惯。可口可乐公司的饮料也是如此。当人们的习惯养成了，只要不出大问题，稳定的生意就形成了。佩奇不过是对这类产品做了一个很好的总结而已。

把产品做成牙刷看似容易，但是很多人却做不到，因为他们没有解决好两个根本性的问题。

第一，由于牙刷是每天都要用的产品，它的可靠性和稳定性非常重要，如果它时灵时不灵，哪怕99%的时间是好的，1%的时间不能用，大家都会很烦。谷歌搜索在中国市场之所以做不好，不是因为技术和产品的原因，而是服务无法做到稳定。如果一年中有10天出现断网，看似不多，其实这个比例早已超过1%了。时灵时不灵的"牙刷"是不会有人要的。

第二，因为"牙刷式"产品的功能简单，所以容易被同类产品替代。人总是有好奇的心理，一个东西使用的时间长了，总会有尝试新东西的冲动，事实上很多人使用牙刷常常在款式上更换。对此佩奇讲，要解决这个问题，就要用到第二招——爆款。

一个好的品牌，每过一段时间就要给大家带来一个惊喜，提醒大家它的存在。很多人都奇怪为什么可口可乐公司和宝洁公司每年要花掉上百亿美元做广告，就是因为每过一段时间，要让你加深一次对它们的印象。同时，这两家公司还会配合广告，每过一段时间就在大商场里来一次促销活动，把它的新产品（哪怕只是新包装）放到商场最前方的柜台，强化你对它们的印象。这就是所谓的爆款效应。

英特尔公司当年富有传奇色彩的首席执行官安迪·格鲁夫生前在一次会议上回答过大家一个提问，即为什么太阳微系统公司、美国硅图公司和摩托罗拉公司的 RISC 处理器做不过英特尔？在大家的印象中，RISC 处理器的系统结构比英特尔的 X86 更合理，这件事在今天的移动互联网时代已经完全被证实了。对于这个疑问，格鲁夫讲，当时做工作站处理器的几家公司，都是每 36 个月左右推出一款性能是之前 4 倍的处理器，而英特尔每 18 个月就推出一款性能是之前 2 倍的处理器。虽然从效果上讲大家是按照同一个速度进步的，但是，那些做工作站处理器的公司推出爆款的周期太长，这中间大家对它们已经开始遗忘了。而英特尔公司在当中推出一款新产品，虽然只是走了半步，却及时地刷新了大家的记忆。

对于消费电子产品，爆款营销的周期要比计算机的处理器更短，通常是一年，时间定在年底前的购物季。如果哪家公司不能够在进入购物季之前推出新产品，那么明年的销售就成问题了，只要这样有个一两次，它的品牌就会逐渐淡出大家的视野。20 世纪八九十年代，那些大家耳熟能详的日本电器品牌进入 21 世纪后，在不到 10 年的时间里就全线溃败，原因虽然很多，但是有一条是至关重要的：在创始人那一代退出历史舞台之后，公司的执行力不足以让它们每年都推出爆款产品。

当然，爆款也不是越多越好，频繁爆款既不可能也不需要。英特尔以 18 个月为周期开发产品，工作量几乎是竞争对手的两倍，这就要求公司的管理水平和开发效率都远远高于同行业。如果再进一步压缩爆款的周期，那么不仅成本太高难以承受，而且从上到下为了赶进度，不会太关注公司的长远发展。同时，每个版本的变化太小也不足以让大家眼前一亮。这就如同一些影视明星过一段时间就要搞出些新闻，但若天天炒作新闻，就让人烦了。

在工作中，如何有意识地贯彻佩奇这两个做品牌产品的原则呢？我不妨分享一下我的体会。我在"得到"开设专栏时，虽然根据和读者的合同一周更新 5 次就够了，但是我会天天更新内容，这样便于读者习惯每天在固定时间来阅读这个专栏。否则，有时更新，有时没有，大家就会觉得结果不可预期，不会每天一定要来，每天关注的习惯就养不成。一年的运营结果表明，《硅谷来信》专栏每篇来信的订户阅读比例非常高，看来大家是养成了每天"刷牙"的习惯。不仅维护《硅谷来信》产品时如此，对于我之前写的书也是这么做的。我常年讲课，时不时地在媒体上宣传一下我的书，或者和读者在网络上互动一下，就是做类似刷牙的事情。每过半年到一年，我会出一本新书，或者将旧书改版升级，目的就是给读者惊喜，起到爆款的作用。时间一长，大家就知道每过半年到一年，吴军又有新书可以期待了。

对于职场上的朋友，我也常常建议他们灵活运用"牙刷"和"爆款"的原则。每周，你最好把自己的工作总结成三句话，周一早上汇报给你的老板；每半年到一年，你要有一个让他惊喜的成果。这样的员工，哪个老板都抢着要。

第二个智慧：从本质中寻找商业模式

拉里·佩奇让我感受到的第二个智慧，就是为谷歌找到并且落实可以长期赢利的商业模式。

大家都知道谷歌早期是靠搜索引擎技术起家的，有了好的技术和产品，渐渐地就有了用户和流量，但是接下来怎么挣钱呢？谷歌早期的商业模式跟我们今天很多公司类似，靠收服务费挣钱。当然，愿意付费的通常是企业，于是谷歌就有两条产品线——服务于大众的搜索引擎和企业级搜索服务器。前者无法直接挣钱，只有通过给雅虎这样的大型互联网公司使用，才能收到非常少的使用费。谷歌在成立的第三年才拿下为雅虎提供搜索服务的合同，而合同金额一年只有 700 万美元左右，只相当于今天谷歌半小时的收入。至于后者，即企业级的服务，谷歌做了一个特制的计算机服务器。当你把这个服务器接到公司内部的网络时，它可以对公司内全部的文件建索引，然后提供公司内网的搜索服务。谷歌刚成立时，90%以上的收入都来自卖这种服务器。但是靠这种产品挣钱实在太慢，而且成本很高。这个体积和一台台式电脑大小差不多的"盒子"，计算能力是台式电脑的8倍左右，集成了谷歌几乎所有的程序代码，一共才卖2万美元，而且卖一台谈合同需要短则几周、长则几个月的时间。到后来，最早负责开发企业级搜索服务的一位大学教授因为不看好谷歌辞职了，找来做首席执行官的一些企业家看了看公司，也摇摇头走了。那么谷歌是如何找到今天的商业模式，成功地将流量变现的呢？这和佩奇对相关行业的观察和思考有关。

谷歌在成立后的第三年，邀请了美国第二大卫星电视运营商EchoStar的老板来公司做报告（谷歌经常请各行各业的一些精英来公司做报告，从投资界名流到少林寺方丈，不管他们做的事和谷歌有关还是无关）。当时在互联网泡沫破灭后，互联网公司基本上死光了，其他公司都在萎缩，而EchoStar的业务却蒸蒸日上。当时EchoStar的市值是100多亿美元，比市值萎缩后的雅虎大得多。听完EchoStar老板的报告，佩奇和同事们讲："你们看到了吗？ EchoStar所有的东西其实都不是自己的，它不会做卫星，卫星都是它买来或租来的；它自己不制作电视节目，而是从媒体公司授权获得的；它也不做卫星接收器（圆形的锅）和电视机顶盒，前者是从中国买的，后者是从摩托罗拉定制的。它做的事就是把好的电视节目内容送到终端用户家里。但是，就是这么一条，它就值上百亿美元。"

佩奇可能从EchoStar那里受到了启发，也可能是EchoStar的想法和佩奇一些固有的想法不谋而合，不论哪一种，总之佩奇认定了只要把互联网上有用的内容送到千家万户就行了。这样的公司市值可以做到1000亿美元，至于互联网的内容是谁的并不重要。后来谷歌所有的产品都围绕着"将有用的信息送达每一个用户"这一核心。至于挣钱，它找到了搜索广告这个商业模式。从此以后，谷歌也缩减了收费的企业级搜索服务，后来干脆砍掉了这项曾经占收入90%的业务。也正是那一次转型，才使谷歌成为后来最大的互联网公司。

当然，今天很多人会讲，我们也是这么做的，也有不少用户，流量也不小，但为什么不挣钱呢？请注意，佩奇讲的不是产生流量，而是提供有用的内容，99%的人只注意到"内容"二字，而忽视了"有用"二字。EchoStar之所以挣钱，每个订户当时每个月花40美元收看，是因为它的内容有用，而不是垃圾。对于谷歌的用户来讲，什么是有用的呢？它需要做到在用户查询知识时，用户获得的是相关的信息，而不是一大堆不着边际的商业广告。今天我们很多所谓的自媒体或者新闻网站，每天提供的内容没有什么用，比垃圾强不到哪里去，用户当然不会买单。

谷歌搜索提供的内容并不是它的，它不能控制网络上内容的好坏，只能用算法控制搜索结果的质量。对用户来讲，有用的信息应该是客观公正的、有权威性的，而不是谁出钱多就推荐谁的。因此谷歌严格禁止任何购买排名的行为，也禁止通过优化网页的形式（比如增加隐含的常用搜索关键词）提高自己网站的排名，这被谷歌视为作弊，会被处罚甚至删除链接。正是因为它提供的内容有用，才会有人愿意很费劲地翻墙去使用它。当然，在互联网上，用户已经被教育得习惯使用各种免费的服务，因此不可能像EchoStar那样按月收费，于是谷歌就从广告商那里收广告费。为了不误导使用者，这种收了钱的商业信息要和自然搜索结果严格分开，以表示自然搜索结果是以对用户有用为衡量标准的，而不沾染任何商业利益。对于收了钱的广告，佩奇也明白，这些广告信息也必须对用户有用，生意才能持久，因此那些坑蒙拐骗的广告一定不能做，比如假药和黑市上交易游戏币的广告。直到今天，谷歌的商业模式都非常简单，将有用的信息传达到千家万户，做到这一点，就不愁没人买单。关于谷歌成功的故事，大家可以阅读我的第一本书——《浪潮之巅》。

那么为什么微软的必应（Bing）看似也在做这样一件事情，却不挣钱呢？因为在有了谷歌之后，微软还在一直做类似的事情，而且不能够做得更好，就违背了"有用"这个原则。在可以使用谷歌后，它的存在变得完全没有必要。不过，在中国用不了谷歌时，必应还是有用的。

佩奇的这种想法非常朴素，却显示出对商业深刻的理解。很多时候，我们看一种商业模式，不能光看表面，而要看本质。比如从表面上看，互联网的广告模式都属于同一种商业模式，都是相似的，因此很多人觉得我的网站的商业模式和谷歌一样，其实它们可能差别很大。那些刷流量、买用户的互联网公司，商业模式其实和谷歌并不相同。相反，谷歌的"免费+广告"模式和EchoStar按月收费的模式看似不同，也仅仅是表面现象。从本质上讲，谷歌对用户免费的模式和EchoStar对用户收费的模式是相通的、一致的，它们本质上都是将有用的内容传达给终端用户。

谷歌商业模式的本质还有一个要点是，有用的内容并不需要是自己的。我在《智能时代》中讲，在未来的智能社会，连接比拥有更重要。谷歌和脸谱网这样的公司并不拥有什么内容，但是它们有对用户的连接；爱彼迎没有自己的房子，但它却是全世界最大的房屋租赁公司；优步和滴滴不拥有汽车，却是全球最大的出租车公司。懂得了这一点，就理解了互联网经济的本质。

世界上是否还有在本质上类似谷歌这种商业模式，但在表面看又完全不同的公司呢？其实很容易找到。比如阿里巴巴，它所销售的商品都不是它自己的，它的作用只是把商品信息送达用户。另外，"罗辑思维"也很相似，就是将有用的内容（它称之为知识）送达读者。理解谷歌商业模式的精髓，并不需要照猫画虎；相反，那些将垃圾强制推送给用户的公司反而是画虎不成反类犬。

第三个智慧：薪尽火传

佩奇在公司管理上的第三个独具慧眼之处在于未雨绸缪，在公司方兴未艾的时候，就开始考虑公司将来衰老死亡的问题。

世界上凡事有开始就有终结，有生就有死，任何生物（包括我们人）如此，任何公司也是如此。我在《硅谷之谜》中总结的硅谷公司的特点之一就是不介意公司的死亡，不会刻意去拯救一个衰老的公司，而是把目光往前看，努力寻找下一次机会。在我们这个时代，不是要办一个大而全的百年老店，而是要开创一个专而精的有活力的公司。当一个公司的历史使命完成之后，它退出历史舞台是对整个社会的最后一次贡献，因为它把宝贵的人力和土地资源释放给了未来的公司。这个道理大家冷静地想想都能明白，但是真到了自己身上，在感情上常常跨越不过去。因此，世界上大部分企业家依然在追求办一个百年老店，不过世界上的百年老店并不多。

中国虽然历史长，其实没有多少真正的百年老店。张小泉、六必居这些品牌早不是当年的创始家族在经营，甚至相应的公司和当年的品牌已经没有任何关系。今天的招商银行还在用当年李鸿章创办的轮船招商局的牌子，但是这两个公司完全是两回事，在企业文化上也没有任何共同之处。

在日本，有很多老字号，但是能够溯源到明治维新之前的很少。明治维新之后诞生过很多公司，但是维持到今天的也不多；很多公司今天虽然名称被保留了下来，但是已经换了主人，比如著名的夏普公司。

在欧洲，百年老店相对比较多，但真正还由原来家族维系的并不多，而且那些经历了很多代人的企业常常规模并不大，都在一些小众市场。很多著名的品牌早已不是原来的公司在经营，而是被金融和商业集团并购形成了新的企业集团，比如很多大牌奢侈品都被并购到著名的奢侈品集团酩悦·轩尼诗—路易·威登中。瑞士很多手表品牌说起来历史很悠久，其实今天很多都属于斯沃琪手表集团，包括几十万元一块的宝玑、宝珀、哈利·温斯顿手表，以及中国人并不陌生的欧米茄、浪琴、天梭和雷达等。也就是说，品牌留下来的多，公司留下来的少。

在美国，百年老店就更难得一见了，道琼斯工业指数成分股中的公司，只有GE（通用电气公司）一家是100多年前该指数出现时的成分股公司，当年其他像GE一样的"巨无霸"，今天都看不到踪影了。美国《财富》500强的公司，平均年龄只有30多岁，其中一大半是IT革命之后涌现出来的新公司。

办一家百年老店如此不易，这一点佩奇当然也看到了。谷歌今天还如日中天，2015年和2016年，它的利润（EBITDA，税息折旧及摊销前利润）大约抵得过中国的阿里巴巴、百度和腾讯，以及美国的亚马逊、亿贝和雅虎的总和。然而这并不能保证它今后不会重蹈那些昔日辉煌的企业衰落的覆辙。要避免这个结局，就不能等到企业真出问题时再着急，而要从现在开始防范。

佩奇在公司一次内部会议上讲，企业和生物一样，从小到大，慢慢老化再到衰亡，难以避免。据他了解，全世界只有一种生物可以不死，就是一种海蜇。这种海蜇在正常情况下和其他生物没有什么不同，都会生老病死，但是如果刻意用针去刺激它，它会长出新的细胞，然后当母体死亡时，新的细胞会发育成完整的海蜇。佩奇希望谷歌能不断创造新的产品部门，这些小的部门就如同那只海蜇新发育出来的细胞，它们最终能够不依赖于母体生存长大。佩奇希望通过这种方式逃脱大公司的宿命。因此，他利用公司的财力和智力资源，不断尝试新领域的创新。

为此，谷歌成立了谷歌风投、谷歌X实验室等独立的部门，这件事情在一开始时交给布林负责，而佩奇则负责公司的日常管理。

在完成了谷歌未来架构的改造后，佩奇让大部分原本直接向他汇报工作的产品领域的高级副总裁改为向皮柴汇报。佩奇对皮柴的培养非常早，由于皮柴在主管浏览器Chrome项目时显示出很强的产品和市场能力，佩奇后来将安卓这个重要的部门也交给他负责。一年之后，佩奇将皮柴提拔到类似首席运营官的职位上，虽然谷歌内部并没有这个称呼。接下来，佩奇将公司改名为Alphabet，将过去的业务打包并沿用谷歌的名称交给皮柴。其实这也是顺理成章的事情，因为那些高级副总裁已经向皮柴汇报了一年多了。

当然，很多人可能会问，为什么佩奇把已经成熟的业务交给皮柴负责，而他自己却挑了那些难做的新业务？这恰恰是佩奇聪明的地方，也是将谷歌业务拆分的第一个考虑。我们知道，通常一个公司的创始人为了尝试新业务，会找一个相关领域的专家来开展，这和谷歌的做法正好相反。但是，佩奇深知公司基因决定论的影响力，如果他自己坚守现有业务，让新人尝试新业务，那么那些新业务最后一定发展成IBM（国际商业机器公司）的个人电脑部门或者微软的在线部门，在行业中没有竞争力。为了避免重复IBM和微软失败的老路，佩奇才把已经成熟的果实交给他人看管，自己负责起最需要支持、最需要资源的新业务。

谷歌将业务拆分的第二个考虑是防范美国和世界各国政府对它的反垄断诉讼。随着谷歌把搜索和在线广告变成互联网上最重要的业务，谷歌占有的市场份额远远超过竞争对手的总和，美国政府对它的反垄断诉讼将是难以避免的事情。佩奇和布林从来都是未雨绸缪的人。由于看到IBM和微软被美国司法部以反垄断为由起诉的教训，早在2008年，谷歌就聘请了曾经代表美国司法部状告微软垄断的司法部前高级官员为法务副总裁，负责协调和政府的关系，并且处理美国政府和欧盟对谷歌的反垄断调查。但是，佩奇也知道，尽管谷歌尽力避免和推迟未来可能的反垄断官司，但几乎所有人都认为这件事迟早会发生。当然，谷歌有可能像微软或者IBM那样最终避免被拆分的厄运，但是即使像它们那样艰难地赢得官司，被限制在市场上自由扩张也将失去很多机会。既然一些事情不能够避免，不如早做打算，谷歌的这次业务拆分也是为了防范将来可能的反垄断诉讼。

在业务拆分之后，新的控股公司Alphabet的组织架构变得有点儿像GE，它下面的各项业务相对独立。如果运气好，谷歌能够避免被美国政府拆分，而它的新业务能够长大成为一个又一个谷歌，那么新的Alphabet公司未来或许能成为世界上市值最大的公

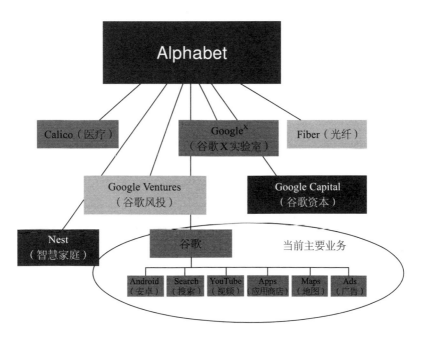

谷歌母公司Alphabet的业务结构

司。如果运气不好，谷歌被美国政府拆分，那么它的新业务在这之前有足够的时间成长，将来即使独立，也能成为行业的领头羊。当然，再过很多年，谷歌现有的业务免不了要萎缩，通过这种方式长期存在下去的谷歌其实和原来的公司已经是两回事了。这就犹如不死的海蜇，看上去又长出了新细胞，却不是原来的母体，不过它们有相同的基因。

在美国有不少大家族，财富传承了很多代。这些家族无一例外都非常重视精神财富的传承，那些精神财富是家族的基因，只有当它们得以传承之后，外来的物质财富才能真正传承下去。一个公司所能够真正传承的其实也只是基因而已。佩奇比很多企业家聪明的地方在于，他首先认同公司最终死掉这件事是常态，在这个前提下，再去考虑如何传承公司的基因和文化，而不是试图维持一个不死的公司。如果我们用一个词将他的想法进行概括，那就是"薪尽火传"。

巴菲特午餐：人生的智慧

中国的一些投资人，通过竞标成功地和巴菲特吃了那顿一年一度的午餐。我私下里问他们："老爷子都和你们聊了些什么？花这么多钱和他吃顿饭是否值得？"他们都说："非常值得，他告诉了我一些人生的智慧（注意，不是投资的智慧）。"我把他们转述的巴菲特的话总结为下面几点，从这些内容里我们可以看出，股神能成为投资赢家，是因为具有人生的智慧。

当一位很成功的中国投资人向巴菲特请教成功的道理（不是具体的方法）时，巴菲特告诉他："年轻人，我不用告诉你们该做什么，因为你们很优秀，自己知道该做什么。我告诉你们一生不该做什么。第一，不要做自己不懂的事情；第二，永远不要做空股票；第三，永远不要用杠杆投资。"

不做自己不懂的事情

怎样理解不做自己不懂的事情呢？巴菲特放弃了非常多的投资机会，因为他看不懂那些行业，但是这没有妨碍他获得超高的回报。我们知道田忌赛马的故事，用自己的劣马和别人的好马比，输的可能性要远远高于赢的可能性。我们今天很多人都是这样，他们看到别人挣钱很快，自己心里痒痒，也要去尝试，而又不愿意花功夫学习，这就是做自己不懂的事情。人是如此，企业也常常如此。2014 年，万达要做电商，拉了百度和腾讯进来（号称腾百万），信誓旦旦地要在 5 年内投资 200 亿元。折腾了两年，什么结果都没有，到了 2016 年，第一笔钱烧完了，腾讯和百度全撤了。这是一个典型的做自己不懂的事情的教训。

我们通常讲，勤于做事是一件好事情，但是巴菲特却说其实很多事情不要做，聚焦比发散更好。和大部分基金不同的是，巴菲特旗下的伯克希尔–哈撒韦公司投资的公司数量并不多，因为他没有精力搞懂那么多家公司。在搞不懂的时候，为了被动地降低风险而买很多种股票，投资的回报自然高不了。关于投资是否要分散，我们接下来还会仔细讲。

对于一个企业，什么事情不能做呢？这位中国的企业家讲，不熟悉的、不是自己核心业务的，就不能做，这是巴菲特的思想精髓。但是很多人不信这个邪，一定要尝试，结果盲目尝试可能会获得一次成功，但是从长远看却是失败。在中国过去的 30 多年里，由于经济快速发展，可以挣钱的机会非常多，人们获得商业上的成功是大概率事件，但是很多企业家却是昙花一现。吴晓波在《大败局》一书中总结了中国早期炒股最成功的一批人，除了一两个得以善终，剩下的一半破产，一半进了局子或潜逃在外，甚至干脆被人谋杀。这些人共同的问题都在于不懂得什么事情不能做。而一位企业家坚持不做不懂的事情，反而让他的企业持续快速地发展了 20 多年。

这位企业家讲，他的公司曾经夺得央视广告的标王，因此靠着黄金时段的广告，他们的品牌迅速被广大消费者接受。为了维持品牌，也为了宣传自己的新产品，公司每年从投入几亿元到现在的几十亿元做广告。当然，这也让广告公司挣得盆满钵满。说到这里，大家可能马上会想到，与其让广告公司挣钱，还不如自己成立一家或者收购一家广告公司。的确，当时公司里的很多高管也意识到这一点，建议自己创办广告公司。但是这位创始人并不认可这种想法，认为自己办广告公司一定会办砸，因为他不懂这个行业。下面的人当然还要据理力争，他们说，你怎么就肯定我们办不好呢？或许我们能够学习、能够办好。这位创始人解释说，我确实不知道为什么我们不可能办好，但是我知道一定会是一个失败的结果。因为如果你们的逻辑成立的话，今天世界上最大的广告公司应该是可口可乐广告公司或者宝洁广告公司，但是结果却不是，这里面必然有它的原因。而这个非常特别的思考问题的方式，就是他从巴菲特身上学到的智慧。

这位企业家接着和我讲，当年和他先后夺得央视广告标王的企业，无一例外地成立了自己的广告公司，今天它们绝大部分消失了，剩下个别的也只是在苦苦挣扎。而他因为没有去做那些自己不懂的事情，只把心思放在一代代产品的更新上，20 多年来，公司发展得非常稳健，现在他们的两款手机在国内竞争非常激烈的手机市场上排进了前 5 名，这得益于他能够不受外界干扰，坚持做聚焦于自己所精通领域的事情。对此，他也感谢巴菲特。

不要做空股票

做空股票在中国是不被允许的，比如你不能在没有中石油股票的前提下先卖掉它，等到价格下跌后，再买进平仓。但是在世界上，这是一种投机股票挣钱的手段，索罗斯等人就擅长做空。巴菲特因为自己特有的谨慎，从来不做这件事，也不建议投资人这么操作。做空股票的危险在于，股票上涨从理论上讲是没有尽头的，一只股票的损失就可能达到无穷大，以至全部的资产被用来平仓。在美国，我们给这种情况起了个诨名——"见外婆"（"清偿"英文单词wipe off的谐音）。巴菲特认为，人在股市上，挣钱和亏钱都是正常的，这不是人能够决定的，但是你的操作方法让你一次就可能满盘皆输，那就不能说是智慧了。

永远不要用杠杆投资

第三种情况和第二种类似，经历过2015—2016年股灾的人，对杠杆应该记忆犹新。使用杠杆虽然在股票上涨时能放大收益，比如利用10倍的杠杆将10%的收益变成100%，但是下跌时会很快"见外婆"。因为只要下跌10%，所有的本金就输光了。人通常记吃不记打，好的时候忘乎所以，个个都觉得自己是股神，挣了钱是自己的本事，然后欲望膨胀；赔了钱则归结于大盘形势不好，而不追究自己的过失。在这种心态下使用杠杆，一次就会倾家荡产。

对于人生的问题，特别是人应该如何平衡进取和稳妥，巴菲特给我的朋友这样的建议——人一生不要两次富有。什么叫作"两次富有"？你通过努力创业成功，富有起来，接下来去冒险，又成了穷光蛋，但是凭借坚韧不拔的毅力东山再起、再创辉煌，这就叫两次富有，因为两次峰值之间有个低谷。

低谷对于人来讲总是有的，但是不应该从富有变成穷光蛋，这不仅缺乏智慧，也让人的生活变得很糟糕。虽然两次富有的人，即使最终从结果来看可能钱并不少，但是他的家庭生活、他家人的生活、他的心态，都可能变得非常不健康、不愉快。我们看到很多人，在事业上算是成功者，但是在生活上却是失败者，原因是他们因为自己的贪婪经历了不必要的失败，以至他们本可以分配给生活和家庭的时间和精力，都用于东山再起了。因此，巴菲特给他的建议是，少犯错误比多几次成功更重要。

当然，在谨慎的同时，巴菲特并非一个不求进取的人。他不做自己不熟悉的事情，只是不做当下自己不熟悉的，并非永远不打算熟悉那些事情。你过去可能听说过巴菲特不投科技公司，因为他说他看不懂。但是前些年他投了IBM和英特尔这两家过了气的科技公司，这一方面让人们感到他终于对科技感兴趣了，另一方面更让人看不懂了，因为既然投科技公司，为什么不在苹果、谷歌或者脸谱网的快速成长阶段投它们呢？如果巴菲特投资了这些公司，回报要比它的旗舰公司伯克希尔-哈撒韦更高。特别是对苹果的投资，为什么非要等到苹果公司这几年渐入平稳期再投资呢？对此，2015年，和巴菲特共进午餐的一位中国企业家得到了答案。巴菲特不相信他能看懂技术本身，但是当一个科技公司能够长期稳定赢利，并且开始回报投资人时，他就能看懂它们的商业模式了。

在那次午餐上，这位企业家本来问了巴菲特一个非常具体的问题："我不会炒股，请教教我怎么炒股。"没想到巴菲特的回答是："我也不会炒股。"因为在巴菲特看来，只有价值投资才算是投资，炒股不算。于是他们就聊了些其他的事情，包括小孩教育、公司管理、公司价值等泛泛的话题。此外，这位中国企业家也通过谈话读懂了巴菲特投资的一个思路，按照这个思路去理解他投资那些稳定发展而不是快速发展的科技公司，就变得合情合理了。

原来，巴菲特选公司的秘密在于公司的现金流。我们通常认为，买股票是为了买未来，如果一个公司的未来不被看好，那么就不值得投资。但是巴菲特看重的却是IBM和英特尔这样的公司，虽然成长不如谷歌、脸谱网或者亚马逊快，却能产生稳定的现金流，并且这一点在过去的几十年里已经被证明了。巴菲特总是寻找"现金奶牛"，然后每年收获大量的现金，再拿那些现金去购买更多的"现金奶牛"股票，以实现公司价值的复合增长。在巴菲特看来，不仅一个公司短期股价的涨跌没有任何意义，而且，按照美国会计标准做出来的利润也靠不住，只有公司收回来的现金（包括发掉的股息）才是真的。顺便说一句，我从2004年开始一直有读各大公司财报的习惯，读了几年后就能发现，即使是道琼斯 30 家公司，财报中利润的水分常常也是非常多的。而对科技公司财报的分析还让我写成了一本书，就是《浪潮之巅》。既然巴菲特不相信建立在空中楼阁上的股价，也就不会相信那种可能靠做账做出来的利润，他只认真金白银。

当然，如果你精通美国税法，会发现这里面还有另一个玄机。美国要对股息征收很高的所得税（如果在加州，联邦税加上州税大约是 37%，即使巴菲特所在的内布拉斯加州，也高达 32%）。巴菲特所持有的股票都是股息非常高的，如果以个人的名义购买那些股票，每年分到的利息非常多，缴税也很多。至于巴菲特自己，他每年可以从所投资的公司中获得大约 10 亿美元的股息，照理该交 3.2 亿美元的税。但是，他将所有的股票放在一个篮子（伯克希尔-哈撒韦公司）中之后，不再向投资人（包括他自己）派发股息，而是将股息全部用于购买更多的股票，这样他自己和他所有的投资人就规避了高额的所得税，实现了投资以更快的速度复合增长。要知道，如果复合增长率每年多 2%，60 年下来可是不得了的。

国内一些媒体拼命报道巴菲特要求提高富人的税率，似乎体现出了了不得的高风亮节，可这件事在美国国内却没有什么富人为他叫好，连中产阶层也不以为然，因为大家知道根本征不到巴菲特本人的税。一个非常富有却通过各种技巧不需要交什么税的人，呼吁政府多收其他富人的税，自然没有说服力。中国炒股的人不需要交赢利的所得税，媒体对美国的情况也不是很了解，因此过度渲染也不奇怪。当然，在这里我们不评论巴菲特的道德水平，毕竟他在倡导裸捐遗产，不过要说明的是，巴菲特要比大家想象的聪明得多，即使在省税上也是如此。

巴菲特的投资方法很多是违背教科书上的原则的。比如，大家都在讲不要把鸡蛋放在一个篮子里，最好多买几只股票以便降低风险。这种思路在技术上无疑是正确的，比如标准普尔指数就是这么做的，它挑选了 500 只股票，年均回报为 8%，每年比70% 的基金表现好，而在 10 年区间里，比 81% 的基金都要好。对于 99% 的个人投资者来讲，最好的投资就是大量购买标准普尔 500 指数，巴菲特本人也认可这种原则。他在遗嘱中讲，死后（捐赠之外）所留下来的财产，绝大多数要购买标准普尔 500 指数，可见他对这个指数的推崇。

可是巴菲特自己在投资时并没有分散投资，而是把资金集中在不到 10 家公司上，这样的风险其实是非常大的。但是巴菲特反而创下了 50 年来年平均回报率 22% 的纪录，要比标准普尔指数的回报率高得多。也就是说，他的想法和他的做法是矛盾的。另外，既然他很会投资，为什么他不将自己的经验传授给孩子，也不给孩子们锻炼的机会呢？因为巴菲特从来就不认为投资是个技术活，而认为那是一门艺术。技术可以通过学习不断进步，而且它有可继承性和可叠加性，也就是说，徒弟不仅能够学到师傅全部的技术，并且还有可能做得更好。但是，艺术没有这种特性。

今天我们没有人敢说钢琴弹得比肖邦或者李斯特好，也没有人认为自己的绘画超越了米开朗琪罗。如果投资也是艺术的话，有的人稍微一点拨就能学会，有的人怎么学也学不会。

在研究公司、分析股票方面，巴菲特不仅和散户的思维方式不同，甚至和华尔街主流的基金经理也完全不同。散户可以三个月研究10种股票，其实他们什么深入的事情都没有做，很多散户甚至没有学习基本的金融知识就开始研究股票了。基金经理当然要比散户专业得多，他们会雇一大堆人一年研究上百种股票，从中挑选出合适的股票。但是巴菲特的团队却是10年只研究为数不多的股票。比如他本人一直关注高盛公司，但是他觉得高盛股价过高，因此一直不买，直到金融危机时高盛股价大跌，他才果断地投资进去。巴菲特不认可雇一大堆人研究股票的做法，因为在他看来，懂得投资艺术的人非常少。一个基金找到三五个这样的人已经算是运气了；如果招聘100个人，一人半是懂投资技术而不懂投资艺术的人，这些人就不堪大用。

很多人认为自己炒股没有赚到钱是因为技术不行，于是苦练技术，结果投资回报并没有提高（有的还不如当初随机投资）。今天，人工智能非常热门，下围棋已经使人类难以望其项背了，于是很多人开始关心能否借助"智力"水平超过人的智能程序（也可以看成是特殊的机器人），成为股市上的常胜将军。事实上这一点很难。今天，美国股市80%以上的交易已经是由那些智能机器而不是由人来完成的，但是大部分基金投资回报依然低于标准普尔 500 指数。这些人没有搞懂的是，投资是艺术不是技术，巴菲特本人就是艺术大师，而非技术专家。当然，我更愿意说，他是智者。

在巴菲特看来，即使是伯克希尔-哈撒韦这样知名的投资公司，在全世界搜寻一流的投资人才，也只有精力分析少数的股票，这也是为什么它的投资组合中只有很少数的股票。当然，这样它肯定失去了很多投资机会，不过既然它追求的是少犯错误，而不是失去机会，这种做法当然合理。总的来讲，巴菲特是一个非常谨慎的人。他每次都要对和他共进午餐的中国企业家讲，如果他和芒格能少犯一些错误，即使错失掉很多投资机会，伯克希尔-哈撒韦比今天的规模也不知道要大多少。

巴菲特的智慧还体现在不高估他后代的能力上。他不仅认为懂得投资艺术的人不多，他对自己的后代是否掌握投资的艺术也没有多少信心。虽然我们知道他的儿子投资还是不错的，但是他不敢保证孙子也能行。我们很多家长因为孩子是自己的，怎么看怎么喜欢，觉得自己的后代就是比别人家的强。中国现在很多富一代开始向富二代交班，就反映出这种想法。巴菲特因为并不相信他的后代也能像他一样掌握投资的艺术，因此，为了稳妥起见，他要求后代干脆也不要自己动脑筋，交给标准普尔算了。

巴菲特的智慧来源于生活本身，靠着这些非常朴素的生活智慧，他才能在投资时无往不利。我在和那些朋友交流之后，仔细想想巴菲特的话，也很有感触、很受启发。巴菲特讲的这些道理，其实很多人也听说过，但是在做事情的时候常常会忽略。很多时候，人和人的差距看似是在智商、情商和知识上，其实是在智慧上，而智慧的核心则是对人性的理解。

最后我对工薪阶层的投资建议是，大家能够投入到股市的钱有限，即使连续 10 年做到每年比股市平均回报高 2%（99% 的散户做不到这一点），一年能多挣十几万元也就到头了。但是，如果我们把时间投入到自己的职业发展上（做自己最擅长的事情），不断做出更大的贡献，不断被提升，每年的回报要远远高于那十几万元。因此，拓展一下巴菲特的观点，对于大部分人来讲，最好的投资是自己的工作和事业，因为我们擅长于此。

司马迁的智慧：东方最早的经济学综合论文《货殖列传》

2016 年，史学界出了一套颇受关注的新书《哈佛中国史》。大家如果看了该书目录后可能会很奇怪，书中对先秦的中国历史只字不提，只从秦汉开始讲起。卜正民等作者这么做可谓是煞费苦心，因为关于中华文明有多少年，国内外争议一直非常大。简单地讲，前后能差出来 1500 年左右。因此，卜正民等人取了个巧，干脆回避这个问题。事实上，这套书的英文名称是 *History of Imperial China*，只是由哈佛大学出版社出版而已，直译过来应该是《帝制中国史》，而中国也只有在秦汉之后才能称为帝制时代，因此不写以前的事情并没有跑题。或许是译者们对"帝制"二字反感，于是把它翻译成了现在的书名。

　　一个国家历史的长短其实不那么重要，关键看它对世界的贡献。中华文明从时间的久远上讲，虽然远比不上美索不达米亚和古埃及，但是中国老祖宗还是给全世界留下了非常多的智慧。关于中国古代的很多发明和技术成就自不消说，单从商业理论上讲，2000 多年前中国的一篇学术论文的见识就是非凡的，它系统论述了商业的特点和其中所反映出来的人性特点，这就是《史记·货殖列传》，其名称翻译成白话文就是"做生意的故事"，作者是大名鼎鼎的史学家司马迁（又称为太史公）。出于篇幅的原因，我就不在书中引用原文，直接用白话介绍了。读者如果想查看原文，网上搜一下就能找到。

　　太史公开篇讲了人喜欢物质享受和精神享受的天性。他说，自舜帝和大禹的夏朝之后，人就开始喜欢好听的音乐和美色，喜欢美食，喜欢享受，喜欢炫耀，这种习惯已经很久了，无法改变它。因此，好的统治者就随国民去了，差一点的（统治者）动之以利引导他们，再差一点的试图教化他们，更差的约束管理他们，最差的要和他们作对。因为这段原文太重要了，我还是写出原文吧。

故善者因之，其次利道之，其次教诲之，其次整齐之，
最下者与之争。

太史公的这段话，讲述了从教育、管理再到商业普遍适用的
一个原理。以教育为例，最好的教育是让受教育者自己发挥特长
和潜力，我们今天所说的像哈佛或者斯坦福给予学生的教育就是
如此。

差一点的教育是用利益鼓励他们，比如奖学金就是这个目的。
再差一点的就是灌输式教育，所谓的教化，比如衡水中学那种方式
就是如此。还有更差的就是天天看着孩子，这样孩子的人是给管住
了，可是心没有管住。当然，最差的教育方法就是和被教育者顶着
干。家长（和老师）可能有体会，一旦开始和孩子顶牛了，这个教
育就失败了。

同样的原理可以用在管理上，大家可以将之套用到自己的单
位中，看看是否是这么回事，这里就不多说了。当然，在商业上
也是如此。我给政府领导讲课时，经常讲这段话。一个好的政府，
只要开放商业就好，不要搞什么顶层设计，随下面的商人自己根
据市场决定做什么，即所谓的"因之"。硅谷成功的秘诀之一就是
政府没有能力管，只需要把商业的事情交给商业本身。差一点的
政府，会制定优惠政策，扶持产业。这样的初衷虽然好，但是，
如果领导的想法和市场规律相违背了，就要走弯路。更差一点的

领导是大会小会做报告，告诉大家该怎么做，三天两头去视察工作，即所谓的"教诲之"。当然，再差的就是"整齐之"，小到刁难商家，大到干涉企业运营。然而，这些还不是最差的，因为虽然刁难企业，但是它还是得让你做生意。最差劲的是自己也跳进来直接做生意，与民争利。为什么很多公司非常痛恨有行政特权的企业，就是因为后者在商业上处处与前者争利，即所谓的"与之争"。

虽然我目前在国内没有投资太多的公司，但是和国内投资界的同行来往密切。他们给创业者在选择地点（城市）上的一个普遍性的建议就是，不要去那些商业风气不浓的二线城市。那些地区的领导可能在一开始为了招商引资，给出一点小恩小惠，即所谓"利道之"；等你真的去了，它就开始"教诲"你，然后"整齐"你，甚至让他的七大姑八大姨做一件和你相同的事情来争利。实际上，如果看看中国现在的那些独角兽公司，几乎清一色地是从一线城市和思想比较开放的二线城市走出来的。这就说明环境的重要性了。

太史公在《货殖列传》中还讲了这样一段话，大意是：水深了鱼就容易生长，山林深了野兽就会去居住，人有了钱就容易讲理、够义气。人有了钱，就越发容易发达；可一旦失势，下面人就跑了，因此他就闷闷不乐，越是不开化的地方越是如此。因此，"天下熙熙，皆为利来；天下攘攘，皆为利往"。换今天的话说，大家天天这么忙，就是为了一个"利"字。这里面司马迁对于人性趋利的一面有着非常深刻的认识，成语"熙熙攘攘"一词就是这么来的。我们知道，今天整个现代经济学是建立在所谓的"人是理性的、商业的人"基础之上的，说穿了就是，人都是算得过账来的，而且是为了自己经济利益而奋斗的。这就如同欧几里得几何的五条公理，一旦不成立，整个经济学的大厦就倒塌了。这个道理，司马迁在 2000 多年前就认识到了，可谓极富智慧。

今天，上至很多政府领导，中到公司老板，反而不懂这个道理。他们幻想着"既要马儿跑，又要马儿不吃草"的社会，这种做法非常有悖于人性。在这样的环境下时间长了，人表面上耻于言利，私下里却肆无忌惮地谋私，除了让彼此产生防范和不信任外，既不能降低做事情的成本，又不能使社会教化得更好。

太史公在这篇长文的最后讲到两个观点，也值得分享。一个观点是那些看似微小甚至卑贱的生意，比如农业、卖油、贩酒等，只要经营得好，做到极致，也能获得巨大的成功。反观我们很多人创业，动不动要追一个最新的概念，而不是把人基本的需求做到极致，这样想成功也困难。他的另一个观点则讲述了商业的一个基本规律，再有钱的商人如果没有核心的业务，生意也是持久不了的，这说明核心业务的重要性。同时，商业是优胜劣汰的，有能力的人能够聚集各方面的资源，而没有能力的人，生意最终会瓦解掉。

《货殖列传》里的内容还有很多，由于篇幅所限，我就不一一介绍了。如果有可能，建议每一位读者朋友都拿来读一读。如果不愿意读古文，读读白话文也可以，里面有不少生动的例子。这篇文章不仅对于从事商业活动的人或者创业者有益，而且对于我们了解人性、处理好上下级的关系也会有所帮助。

大部分人看历史都是看故事、看热闹。像这篇《货殖列传》可能是被很多人忽略的，但是我倒觉得太史公真正的智慧恰恰在这一篇里。从史书中学到智慧，显然比知道一些故事更重要。

销售大师的智慧

2016年一款新的出行产品非常火爆，就是摩拜单车。在2016年的C轮融资中，它获得了高达10亿美元的估值，并且成功融资1亿美元，[①]不仅成为一家新的独角兽公司，而且改变了现代城市人对出行的看法和做法。摩拜到目前为止的成功不是简单的运气，里面有很多原因，其中一个重要的原因是创始人王晓峰先生对商业深刻的理解。

我和王晓峰认识很多年了，曾同时在谷歌和腾讯任职，算是

①　摩拜单车在2017年6月的E轮融资中获得6亿美元的投资，估值已经超过20亿美元。

老同事加老朋友。王晓峰早期在宝洁公司做销售，从一个基层销售人员一口气做到一个大区的主管。之后他负责整个谷歌中国华东区的销售。而后他离开谷歌，成为全球最大的香水公司在中国的总经理。然后在我到了腾讯后，把他请来担任搜索广告销售的总经理。再往后他担任了优步公司在中国的负责人，而在优步还如日中天的时候，他离开那里创办了今天的摩拜单车。长期以来，我们有很多工作上和私下里的交流，包括他在创办摩拜单车时，我们深入讨论了产品设计、商业模式和市场策略。从交往中，我觉得他是对销售的本质和用户心理理解最深刻的人之一。全中国像他这样的人，可能用两只巴掌就能数得过来。因此，在和他的交往中，我对销售和用户心理的认识也得到了提高。在这里，我就将自己从他身上学到的智慧与你分享，即使你不是做销售的、不是做产品设计的，我想它们对你也会有所帮助。

在介绍他的智慧之前我先要说，接下来的话可能听起来简单得不能再简单了，它一共只有短短的三句话，但是大道至简，你如果能品味出其中的精髓，说明你要么进步了，要么本来就已经相当的智慧。

销售的本质：把钱收回来

王晓峰到了腾讯之后，给营销人员上了一堂课，问大家什么是销售。虽然很多人都在做销售，我们也每天都在买东西，但是如果要回答什么是销售，很多人还真难用一两句话概括出来。大家你一言我一语说了一大堆，最后王晓峰将他们所说的话总结起来，就是6个字"把东西卖出去"。大家都点头称道，确实如此！然而，王晓峰说，把东西卖出去最多只完成了销售的一半，还有另一半，也是最关键的一半，那就是"把钱收回来"，否则卖了还不如不卖。

读到这里你可能会想，这不是废话吗，东西卖出去了，钱当然要收回来。从理论上讲或许如此，销售款应该在交易完成的一瞬间入账，但是在一些国家还真不是这么一回事。在中国的传统行业里，几乎没有不相互欠三角债的，因此把钱收回来的成本并不低。我自己做过销售，深深体会过要账的难处，有时为了一笔欠款要出差跑好几次，把要账的时间成本和其他成本加进去，占到销售成本的一大块，甚至把利润都吃光了。今天的情况稍微好一点，但是要账的成本依然不低，即使是我们想象中的一些不差钱的机构，买起东西和服务时很爽快，付起账来也很不情愿。前不久，我给中国最知名的一所大学做了一次咨询服务，服务的时间是半天，而五六次来回来去要账花掉的时间加起来可能也有两个小时，这无形中将服务的成本提高了50%以上。一所名气和口碑数一数二的大学尚且如此，其他公司和机构就可想而知了。实际上，和我打交道的一大半客户都有付账拖延症。考虑到我的影响力，还没有赖我账的合作伙伴，但是很多公司和个人就没有我这个运气了。大部分公司，最后能收上来90%的销售款已经算是不错的了。很多给沃尔玛供货的中国公司，宁可忍受沃尔玛的压价，也愿意和它做生意，因为"把钱收回来"的成本低。

不懂得"把钱收回来"这个道理的人是愚蠢的，办企业是要失败的。很多人为了促销根本不管收钱，等到账面上都是烂账时才开始着急，这些人在社会上并不少见。

如果我们的目标不再是把东西卖出去，而是把钱收回来，那我们的销售策略就完全不同了，收款的便捷性要超过卖出东西的数量。在美国拖欠账款和赖账的现象也很明显，但是美国人做事是认钱不认人，他们的做法就是加收很高的利息，同时对先付账的予以折扣优惠。美国人在定价时通常会留一个比例，比如5%作为收款的成本，你如果先付账，可以省去这个成本。

如果我们将这件事再往深了想，把钱收回来是目的，而把货卖出去只是手段，很多销售人员的做法实际上是背本趋末了。在生活中，背本趋末的做法时时可见。很多人不顾家地去挣钱，讲的理由是为了家人的幸福，其实这种做法本身已经让家人不幸福了。如果哪位读者和我合作过，应该能用这一点来解释我的一些行为准则了。比如，希望我放弃休息或者和家人安排好的休假，来参加什么重要活动，那是万万没有可能的，因为我不会把目的和手段颠倒过来。

持续的生意：让顾客把买的东西用光

在王晓峰来腾讯前，公司广告销售遇到了一个瓶颈。大家发现对广告商促销一段时间后，接下来的广告销售就会疲软，使得促销对提高长期销售额和市场份额没有任何帮助。互联网广告的销售方法和传统媒体不同，常常先鼓励顾客（广告商）充值，然后再到腾讯的平台上做广告把充值的钱花光。对于销售人员，只要充值的钱进来了，他们的任务就算完成了。因此，销售部门制定的促销方式常常是搞活动刺激大家不断充值。但是，如果顾客充了很多钱，却无法在腾讯花光，就会没有动力继续充值，接下来的销售也就难以开展。今天，大部分搞会员制的公司依然面临同样的问题，却不知道如何解决。比如，一家饭馆为了增加一次性收入，会以充值 1000 元送 500 元的方式促销，这样虽然获得了一笔流动资金，但是从长期来讲对营业额的提高却没有太大的帮助，因为顾客在花完充值的钱以前，商家很难说服他们再次充值。前一阵有一家网上约车的公司搞促销，充 1 万送 1 万，虽然看似完成了不少销售，但是也没有看到它的市场份额有什么增长，原因也是如此。

王晓峰在腾讯就指出了这个症结所在。一个可持续的生意关键是要让顾客把买的东西用光，否则就很难让他们第二次、第三次购买。此后，王晓峰的部门在腾讯每次做促销时，不仅要鼓励大家充值，还要设计出一系列让顾客尽快地把充值的钱花光的办法，这样才能有效地进行第二次、第三次促销。在我负责腾讯搜索的两年里，王晓峰将搜索广告的销售额提高了 6 倍，销售大师的名声不是白得的。

我们可以把王晓峰的这种思路拓展一下。在管理一个团队时，你给员工的奖励不能仅仅是一次充值的促销，然后让他们享受很多年，而是要想办法让他们消耗掉这种物质和精神上的奖励，能够继续轻装奋斗。比如在谷歌，一个员工每一次升迁，在得到大笔奖励的同时，之前全部的贡献就会清零；下一次升迁，所依据的贡献要从前一次升迁后算起，而不是历史上全部的贡献。

这就防止了一些人靠运气搞出个非常成功的产品后，躺在上面吃一辈子的情况。

商品和服务要让消费者有面子

在经济学 101 这类的入门课上，教授们通常会讲商品的几种属性，比如价值和使用价值。你之所以会买一种商品，是因为它对你有用。在第一次工业革命之后，全世界越来越趋向于供大于求，因此制造商品的人就尽可能地设计制造越来越有用的商品，这样消费者就会为了新的用途而购买。比如智能手机，上面承载了越来越多的功能，消费者为了新的功能和性能就会不断更新手机。

　　而面对越来越多不同种的手机时，大家是如何挑选的呢？有人说是性价比，有人说是绝对的性能，有人说是好用，等等。王晓峰说，这些都是次要的，最重要的是有面子。平心而论，苹果手机的性能远不如今天高端的安卓手机好，虽然很多人讲它的体验好，其实也没有确凿的证据，最多算是一些人的偏好而已。但苹果手机要比同档次的安卓手机贵50%甚至一倍，它的配件则贵好几倍。一些经济算不上富裕的人，之所以倾其所有购买一部苹果手机，其实是因为使用苹果手机有面子。苹果生意做得非常精，它只出品一到两种手机，这样就让任何人都可以在一瞬间拥有和精英人士同样的手机（即使里面不同的配置也会让价格相差不少）。相反，如果苹果为了考虑不同收入阶层的支付能力，设计5个不同价位的手机，这就让那些想通过苹果手机提高自己自信心的人犯难了。如果买最高档的，要么买不起，要么心疼；如果买最低档的，则没有面子。苹果在历史上卖得最差的一款手机是iPhone 5C。这种相对便宜的手机原本是想让低收入的人也用得起它的产品，但是大家觉得这反而让自己没面子，因此不愿意买。在中国，大家甚至开玩笑地讲，C代表廉价（cheap），虽然苹果公司使用C的本意是代表丰富多彩。像iPhone 5C这样的例子还有非常多，比如奔驰公司为了让中产阶级也能开奔驰车，生产出一款C系列，在美国卖得就远比更贵的E系列少很多，因为开奔驰C系列给人一种既想开好车又买不起的感觉，因此那些能够支付得起

C 系列的人，干脆买了雷克萨斯或者讴歌等中产阶层的汽车。

回到摩拜单车，王晓峰考虑，要想让白领阶层愿意骑自行车，就必须让他们感觉有面子。在考虑提供租车服务之前，他做过仔细的调研。他发现在校园以外骑车的人只有三种，除了专业玩儿车的人骑着非常贵的赛车外，就是蓝领的工人和老年人，他们骑着叮当带响的自行车出没于城市的大街小巷。如果一个走出大学校门的年轻人还骑车，而他的同事在开车，他从心理上就有一种没面子而且不服气的感觉。坦率地讲，对 2/3 生活在北京和上海的人来说，买车和养车其实降低了生活品质，纯粹是面子作怪。

但是，做生意就必须照顾人的面子，因此，摩拜单车从一开始就要把车设计得好看而独特，让骑车人特别有面子。有些人简单地复制滴滴和优步共享经济的做法，建议制造一种智能锁，让拥有自行车的人将自己的车提供出来，供大家分享。王晓峰讲，如果大学毕业后骑着五花八门，甚至还叮当带响的自行车上路，会很没面子，这种生意一定会失败。因此，摩拜宁可自己生产自行车，把自己变为一个重资产的公司（到目前为止，他们已经在北上广深投放了十多万辆自行车，这些车花去了几亿元）。

为了让大家进一步觉得有面子，摩拜单车把使用场景定位在短途交通上，比如从家到地铁站，从公司到便利店等。这样即使有人骑 10 公里的单车上班，大家在街上看到他，也并不觉得他是没有车的人或者是舍不得开车的人，因为在大家的理解中，摩拜单车是一个很酷的短途代步工具。

当然，摩拜单车的成功还有很多其他原因，但是让人有面子是一个非常重要的必要条件。

讲到面子这件事，很多人认为这是一种虚荣，即使自己好面子，也对此持否定态度。其实我倒觉得对于社会底层的人来说，包括那些金钱上富有但内心精神世界贫瘠的人，好面子不能算是一件坏事。为了维护面子，大家做事情会比较体面。更重要的是，有了面子多少可以增加一点自信心，让人能够在工作和生活中表现得更出色。因此，任何一个好的产品，都需要顾及使用者的面子。

既然讲到了销售，我再补充一点自己过去做销售的体会。世界上所有的人都喜欢买东西，而不是被买东西，因此那种求人的营销一定无法成功。有些时候，一单生意如果做得太辛苦就不要做了，因为能够做下来的可能性实在太低，有那时间和精力，不如去找其他客户。为了让顾客感觉他是在买东西，而没有被买东西，与其说服他来买，不如讲清楚你可以给他提供什么价值，让他自己认可这种需求。我们有时在讲，创造出一个市场，其实就是让潜在的消费者认可一种过去他没有意识到的价值。

在生活中，人与人相处的原则其实和销售也差不多。我们经常看到一个男生为了追求一个女生，绞尽脑汁、极尽努力地去讨好对方、迁就对方，对方就是爱搭不理。这对被追求的女生而言，其实就是一种被强制推销的感觉。如果她没有产生买东西的快乐，一切都是白搭。和人相处的技巧在于，要让对方感觉对你有所需求。

最后做个总结：如果我们能够顾及别人的面子，生意就能做好，事情就能做好；如果我们为别人提供价值，而不是一味地推销，我们的产品，甚至我们自己，就会受到欢迎。

第五章　拒绝伪工作者

效率高低不取决于开始了多少工作，而在于完成了多少。很多我们看上去非做不可的事情，其实想通了并没有那么重要，因为它们是伪工作。所以，无论是在职场上还是在生活中，提高效率都需要从拒绝伪工作开始。

不做伪工作者

"每天的事情太多，总是做不完"，这恐怕是现代人遇到的普遍问题，尤其是在那些发展特别快的行业里，比如IT领域、媒体行业和金融行业。相对于在大机构、大公司里工作的人，创业者或者为小公司工作的人，对这个问题的体会可能更深。"罗辑思维"的创始人罗振宇先生在2016—2017跨年演讲中把我说成是效率极高的人，此后很多人问我如何提高效率，以便能做更多的事情。

其实，一个人的效率是很难提高的，自己唯一能够控制的就是少做一点事情，有些无关紧要的事情就不要做了，而不是挤压时间把所有的事情凑合做完。这里想和大家分享谷歌和脸谱网等公司所提倡的一种做事方法，或许对大家能有所启发。

谷歌在2006年成立了中国分公司后，我就把自己手里负责的和亚太市场有关的产品都转交给了李开复。①虽然我不再负责和地

---

① 谷歌中国真正的研发工作是从2007年李开复解禁之后（因为和微软的官司）开始的。

区相关的产品的研发，但是每年还会到中国出一次差，帮助李开复指导一些项目。而李开复作为大中华区的负责人，自然希望北京和上海的工程师们的工作得到总部的认可。

但是这个被认可的过程却非常漫长。

谷歌总部一开始对中国研发团队的评价并不高，主要是有苦劳但没有功劳。最初，北京三四个工程师抵不上山景城谷歌总部的一个工程师，虽然这和中国大学的教育多少有点儿关系，但是中国工程师的效率按理说不该这么低。这个情况李开复当年在微软并没有遇到过，于是让我帮助分析原因。

我到了北京，发现中国的工程师们其实并不比山景城的清闲，但是从效果上看产出量却不高。大家都是要求上进的人，因此他们自己也很焦虑。我把一些工程师叫到会议室，让他们把手中的工作一项项都列出来，他们每个人至少列出了四五项要做的工作，有的人可能更多。拿到这些工作清单后我问他们，如果你们完成了其中的一半，是否就不再那么焦虑了，他们大部分人都给了我肯定的回答。这也合情合理，工作少了一半，压力也应该少一半。不过，我告诉他们，当大家每人完成了两三项任务也就是一半工作之后，他们手上的任务依然是四五项，不会减少，甚至有可能更多，因为新的任务又来了。

在互联网公司里，永远不可能有把工作全部做完的时候，因为这个行业发展太快，而变化又常常难以预测，这和微软那样的传统软件公司情况不一样。按照传统的软件工程方法开发软件，任务是事先定义清楚的。任务不定义清楚就开始工作是被禁止的，虽然在开发的过程中目标可以有所变动，但是变动不大。因此，工程师们只要在规定的时间之前完成自己的模块就可以。随着时间的推移，剩下的工作会越来越少，最终会有一个终点。

互联网的产品开发则不同，它是一个动态迭代的过程，大部分时候我们无法清晰定义一个静态的版本。在开发过程中，新的问题总是不断地涌现、不断地加进来，遇到的每一个问题似乎都有必要立即解决，因此不存在把工作队列清空的可能性。在这样的大背景下，一个人所追求的不应该是完成了百分之几或者百分之几十的工作，而是做完了哪几件重要的事情。

一个有经验的员工，应该善于找到最重要的工作，并且优先完成它们，而这恰恰是所有新员工都欠缺的技能。在山景城，新员工永远只占公司总人数的一小部分，因此他们很容易在有经验的员工带动下快速掌握工作方法；而在中国，几乎所有的工程师都是刚毕业的学生，没有人告诉他们从学校到一个世界一流的公司后该怎样工作，因此虽然大家很忙，却没有对公司的发展产生什么重大效果。

在谷歌等美国公司里，上述这种每天应付事务性工作的人被称为pseudo worker，直译出来就是"伪工作者"。这些人每天把自己搞得很忙，他们所做的工作可能也是公司里面存在的，但是那些工作（也被称为"伪工作"）不产生什么效果。在 IT 行业，如果一个公司里这样的伪工作者很多，完成的伪工作很多，用不了多久，它在竞争中就要处于下风。

2016 年，曾经是全球最大的互联网公司的雅虎被威瑞森电信公司（Verizon）收购，标志着一个时代的结束。雅虎从互联网的标志性公司走到被收购的悲惨地步有很多原因，其中之一就是太多员工做了太多的伪工作。为了理解这一点，大家只要看看他们产品的变化就能知道。虽然雅虎不断地在改版，但那些修改既不增加什么新的功能，也没有让人觉得使用起来更方便。在被收购前的 10 年里，雅虎鲜有新产品出现。如果要说雅虎的人不努力工作，倒也不是。在工作狂梅耶尔担任雅虎首席执行官期间，在她的高压下，员工不可能懈怠，但是几年来就是不产生效果。这就是全公司处于伪工作状态的结果。

谷歌和脸谱网在管理上显然比雅虎更积极主动，它们对于员工的评价不在于他有多忙、写了多少代码，甚至不是完成了多少产品的改进，而在于产生了多大的效果。也就是说，那些伪工作者即使平时再忙，也会被淘汰。

回到谷歌中国的管理上。2008 年后，谷歌搞了"工程大使"（engineering embassador）计划，让更多的来自山景城总部有经验的工程师帮助世界各地的工程师团队，辅导新员工梳理工作方式。对于中国分公司，谷歌还特意让那里的中国员工经常性地长期出差到山景城，加入到有经验的工程师团队里工作。这样经过大约两年的时间，伪工作的情况得到了解决，中国研发团队的贡献也得到了总部的认可。由此可见，大部分年轻人只要给予正确的指导，他们的表现会有非常大的提高。说到这里你可能要问，怎样才能防止员工成为伪工作者呢？我想最重要的是明确两点。

首先，管理者要让员工站在"做什么事情能让公司最大获益"的高度去工作。这样，他们才能在做不完的工作中动脑筋去寻找那些对公司最有帮助的事情去做，而不是简单应付老板派下来的任务，然后向老板交差。在一个知识型企业中，管理者不可能也不应该对员工进行事无巨细的管理，因为员工的主动性很重要。

其次，管理者要让员工明白，他们积极工作（而不是消极完成任务），最大的受益方是自己。公司里不免有员工对自己、环境、周围人的态度、所给予的机会等有不满意的情绪，此时他们会消极对待工作，不自觉地成为不动脑筋的伪工作者。有些鬼精的人，甚至会表现出一种任劳任怨的态度，也不和老板争执，被动地从老板指派的工作中找一些容易的工作来做，而不是拣那些有影响力却比较难的工作去完成。当老板问起来时，他们会讲自己在认真工作，工作量也看似很满。至于为什么很多重要的工作没有做，他们会推说是因为时间实在是不够。对于这样的人，一般老板还真拿他们没有办法，在考评时只好让他及格。但是这些人实际上在坑自己，因为那些伪工作做得越多，个人进步就越慢，甚至能力还会倒退。我在很多国有企业中，看到过大量的伪工作者。

当然，管理者本身也存在类似的问题，他们甚至比一般员工面临更多的选择，什么事情需要做、什么事情可以不做，不仅关乎自己的前途，还影响到周围很多人。很多管理者动不动就修改规章制度，世界上没有一种制度是完美的，因此他们不免左右摇摆、矫枉过正，最后改了一圈，又回到了原点。有道是"一将无能，累死千军"，伪工作的管理者便是如此。

很多我们看上去非做不可的事情，其实想通了并没有那么重要。有时候换一个角度来审视我们所做的事情，你就会发现，舍弃一些事情也未尝不可。再宽泛地讲，在生活中也是如此。如果静下心来总结一下就会发现，我们其实常常把时间浪费在那些可做可不做的事情上。

所以，当你因为总也干不完的工作而焦虑时，不妨试试先停下来，重新梳理一遍手边的工作：主动地站在对公司业务帮助最大的角度，站在提升自己能力的角度，把那些最重要的工作找出来并完成它们。试试看，这样你的工作状态会不会发生改变。

当我们处于工作永远做不完的状态时，依然需要有时间欣赏身边的风景。

罗振宇和我就伪工作者这一话题进行了进一步的交流，我们总结了几点在一些IT行业伪工作和伪工作者典型的特征。

1. 那些既不能给公司带来较大收益，又不能给用户带来价值的改进和"升级"，很多是伪工作。比如，在互联网行业里，如果一个产品中某些功能或者设计上线之后生命周期不到三个月，那么当初很多开发的工作都是伪工作。按照这个标准衡量，微软在Windows、Office（基于Windows操作系统的办公软件套装）和IE（网页浏览器）上很多工作其实都是伪工作。

2. 有的人明明能够通过学习一种新技能更有效地工作，却偏偏要守着过去的旧工具工作，甚至手工操作，这种人是典型的伪工作者。

3. 在做事情前不认真思考，做事时通过简单的试错方法（trial and error）盲目寻找答案。

4. 做产品不讲究质量、不认真测试，上线后不停地修补，总是在花费很多的时间和精力找漏洞和打补丁。

5. 不注重用有限的资源解决95%的问题，而是把大部分时间和精力用于纠结不重要的5%的问题。

6. 每次开会找来大量不必要的人员旁听，或者总去参加那些不必要参加的会议。

努力 10000 小时真能帮你成功吗?

加拿大著名作家马尔科姆·格拉德威尔在《异类》一书中提出了一个观点,即要把什么东西做好需要花 10000 小时的时间练习。由于格拉德威尔在书中举了很多正反两方面的例子,这个观点今天中国大部分人已经知道并且认可,它也成为大家努力进阶的理论依据,很多人正在为 10000 小时的训练而努力。即使一些人自己没有毅力坚持这 10000 小时,也为自己找了一个台阶——"我之所以不能成为一流的人,是因为没有完成这 10000 小时的努力"。

不过,罗振宇老师在"罗辑思维"视频第 185 期《即将到来的社会阶层》里提出一个不同的观点,那就是你花了 10000 小时可能也没用,因为思维方式、周围环境、境界等因素,比下笨功夫要重要。那么到底谁的话对呢?

其实,他们两个人讲的并不完全矛盾。

首先,格拉德威尔在《异类》中不仅谈到了 10000 小时努力的重要性,还谈到了成功的其他必要因素,包括智商、运气和家庭环境。10000 小时的努力是必要的,而其他这些条件也都是成功的必要条件。遗憾的是,这里面没有一个是充分条件,甚至加到一起也不构成充分条件。为了更好地理解格拉德威尔的原意,我们不妨稍微展开一下他的几个观点。

格拉德威尔的第一个观点认为，如果智商低于 120 就很难成功，而高于这个值之后，智商的作用并不明显。这个结论有点儿残酷，一些人甚至不喜欢这个说法，但它是事实，敢于说出事实的人是有勇气的。2015 年，全社会都在批评"上清华靠智商论"，因为这违反了我们所倡导的"勤能补拙"的价值观。但是，勤能补拙并没有科学依据。

格拉德威尔的第二个观点认为，运气或者时代大环境对成功很重要，简单地讲就是要生逢其时。美国 19 世纪末的商业巨子们成功的原因主要是赶上了那个大时代，同样，盖茨、乔布斯等人的成功也是赶上了信息时代。相反，如果生不逢时，成功的可能性就要低很多。事实上，但凡成功的人都承认自己有运气的成分，而不是到处炫耀自己的能力，当他们遇到挫折，会检讨自己的问题，而不是怪罪运气；反之，不成功的人在偶尔得意时会把自己封神，失败的时候会怪运气。

格拉德威尔认为，第三个影响个人发展的重要因素是家庭和生活环境。好的环境有利于人在身体和心智上的成长，能够培养他们对生活的积极态度，激发他们的潜力。我一向反对在教育孩子时拿什么起跑线来说事，因为教育是一辈子的事。但是如果一定要说有什么起跑线的话，父母的见识就是起跑线。敢于把这个观点说出来也是需要非凡的勇气的，因为它和我们宣传的只要自己努力就能成功的价值观相矛盾。不过需要指出的是，家庭和生活环境不是简单地以经济收入和地区发展程度来划分。从教育下一代的角度上看，一个家庭比贫穷更可怕的是缺乏见识、缺乏爱、缺乏规矩。没有钱，有一辈子的机会能够获得，而缺乏这三样东西，纵有天赋，纵然后天再努力，格局和气度都会太小，终难成大事。当然，家庭和生活环境等因素，也只是成功的必要条件而已，远远够不上充分条件。

如果有了智力上的、时代大环境的以及家庭和周围小环境的便利因素，接下来该怎么做呢？格拉德威尔认为要花 10000 小时的苦功夫。10000 小时的苦功夫不仅对于训练一个人的技能是必要的，对一个团队做出一款好的产品也是必要的。没有这个时间狠下功夫的保障，一切都免谈。在一次朋友的聚会上，亚马逊在硅谷的负责人和我谈起 10000 小时在产品设计中的作用，在他看来，任何好的产品都需要花足够的人力和时间来打磨，花的功夫不够，得到的就是粗制滥造的水货。在产品开发中，常常以人年或者人月来计算工作量，比如投入 5 个人做 3 年，就被称为 15 人年的工作量。他也不知道打磨一款好的产品具体需要多少人员和人年，我们权且还以累计 10000 小时衡量。在他看来，一些小公司之所以能够做出好产品，是因为"聚焦＋加班"。聚焦使得产品得到较多的人力，加班使得产品提前积累到 10000 小时的门槛。大公司有时不聚焦，也不加班，产品磨到 10000 小时花的周期就长，很多机会就失去了。因此，对于有天赋、有外在条件的人，要想做到出类拔萃的地步，先花上 10000 小时再说。

但是，如果有人简单地认为自己天赋不错，在一个领域做够 10000 小时就能出类拔萃，那就大错特错了。10000 小时只不过是一个必要条件而已，远不充分，更重要的是，这 10000 小时不仅要花，还要看怎么花。很多人在对这个问题的理解上有 4 个误区。

误区一：简单重复

有些人的 10000 小时都是在从事低层次的重复，上文中我提到的伪工作者就是这种人。再举个具体的例子，如果在中学学习数学，不断重复做容易的题，考试成绩永远上不去，当然不会有中学生这么做。但是，在工作中很多人却犯这个错误。比如现在互联网比较热门，一些人学了一点点编程技巧，也能挣到还不错的工资，于是就守着这点技能每天在低水平地重复。我在《智能时代》这本书里提过一个观点：在未来的智能时代，真正受益于技术进步的个人可能不超过人口的 2%。坦率地讲，仅仅会写几行 Javascript（直译式脚本语言）的人不属于我说的 2% 的行列，这些人恰恰在未来是要被计算机淘汰的。

误区二：习惯性失败

这一类人和前面讲的正相反。他们好高骛远，不注重学习，懒得总结教训；同时脸皮还很薄，也不好意思请教。他们迷信失败是成功之母的说法，然而简单地重复失败是永远走不出失败的怪圈的。因此这些人常常是时间花了很多，甚至不止 10000 小时，但是不见效果。在很多公司里都能见到这种人，一个人在下面捣鼓东西，就是找不到解决问题的方法。

误区三：林黛玉式的困境

林黛玉其实是我非常喜欢的一个人物，我喜欢她实际上是因为她很有内涵和才气，想问题想得很深，但这也是她致命的弱点，她的才华越高，在自己的世界里越精进，对外界就越排斥（当然外界也排斥她）。我们知道，一个概念内涵越宽，外延就会越窄。你如果泛泛地说"桌子"这个概念，它包括非常多的家具，但是如果你说"法国洛可可宫廷式的核桃木贴面桌子"，世界上可能就没有几件了。林黛玉就是这样，她越是精进，越到后来贾府里只有贾宝玉能够懂她。我们很多人做事都是这样，越是在自己的一亩三分地上耕耘，对外界的所知就越少，而自己的适应性也就越差。有两类科学家，一类是掌握了一个方法，研究什么都是一流的，他们越往后走路越宽，比如爱因斯坦、费米和鲍林（两次获得诺贝尔奖的化学家）；另一类是路越走越窄，比如发明晶体管的夏克利（也因此获得了诺贝尔奖），他对自己研究的晶体管越来越熟悉，就对其他技术越来越不愿意接受，最后无法和工业界和学术界的同行交流。你会发现生活中有大量这样的人。

误区四：狗熊掰棒子

10000 小时的努力需要一个积累的效应，第二次的努力要最大限度地复用第一次努力的结果，而不是每一次都从头开始。希腊科学体系和东方工匠式的知识体系有很大的差别。前者有一个完整的体系，任何发明发现都是可以叠加的，你给几何学贡献了一个新的定理，几何学就扩大一圈。而后者不成体系，是零碎的知识点（甚至只是经验点），每一个新的改进都是孤立的，因此很多后来就失传了，以后的人又要从头开始。我们知道今天几乎任何一所三甲医院的主治医师，水平一定比 50 年前所谓的知名西医高很多。但是，今天没有哪个中医敢讲自己比 500 年前的知名中医水平高。这就是因为前者有积累效应，而后者没有。很多人读书也是狗熊掰棒子式的，做了一堆题，相互关系没有搞清楚，学到的都是零散的知识点，换一道题就不会做了，因此时间花得不少，成绩却上不去。在工作中也是如此。

根据我自身的体会以及对周围人的观察，无论是个人天赋、大环境和小环境还是个人努力的程度，都只是成功的必要条件，并不充分。当然，大家可能会讲，那我们不就没有希望了吗？也不尽然。虽然没有什么条件能保证谁一定成功，但是，总有相对好的做法和更有效的途径。世界上凡事没有什么绝对的对与错，但是却有好与坏之分。在下一节里，我根据自己的体会谈谈如何有效地通过 10000 小时尽可能地提高自己。

三板斧破四困境

对于前文提到的关于 10000 小时的 4 个误区，即简单重复、习惯性失败、林黛玉式的困境和狗熊掰棒子，我自己总结了三个简单易行的方法，帮助我走出这些误区，或许也能对大家有参考价值。我把这三个方法称为破局的"三板斧"。

第一板斧：确立"愿景—目标—道路"

既然我们花 10000 小时来提高专业水平是为了精进，而不是简单的重复，就需要有一个非常明确的方向，这个方向就是愿景。比如有些人想成为优秀的软件工程师，这个愿景就非常好；相反，如果有些人就满足于 5 年（正常工作大约 10000 小时）坚持不懈地写Javascript，以便将来能够写得更熟、更快，那是非常糟糕的，因为这是低水平的重复。即使 5 年后你把它练熟了，可能Javascript 也已经过时了，或者是由计算机来写了。我们在生活和工作中看到太多熟练工种找不到工作的情况，因为他们的技能过时了，比如打算盘的技能在 20 年前已经不能赖以谋生；开汽车在 20 年前几乎已经是每个成年人都会的技能，对谋生没有什么特别的帮助；今天，掌握一门外语可能还有工作，10年后因为有人工智能技术，可能大部分翻译都会失业。因此，人要想进步，就必须给自己确立一个合适的愿景。

有了愿景，还需要有阶段性目标。我们经常看到"战略"这个词，那么什么是战略呢？战略的核心就是设置阶段性目标，以便实现愿景。对于一个计算机工程师来讲，如果能做到自己领导一个团队做出一件世界级的产品，就可以算是我心目中的三级工程师了，这是一个一般人能够实现的愿景，至于什么是一级、二级，或者四级、五级，在第六章我会专门介绍。要成为三级工程师并不容易，他对计算机科学的本质要有了解，对于它每年的变化要掌握，对于它的工具（编程不过是工具而已）要用得随心所欲，对于产品设计要有常识，对于未知的问题要知道如何入手解决，对于一个大问题知道如何分解交给下面的员工去做。这里面每一项都是一个阶段性目标。

有了战略，还要有战术。为了实现目标就要有通向成功的道路，这条道路可以分解成一系列可操作的步骤。我在前面提到，提高程序质量水平，可以从写单元测试这种可操作的事情做起。在一种技能稍微熟悉了之后，就可能需要做一件新的、有挑战的事情，以便达到下一个目标。任何一个公司，领导对于这种不断挑战自己往上走的人都是欢迎的。当然，不断挑战自己的人要付出的代价不仅仅是辛苦，而且可能在短期内还有经济上的损失，因为毕竟从短期讲，重复自己驾轻就熟的工作比接受新挑战在绩效上显得好很多，奖金也会多一些。

第二板斧：即使听到不中听的话，也要试着找出其中的合理之处

这是我的中学校长万帮儒先生在我毕业前对我讲的，他这句话大概有三层意思。

第一层，相当于我们今天说的换位思考，当然当时还没有换位思考这个词。

第二层，凡事要习惯回过头来三思。比如某个人和你讲一件事，你第一感觉可能觉得他完全是胡说八道，但是，一定要想第二遍，是否我错了、他对了。这一遍思考，一定不能假设自己是对的；如果又想了第二遍，还是觉得自己对、对方错，要想第三遍，是否我的境界不够，不能理解他。为什么要想第三遍呢？因为任何一个想要精进的人，都要和比自己强的人多来往，比如下棋，如果整天和臭棋篓子下，只能越下越臭。既然是和比自己强的人交往，第三种情况就很可能发生，因此这时候不妨进一步交流，深入了解对方那么说的原因。只要经常这么做，就能避免习惯性失败。

第三层，即使对方真的是胡说八道，也要思考他为什么这么说，找出其中的合理性。举一个极端的例子，你在公司里遇到一个骂街的泼妇，你也没有招惹她，她对你劈头盖脸就是一通臭骂。对此我们有三种做法：一种是骂回去；一种是装作没听见；但是我会采取第三种，就是要思考为什么她没缘由地骂我，或许她就是一个疯子，那么我以后走路躲她远点，也算接受一个教训；或许她真有一个骂我的原因，这个原因就是合理性，如果我们找到了这个原因，不仅理解了她的问题，而且对人性的理解也有了提升。

如果我们总是能从不中听的话中找到合理性，不仅进步快，而且眼界、气度都会比常人高出很多，才不会陷入林黛玉式的困境。这一点看似不容易做，但我的做法很简单，就是每次遇到别人和我有不同意见时，就立即开启寻找对方合理性的开关，直到找到对方的合理性为止。我也不知道这样做是否是强迫症，但对自己的进步真的特别有益。相反，当对方看法和我们一致时，反而不需要找合理性让自己沾沾自喜。

第三板斧：凡事做记录，这样可以避免狗熊掰棒子

做任何职业，比如工程师、会计师、律师，都会遇到一些难题，解决了这些难题，我们就进步了。遗憾的是，大部分人过分相信自己的记忆力，以为自己能记住，但实际上很快就忘了，等到第二次、第三次遇到同一个问题时，还是束手无策，或者花很多时间去解决。因此，这是凡事做记录的好处之一。做记录的另一个好处是，在记录的过程中又思考了一遍，进步得会更快。相

比之下，欧美人比较喜欢记录，他们发明一个东西是可以给当时的时代一个定义，比如美国工业崛起的时代等，当时是如何做实验的，今天依然能找到记录，这样经验也容易积累和传承。相反，在中国，失传是个非常常见的词，以至常常在低水平上重复发明。

这三板斧对我来讲非常有效，是否对所有人都有用，我不敢打包票。有没有更多、更好的方法呢？或许有。但是，太多太复杂的方法难以实施，效果反而不如那些简单易行的方法。我从不认为自己能够记住那些"10个改变你生活的方法"或"20条提高效率的法宝"等，因为数量太多根本记不住，更不要说照着执行了。对于简易可行的方法，或许灵，或许不灵，但是即使不灵也能很快发现而去寻找更有效的方法。艾萨克·牛顿讲，自然界喜欢简单性。而在工作中，有效的方法也常常是简单的，这也算是我在职场上这么多年的一些感悟吧。

OKR：谷歌的目标管理法

中国有句老话，"工欲善其事，必先利其器"。我们在生活和工作中提高效率，让自己活得更轻松，也需要一个管理自己目标的工具。谷歌公司虽然看上去管理松散，但是做事情的效率颇高，这说明它外松内紧的管理其实挺有效的。在这里，我不妨分享一下它进行目标管理的工具——OKR。

OKR是Objectives and Key Results的首字母缩写，即目标和衡量目标是否达成的关键结果。谷歌的每个员工每个季度之初都需要给自己定一个或者几个目标，每个人的OKR大约半页纸长，写好后放到自己在公司里的网页上，这样大家都可以看到。如果谁没有制定OKR也一目了然，即使没有人催促他，大家看到他的网页上面一片空白，他自己也会不好意思。这其实在管理上已经起到了最基本的监督作用。

到了季度结束之前，谷歌的每一个人会给自己的目标完成情况打分。完成了，得分就是1；如果部分完成，得分是0到1之间的一个数字。谷歌强调每一个人制定的目标要有挑战性，因此如果一个人完成目标的得分情况总是1，并不能说明他工作好，而是目标定得太低。大部分情况下，大家完成目标的得分在0.7~0.8。当然，一个季度开始时的想法，和后来完成的任务可能会有差异，早期没有想到的事情后来可能做了。因此，在总结季度工作时，可以增加当初没有制定的目标；对于不打算完成的目标，或者已经过时、不再有意义的目标，不能删除，但是可以说明为什么没有做。今天我就按照谷歌制定OKR的习惯，介绍我在2017年的目标及第一季度结束时的完成情况（见下表）。

2017 年的目标及第一季度目标完成情况

目标	关键结果	正常进度		落后于计划或者修改过的内容		已经完成	
		得分	备注	得分	备注	得分	备注
1 完成《数学之美》的英文版和韩文版；完成《大学之路》第二版	1.1 找到英文版的出版社					1.0	已经签订合同
	1.2 寻找合适的、母语是英语的合作者，修改英文版书稿	0.3	试了两个译者都不满意，正在联系第三个译者，让她试译一章				
	1.3 完成英文版的写作			0.1	因为译者还没有找到，因此我自己译了一章，前言，目录以后要由译者做		
	1.4 争取年底前出版				调整为2017年年底前完成翻译工作，2018年中期出版		
	1.5 配合韩文版的出版商，争取2017年年底前出版	0.7	出版者正在谈合同				
	1.6 完成《大学之路》第二版，补充公立教育的内容，增加关于"伯克利"的一章，增加有关大学申请的内容，更换一些照片。4月底完成修改，争取9月之前面世	0.3	完成了"伯克利"一章的部分内容；可以按时完成				

（续 表）

目标	关键结果	正常进度		落后于计划或者修改过的内容		已经完成	
		得分	备注	得分	备注	得分	备注
2 将《硅谷来信》的部分内容完善、整理成书并出版	2.1（6月开始）选择三个题目（方向），每个题目20封来信	0.5	已经选择好了第一批内容				
	2.2 对于所挑选的这60封封来信，补充材料，每封信拓展成大约5000字的完整内容	0.3	完成了第一本书30%的内容初稿，50%的内容和来信不同，当然书名不叫《硅谷来信》，而是类似于《精进的智慧》，最后的书名9月再和商量，预计9月中旬和读者见面				
	2.3 8月底完成初稿，争取2017年年底前出版				估计第一本书可以完成任务		
	2.4 争取2017年年底能出第二本				（新增加内容）		

（续　表）

目标	关键结果	正常进度		落后于计划或者修改过的内容		已经完成	
		得分	备注	得分	备注	得分	备注
3 更新在商学院的讲课内容，完成 60 小时教学量	3.1 将 2016 年在一些场合讲的新内容整理成课件，春季学期在上海交通大学试讲	0.3	新的内容已经在研习社试讲				
	3.2 将这些内容按照主题分成大约三个 1.5～2 个小时讲座的内容，以便以后在演讲中使用					1.0	课件已经做好
4 按照协议完成《硅谷来信》		0.5	按时提供了内容、订户数目增长超过预期				
5 完成丰元资本第三期融资			超过预期（恕不能透露细节）				
6 完成旅行计划和整理摄影照片	6.1 去一趟欧洲						安排了三趟
	6.2 驾车在美国西部转一圈				由于 6.1 的改动，这项取消		
	6.3 学习 LightRoom（以后期制作为核心的图形工具软件），练习摄影技巧			0	没有时间做		

（续　表）

目标	关键结果	正常进度		落后于计划或者修改过的内容		已经完成	
		得分	备注	得分	备注	得分	备注
7 关于家庭、孩子和庭院修葺的目标	6.4 制作5本自己看的摄影集，两本是今年的，三本是还去年的债			0	没有时间做		
		0.5	超额完成（恕不能透露细节）				
8 财务目标		0.3	达到预期（恕不能透露细节）				
9 学习计划	9.1 上两门Coursera（免费大型公开在线课程项目）的课，一门法律，一门生物			0.1	在听宾夕法尼亚大学开的一门法律课，开始时间同较晚，但是2017年上半年能完成		
	9.2 认真读10本书，再快速阅读另外10本书	0.25	读完了5本书，即《未来简史》《耶路撒冷三千年》和三本体育历史书（写得不好，只能算一本），以及《知的资本论》和 The Blooming Tower				

（续　表）

目标	关键结果	正常进度		落后于计划或者修改过的内容		已经完成	
		得分	备注	得分	备注	得分	备注
10（旧）完成《美国十案》和一本科普图书的初稿	10 月将两本书的初稿交给出版社			0.2	《美国十案》写完了三章，科普图书也在写，但是 2017 年完成两本书的可能性不大，改为一本		
10（新）完成《美国十案》或者一本科普图书的初稿	10.1 将一本书的初稿交给出版社				2017 年年底前完成		
	10.2 2017 年吸取之前的教训，提前和写推荐序的朋友打招呼						
11 锻炼	全年跑步 1000 公里	0.25	跑步较少，不过打球比以前多，每周能保证 10 个小时的锻炼				
12 促成一项公司和大学的合作					算是我的慈善行动（新增加的目标）		

第一季度总体完成水平：达到预期（通常完成 70%~80% 就算达到预期），部分超出预期。此外，我对部分目标做了调整（如目标 10），新增加一项目标（如目标 12）

　　上表是我在 2017 年年初能够想到的目标及第一季度结束后完成的情况。当然，中间已经做了适当的调整，2017 年年底时有一小半目标也已经调整。如果最后完成了 70%，我就算满意了。

　　至于如何能够达成目标，其实也有一种非常简单的项目（或者任务）管理方法，就是所谓的"消耗跟踪曲线"。什么意思呢？就是假定在一件事情开始做的时候总任务量是 100%，做完了是 0。假如 100 天做完，平均每天要做 1%，你可以画一条直线（在下图中，只显示直线这种特殊的曲线，如果进度和时间不是线性关系，那么可能画出来的是曲线），从 100% 一直到 0（如图中的直线）。如果过一段时间，比如一个月后，我们还剩下 85% 的工作量，你从起始点（100%）到一个月后（85%）的位置画一条直线，这就是我们的消耗跟踪曲线的第一段。当然，由于我们任务的完成没有达到预期的进度，因此我们实际的消耗跟踪曲线在

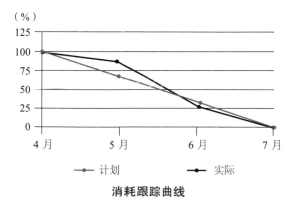

消耗跟踪曲线

计划直线的上方。如果我们所画出的实际曲线一直在计划直线的上方，说明我们没有按期完成任务，你要抓紧了；如果我们画出的曲线在计划直线的下方，我们应该高兴，因为我们已经领先进度了。

这种曲线的原理很简单，无非是比较工作实际完成的情况和预想进度的差别。对于自觉性很高的人，其实不需要花时间画这种曲线，但是对于总是在最后一分钟才开始考虑完成任务的人来讲，定期画这种曲线其实是在提醒自己要按时完成任务。时间一长，习惯成自然，总是赶最后一分钟的人，或许能够改变一下工作方式。这个方法，我们过去在督促下属管理项目进度时很有效。当然，对别人是否适用，需要试试才知道。

做好最后的 1%

不少读者留言，希望我谈谈过去接受的对自己影响最大的教育。关于我所接受的系统教育，在《大学之路》中已经有介绍。不过，有些时候，生活中的一些小事情对我们的教育意义不亚于任何的系统教育。在这里，我就分享一些对我产生了巨大影响的小事，通过它们，我学习到很多在课堂和实验室里以及在工作中学不到的东西，它们对自我提升有很大的帮助。

在高中的时候，我是一个比较自由散漫的学生，现在回想起来，我要感谢学校的就是它对我这种自由散漫的宽容。有一年开运动会，没有比赛的同学照例要看比赛，为运动员们做好后勤服务，不允许私自回家。但是，你也知道，并没有那么多服务的工作可以做，也不是所有的比赛都吸引人，因此很多人就溜号了。当然学校到下午会查人数，哪个班的人数对不上就会被扣分，即使如此，也还是拦不住同学们以各种名义离开。

那次运动会期间，我和一位同学骑车溜出校门，跑到北大校园里去玩儿，那时北大还允许校外的人自由进出。在未名湖畔玩儿了大半个下午，觉得该回学校点卯了，于是我们就骑车返回。到了校门口发现运动会已经结束，很多同学都在往回家的路上走。我和那位同学说："既然已经散了，我们回家吧。"那位同学讲了一句话，我一辈子都会牢记，他说："我们已经走了九十九步，为什么不把最后一步走完呢？"于是我们进入校园，点完卯才回去。从此，我就记住了一定要把事情的最后一步做好。

在我们的生活中，很多人做事情总是不把最后一步走完。我有一次在北京出差，需要从王府井的一个酒店搬到国贸的另一个酒店。一位朋友自告奋勇地来帮我搬家，从他的公司开车到王府井的酒店大约需要半个小时，然后等我把行李装上车，再开车到国贸，又需要大约半个小时。我的酒店在国贸桥的北边，他从西往东开车到的是国贸桥的南面，如果掉头把我送到酒店门前可能还得用5分钟时间。这位朋友偷懒，说："我就不过去了，你能自己过马路吧？"我表示这个当然没问题，然后他直接开车回单位，估计还得半个小时左右。等我把两个行李箱拖到对面的酒店，他打来电话，说似乎把我扔在路上有点儿不够意思。我当即表示，他已经帮了很大的忙了，非常感谢他。不过，如果我是他，既然已经花了一个半小时帮别人忙，不妨再花5分钟时间掉个头，把人送到目的地。

你可能会发现，在日常生活中，大部分人愿意开头而不愿意收尾，九十九步都走了，就是懒得把最后一步走完。这可能是人的天性，凡事差不多就可以了，总觉得最后一点即使不做也无关大局，但是这样完成事情的质量就要大打折扣。在工作中，这种人平时完成一般的工作或许没有问题，但是对于那些最要紧的事情，领导可能不敢交给他们。这些人实际上可能和走完一百步的人同样辛苦，但是成就却相去甚远。

在谷歌时，我们强调做事要达到"瑞士制造"的质量，我们把它称为"谷歌质量"。大家知道，德国制造以质量好著称，如果要找一个比德国制造质量更好的国家，那就是瑞士了。瑞士并不生产很多东西，但是如果做，就要做到最好，因为这个国家太缺乏资源了，只能以质取胜。因为质量比别人好那么一点点，东西通常就特别贵。当然瑞士制造的精神并不仅仅局限在瑞士人身上，很多制造极致商品的人都是这么做的。一些人问我是否买奢侈品，我其实偶尔也是买的，但是认识我的人知道我并不使用什么奢侈品。我买它们的目的是因为有些东西做得实在太完美，便买下来欣赏。很多奢侈品其实只比一般的高档商品好 5%，但是为了这5%，人们可能多花了两三倍的钱。这就是瑞士制造的特点。在产品和工程上，谷歌可能只比竞争对手好 5%，但就是这 5% 使得用户选择了它，从而让它有了比其他公司大出几倍的市场份额。

走完一百步的精神不仅仅体现在做东西、做事情上，还体现在交流和沟通上。我们时常会发现这样一个现象，你通知别人一件事情，自己觉得通知到了，结果别人没有留心或者忘了，最后导致一些不愉快。这种事情并不能够完全怪对方，因为发通知的人可能只走了九十九步，而不是一百步。那么什么算是走了一百步呢？我在和高盛以及摩根士丹利打交道时发现，他们给我写邮件也好，打电话也好，都要让我说出"确认"两个字才算任务完成。当我确认过后，他们通知我的事情算是真正记住了（通常他们中间还会提醒我）。正是注重了这一点点细节，走完了最后一步，这两家顶级投行才做到了让客户非常满意，以至它们客户的忠诚度也极高。我们在看到高盛和摩根士丹利赚大钱时，是否想过它们做事注重最后一步的细节呢？

很多年轻人和我抱怨在北京买不起房子。的确，对于一般工薪阶层来讲，按照现在的房价可能一辈子也很难在四环附近买一套房子。我以前讲硅谷的房子不是给一般公司员工准备的，因为人多房少，只有那些比别人在各方面高出一筹的人才配享受在硅谷地区拥有房子的权利。今天的北京等城市也是如此，未来位置相对好的房子，可能也只是给那些在自己领域做得最好的 5% 的人准备的（而最好地段的房子可能是为 1% 的人准备的）。世界上，做得还算过得去的人与前 1% 的人相比，可能就差最后几步路，但是最后收入水平、社会地位、发展机会差别却很大。因此，我有时讲，把事情做好，即使不是为了让自己显得多么优秀和崇高，至少也是为了有一套舒适方便的房子。如果我们每个人脑子里总是牢记"瑞士制造"这 4 个字，在北京或者其他一线城市拥有一套梦想的住房或许就不遥远了。

直到今天，一方面，我还非常感谢我的一些同学。他们都不是完人，却有许多闪光的地方。当我看到这些差距时，能提醒自己自我改进。时间长了，他们有什么缺点我倒记不住，但是当初对我好的影响我却一直记得，因为那些记忆让我受益终身。另一方面，我也要感谢那些最后 1% 做得不是很好的朋友，因为他们从另一个角度教育了我。英国著名教育家约翰·亨利·纽曼[1]说过，最好的教育应该是让年轻人生活在一起相互学习。在过去，要做到这一点非常困难，因为人必须物理地待在一起；但是今天有了互联网，学习就方便多了。我在"得到"上开设《硅谷来信》之

---

① 　约翰·亨利·纽曼，英国维多利亚时代著名的教育家，《大学的理念》一书的作者。

后，经常和读者们交流，我发现"得到"订阅者的水平和求知欲望在整体上要高出一大截儿。从很多读者的留言中可以看出，在这样的环境中，他们在不到一年的时间里进步极其明显，这也再次验证了纽曼的观点。在我们身边其实不乏各种益友，有他们的帮助，我们离最好就更近了一步。

第六章

职场的误区与破法

人的第一份工作很重要，它的性质和成败决定了你此后职业发展的方向和事业起点。对第一份工作，年轻人常常陷入一些误区，尤其是过于看重薪酬而影响了对工作的价值判断。

年轻人第一份工作不要太在乎工资

当一个求职者通过面试拿到用人单位的录取通知时，他接下来要关心的就是薪酬问题。不过，在正式谈这个问题之前，我先说一点别的事情，不过它们也和这个主题相关。

参加过拍卖会的人可能会有这样的体会，对于自己喜欢的收藏品，愿意出的价钱一般会高出它们的公平市场价，我常常是出两倍的价格，也就是说多出 100% 的溢价。当然，很多人可能会问："这样你不是亏了吗？"我是这样考虑的，与其为了省钱或者为了拿到一个公平的价格买一件东西，而给自己留下遗憾，不如心疼一次，让自己长期满意。拍卖品不同于商店里的商品，总是有很多件等着你。拍卖品是过了这个村，就没这个店，因此对于真正有意义的物件，我宁可出高价。我在投资时也是这个原则，永远不捡便宜货，我不在意一个公司今天的股价是多少钱，或者估值是多少钱，而在意它是否足够好。巴菲特讲，"要用一个合理的价格购买一个好的公司，不要用一个便宜的价格购买一个平庸的公司"（Purchase a good company at a fair price，not a fair company at a good price. 这里的fair有两个含义，第一个fair是公平的意思，第二个fair是平庸的意思），也是这个道理。

作为曾经在谷歌和腾讯任职多年、招聘过不少高薪员工的人，我不妨分享一下我们在谷歌的招聘哲学。首先，对于非常重要的岗位，公司会开出一个比市场价高一倍的薪水，这样就由公司来挑选最好的人，而不是让最好的人在几家公司中做比较。这种方法，我也用到了选择会计师和律师这些专业人士上，即开出比整个行业平均水平高出一倍的薪水，让那些最优秀、最敬业的人为我所用。我的会计师和律师为我工作了十多年，至今我对他们都非常满意。在谷歌和腾讯，我们靠这种方法聘请到行业里数一数二的精英，事实证明，他们能够创造一般人创造不出的奇迹。

2004年，我们在谷歌想做机器翻译，主要的倡导者弗朗兹（Alex Franz）和我都是做语音识别的，我们发现，如果从头研究这个新问题，恐怕我们没有任何优势，那样可能永远超不过IBM等公司。怎么办呢？我们就问自己，世界上谁做这个最好？答案我们也清楚，这个人就是当时在南加州大学任教的奥科博士（Franz Och）。接下来的事情就很简单了，我们找到奥科博士，给出一个远远高于他期望值的薪酬福利包（指工资、奖金、福利、股票等的总和），而且答应他来谷歌以后由他做负责人，弗朗兹等人都向他汇报，这就让奥科博士能够放弃教职，加入当时只有几千人的谷歌公司。为了进一步让他满意，我们告诉他一定要在公司提交上市申请报告的当天来报到，因为那时候股票的价格非常低，然后允许他请长假，回到大学将那一学期的课继续教完。谷歌很多改变世界的项目都是这么做出来的。我总结谷歌在工程上成功的奥秘，其实就是一句话，"杀鸡一定要用牛刀"。今天，阿里巴巴等公司也在学谷歌的这种做法。

世界上人和人的差别常常是数量级的。对于关键岗位上的人，用一个一流的人和用一个三流的人，结果会大不相同。但是，为了引进一流的人，而且让他能够安心为你做很长时间的事情，最好的办法就是给他一个高出预期的待遇。但是，这种关键职位对于一个公司来讲非常少，因此对于大多数员工，我们不会给予任何比市场价更高的待遇，有时给的待遇可能比竞争对手还要低。读到这里，可能有人会说："你这不是欺负人吗？"还真不是！因为我虽然不提供更高的薪酬，但是会给年轻人更多的成长空间，因为对于真正有志之人，会更看重后者。讲到这里，就要说回到这一节的主题了——我对年轻人第一份工作的建议。

几乎没有人是靠第一份工作的工资发财。如果大家能够认清这个现实，就能体会到第一份工作是否多 20% 的工资是一件毫无意义的事情，因为你在那个阶段挣多少花多少。举个简单的例子大家就明白了。

今天，一个从北京一所名牌大学毕业的研究生到最好的公司去，一年能拿到 30 万元年薪就算不错了（这可能已经比他的大学老师挣得多了）。我估计大部分读者都会认可这是一个高工资。但是如果谁想靠这个工资攒钱在北京好的学区买套还说得过去的房子，门儿也没有。30万元的年薪虽然看上去不少，但是扣除掉税和社保等费用，1/5就没有了；租房子吃饭，恐怕又花掉了1/5；交个女朋友，给她买点儿礼物，两个人出去玩玩，又去掉1/5（如果男生舍不得花这1/5，我建议女生不要和他在一起）；逢年过节孝敬一下父母，自己再有点儿小爱好，可能又花掉10%。算下来，如果一年下来能攒四五万元，已经算是非常会过日子。现在，假如他毕业时有另一家公司愿意每年多付给他5万元，同一个行业、不同公司之间也只能做到差这么一点点，那么他是否会将税后所得全部攒起来呢？恐怕不会。他不过是把原来送给女朋友的小米手机升级成苹果手机，原来给她买美宝莲的化妆品，现在升级为兰蔻或者资生堂，同时每年还多花了2万元租房子的钱，如此而已。就算他非常节省自律，一年能多攒点，每年也就能攒七八万元，不过是北京一般地区一平方米的房子价格，而房价的上涨速度是超过工资上涨速度的。因此，这位经过16年寒窗苦读、从名校毕业、自视甚高的天之骄子，一辈子连一套房子也买不起，这就是现实。在硅谷也是如此，只有大约超过10%的人在比较好的社区有自己的住房，比例比北京还低，多少从斯坦福和伯克利毕业的人到了快40岁还在租房子住呢！

怎么办？人的第一份工作很重要，它必须能帮助你在10年后挣到同龄人或者同班同学 3~5 倍的收入，这样你才能在北京买得起房子。第一份工作必须能够让你极快速地成长，养成良好的职业习惯，在最短的时间里了解全行业，而且你也需要主动通过第一份工作尽可能地成长。

在 IT 行业里做工程的人会有这样的体会，大学毕业去了谷歌或者微软的，只要愿意学习，三年后工程能力都很强；去百度、腾讯和阿里巴巴的人，就要差不少了，因为前者非常注重培养人，而后者不注重，当然去了其他公司的情况可能更差。三年后，如果从微软跳槽到阿里巴巴这样的公司，可以拿非常高的薪酬，就能实现比同班同学工资高一倍的目标。当然，再次选择新的公司时，依然应该以成长为目标，而不是以是否多 20% 的报酬为标准。阿里巴巴这样的公司还非常看重业绩表现，如果这个人愿意学习，有一颗开放的心，在接下来的三年里他会进步很快。如果他能够一直以这样的态度去做事情，10 年下来，比同班同学的收入多 3~5 倍完全是可以达成的目标。而真正达到了这个目标，我想他至少对事业发展和经济地位应该比较满意了。

如果运气好，也足够努力，他就可能成为那些我们愿意出双倍价钱聘请的人。而靠走职业道路发财的人，都是这一类。这些人将来如果创业，成功的可能性也比其他人高很多。

当然，很多人会说，你说的这些公司和大学，我连做梦都梦不到，怎么办呢？这里我只是用大家熟知的举例子而已。每个人都有自己的起点，自己和自己比，和与自己同条件的人比，重要的是每过几年要能够真正上一个台阶。

反过来，如果第一份工作看似挣钱多一点，却什么都没有学到，什么机会都没有，10 年做下来，这个人可能会发现自己在原地踏步。我在腾讯面试过一些从清华、北大毕业，到外面混了一圈的人，发现他们不但水平比应届毕业生高不了多少，还养成了一堆坏毛病。我在谷歌时遇到的情况也类似。每年总会有些不错的候选人获得了我们的薪酬福利包，他们却没有接受。三四年后，他们又跑回来重新面试谷歌的工作，我问他们当时为什么不接受谷歌的职位，他们通常都是说，雅虎或者微软多给了 20% 的工资。当然，通常我们还是会招这些人进来，但是到了谷歌之后，他们的职级可能就比同班同学低了一级。在美国，大部分人通常一辈子只能被提升两次，在谷歌这样的企业最多也就多一次。如果毕业后几年，职级就比同班同学差出一级，即使多挣了点钱，也不是什么好事情，更何况一旦在第一份工作中养成坏习惯，会影响自己一生的发展。

最后，读者朋友或许要问，如果每个人都往那些收入低一点但是非常好的公司挤，怎么办？这一点你还真不用担心。我发现无论是在中国还是在美国，在乎 20% 工资的人要比注重自己成长的人多，因此就给有志气的人留下了机会。

五级工程师和职业发展

我在写《硅谷来信》这个专栏时，谈到了很多职业发展的体会。很多读者在读了我的信之后给予了很多有价值的反馈。我将一些反馈进行了整理总结，发现了一些颇具普遍性的问题，比如下面这个问题：

> 老师你好，我是做程序员（财务、编辑或律师）的，想在专业上再搞得精深一些，也喜欢这个专业，但是如果长期搞技术，在单位地位低下，很迷茫。

我知道在我的读者中，很多人可能正在努力往上打拼，有些人可能在基层位置上工作了很多年，遇到了职业发展的天花板。他们并不想放弃自己喜欢的专业，但是觉得在单位中如果无法当官就没有前途。有人听说国外一些公司对工程师很重视，非常向往，同时也抱怨自己的单位对自己不重视，并且将这种情况上升到制度文化的高度。今天我们就来谈谈这个问题。

我们先来定一个对专业人士的评价体系，这个体系不是我发明的，而是由苏联著名物理学家列夫·达维多维奇·朗道发明的。

朗道一生有三个贡献。首先作为一个科学家，他发明了"朗道变换"，因此获得了诺贝尔奖。其次，作为一个教育者，他建立了一个被称为"朗道位垒"的理论物理进阶练习。这实际上是一系列越来越难的物理学练习题，一个学习理论物理的人可以看看自己能攻克多少朗道位垒，知道自己的水平，提高自己的水平，这有点儿像游戏中的通关。最后，他提出了一种按照水平和贡献划分物理学家的方法，被称为物理学家的等级。

按照朗道的理论，物理学家可以分为 5 个等级，第一级最高，第五级最低，每一级之间能力和贡献相差 10 倍。在第一级中，朗道列出了当时十几个世界级的大师，包括波尔、狄拉克等人。在第二级中，全世界也只有几十位。朗道只将自己列入了 2.5 级，在获得诺贝尔奖之后，将自己提升到了 1.5 级。在所有的物理学家中，朗道给出了一个零级的大师，就是爱因斯坦。朗道等级最核心的思想是，人和人的差距、能力和能力的差距，是数量级的差别，而不是通常人们想象中的差一点点。

仿照朗道的方法，我也将 IT 行业的工程师分成了 5 个等级，对于其他专业人士，也可以依此分类。分类的原则大致如下图所示。

以计算机行业为例，一个人毕业后，经过一段时间的锻炼，能够熟练应用工程的知识和技能解决问题，独立完成所分配的工作，而不需要他人指导，就算是一个合格的第五级工程师了。再具体一点，比如这个人在京东任职，老板让他开发一个工具，找出那些不断帮助女（男）朋友买书的读者。他自己知道在公司内

第一级　开创一个产业

第二级　能设计和实现别人不能做出的产品，也就是说他的作用很难取代

第三级　能独立设计和实现产品，并且在市场上获得成功

第四级　能指导和带领其他人一同完成更有影响力的工作

第五级　能独立解决问题，完成工程工作

按照朗道理论划分的 IT 行业的五级工程师

找谁去要数据，如何确认两个人可能是男女朋友，而且经常买书；也知道自己在京东的环境里，应该使用什么样的开发工具，以及为了方便客户使用，这个工具应该有什么样的基本功能。

如果做不到这件事情，算不上一个合格的工程师。在过去，工程师和科学家是可以并列的头衔，今天在法国和德国依然如此——那里的工程师会有一个特殊的资格证书，就如同医生和律师有特殊的资格证书一样。但是在中国，很多人从工科大学一毕业，公司就在他的名片上印上"工程师"，然后他就似乎已经成为工程师了。但很多人有这个头衔，却并不具有工程师所应该有的基本技能。在 IT 行业，很多人被称为"码农"，虽然名字不太好听，但是仔细想想，似乎也是对天天简单地重复低层次 IT 工作的人的一个形象的写照。我想，上述对一个第五级工程师的要求，任何一个从工科大学毕业的学生，只要自己有心，也往这个方向努力，就不难达到。如果达不到这个层次，不能算合格的工程师。

对于第四级的工程师，就需要有领导能力和在工程上把大问题化解为小问题的能力。用我之前写的"愿景—目标—道路"的逻辑（见第五章），他们能够寻找出实现比较大的目标的道路。工程师和科学家不同，后者考虑的是对和错，前者只是在现有条件下考虑好和坏的解决方案。

比如在建造一座海湾大桥时，工程师会在现有资金的条件下，根据交通的需求设计一座 200 年使用寿命的大桥，但是为了让军队迅速通过一条河，他们追求的目标就变成了在最短时间内建造一座足够让军队安全渡河的浮桥。目标不同，工程师的解决方案就不同，这件事对于土木工程师和桥梁工程师来讲，常常不是问题，但是很多搞 IT 的人，常常会把海湾大桥修成浮桥，也会把浮桥按照海湾大桥来慢慢修。

因此，能否成为第四级的工程师，要看能否最好地解决一个这样有规模的实际问题。这个能力远不是熟练写程序就足够的。很多人抱怨自己的机会不够，其实从管理者的角度看，中国 IT 公司里非常缺乏这样有头脑的工程师。至于为什么有的人能够得到机会，那是他们和上下级之间较强的沟通能力帮助了他们。

对于第三级的工程师，就应该能够独立带领其他人做出一个为公司挣得利润的产品。这里面除了上述能力外，还涉及对市场的判断能力和营销能力。很多人讲，我就是做工程的，这个东西是否有用我不清楚，有什么事情你叫我做就好了。这样显然达不到第三级工程师的要求。第三级的工程师，本身必须是非常好的产品经理。一个有良好工程素养的人，如果心胸开阔，愿意接受各种意见和建议，经过努力，可以做到这一步。你可能奇怪，我为什么专门强调心胸开阔。因为人有多大的心，就能做多大的事情。有人抱怨自己作为工程师，收入和社会地位太低，我想如果你做到第三级就不低了。当然再往上，就不是很多人能够做到的。

第二级工程师是能够做出先前没有的东西，世界因为他们多少有点儿不同。举几个例子，比如北极光风投的创始人邓锋，在他（和谢青、柯岩）之前，世界上没有真正意义上的网络防火墙设备，他们做出了这个设备，并且成功创立了当时世界上最大的防火墙公司（Netscreen），这家公司在被收购前市值大约为20亿美元。他可以算得上是第二级工程师。另外，谷歌云计算的发明人杰夫·迪恩也可以算。你如果能成为第二级工程师非常好，但是如果不能也没有关系，不必对自己太苛刻。

第一级工程师是开创一个产业的人，包括爱迪生、福特、贝尔等人，可能离我们远一点。

我想接下来大家应该知道努力的方向了，每提高一级，你的影响力和收入就增加很多，当然对你的综合能力的要求也高得多。

最后我想大家可能会问："你自己处在哪一级呢？"我权且把自己放在 2.5 级吧。

职场上的四个误区和四个破法

年轻人走出校门、进入职场都会有一个不适应的过程。在学校中衡量好与劣的标准非常简单，通常就是学习成绩这类标准明确、能够量化度量的指标。某个人成绩第一名，班上有一个推荐研究生的指标就给了他；如果有两个指标，第二名就有了希望。因此，大家想努力的话有方向，没有得到结果也不会有什么怨言。

每一个毕业后进入职场的人，恐怕都想能够通过努力被提拔，很多人更希望成为团队的管理人员。但是到了职场上，年轻人一下子发现过去的规则都不适用了，甚至没有什么明确的新规则，自己不知道该怎么使劲儿。今天虽然大部分人都坐在办公室里朝九晚五地工作，体力上并不辛苦，但是他们却仍是感叹工作的不易。除了工作量可能比较饱和之外，很多人更多的是感到心累——在办公室里钩心斗角、趋势逐利，对上伺候老板不易，对下还受到新员工的挑战，一不留神就可能被新人抢了位置。更有些不幸的人，踏入了职场的一些误区，成为办公室政治的牺牲品，于己不利，甚至对别人也有害。这里我要举出职业发展的四个误区给有心之士参考，希望能帮助他们尽量避免这些误区；否则，即使一时运气好，受到了提拔，将来也难以独当一面。

在讲这四个误区之前，我先要排除一种情况，就是一种根本不值得为之工作的单位。这种单位的领导只喜欢溜须拍马的下属，只提拔自己的亲戚。这样的单位今天依然存在。我就曾经见过这样一家知名媒体，某个重要部门的领导是首席执行官的亲戚，她如果是靠能力坐上这个位置也罢，因为有"举贤不避亲"的古训，但是她没有什么专业知识，仅仅是因为裙带关系上位，上位后依然不学无术，却最爱下属拍她马屁，一些会见风使舵的员工为了巴结她甚至到了替她揉肩捶腿的地步。这个部门的业绩年年下滑，偏巧首席执行官只相信自己的人，居然继续任用她，而整个公司的利润也和这个部门一样不断下滑。我估计用不了多久，这家媒体就会陷入财务危机。我对这家媒体的人讲，赶快找出路吧，你们即使巴结她混个一官半职，回头公司倒闭，覆巢之下亦无完卵。如果把眼光放得长远一些，年轻人应该远离这些单位，因为这样的单位是搞不好的。因此，这类公司我们这里不讨论。

今天，但凡稍微有点儿活力、发展还说得过去的单位，都不会任由一群马屁精或者亲属当道。所有单位负责人会在人前人后讲任人唯贤之类的话，大部分人也是这样做的，因为只有这样，领导自己的前程才有长期保障。随着中国企事业单位管理水平的不断提高，虽然经常拍领导马屁不会有什么副作用，但是正向的作用其实越来越有限。因此，与其将自己的命运都寄托在拍马屁上，不如在能力和业绩上多花点儿功夫，成为对老板和对单位更有用的人。

当然，总会有一些人站出来反驳我："你说得不对，我的专业能力强，对单位贡献也很大，却没有受到提拔；旁边的小张不如我，却当上了主管。"其实，领导们眼中的这个"贤"不仅仅是专业能力，而是很多方面因素的综合。仅仅专业能力强、贡献大，有时还不足以被提升。另外，今天员工的专业水平都比较高，达到被提升要求，甚至胜任领导岗位的候选人可能很多，但是怎奈人多粥少，不可能人人有机会。一个 10 个人的小组，即使经理的位置空出来，每个人也只有 1/10 的可能性被提拔。因此，很多人十年八年当不上经理也很正常，尤其是在稳定的大公司里。

除了期望过高之外，大部分人得不到晋升或者晋升速度很慢，还有一个重要的原因，那就是陷入了下面这些职业发展的误区。

误区一：工作和职业分不清

在英语里，工作和职业这两个单词分别是 job 和 profession，含义的区别很大。工作是大家谋生的手段，一个单位给我们一份工作，我们完成任务，单位付给我们工资和奖金，就两清了。职业是我们一辈子要从事的事业，比如我们当一名医生，提高自己的医术，治病救人，成为名医，这是职业。

一个人要成为公司高管，通常需要从基层一步步做起，掌握越来越多的专业知识和行业动态（或者领域动态），不断提升管理能力，最后做到能够把自己领域的任何一个公司管理得有条不紊，这是职业。如果我们考虑当下的工作是为了一辈子的职业发展，首先就要有选择地做事情，凡是对将来职业有利的事情，不论是否有报酬，也不管报酬是高还是低，都要做。反之，只是能够带来收入的提高，和职业发展没有必然联系甚至相矛盾的事情，则尽可能不做或少做。

对待自己的职业，需要专业的工作态度。所谓的专业，就是一切以工作目标的达成为中心。所有的沟通、会议、关系的建立、工作的分配等，无一不是以此为主要目标。在工作中，很多因素都会使我们的工作不顺利，比如个人能力的局限、沟通不顺畅、情绪波动，或者其他什么原因，这是很多职场上的人感到心累的原因。在这种情况下能否把事情做好，就体现出是否有职业素质了。专业人士做事情会从职业本身考虑，在工作中要少受负面情绪影响，避免采用消极的手段来应付工作。当我们做事变得非常专业时，同事们也只能用同样的态度和我们打交道。这样即使一些人不喜欢我们，也不得不配合我们做事情。

误区二：把自己仅仅当作一个单位的过客，而不是主人

今天工作的流动性非常大，很多人平均三四年就会换工作。

刚毕业的人尤其会把前一两家公司当跳板，期望有了经验后找到一个好公司，因此从心态上就把自己当过客。

人一旦觉得自己是过客，常常就对很多该完成的工作视而不见，也懒得建立和维护与同事的关系。虽然他们想的是利用这个工作做跳板，但是一旦有了过客心态就容易不求上进，对自己最大的害处是既浪费了宝贵的时间，又丧失了锻炼的机会。至于给其他同事留下了坏印象，那是必然的结果。怀着这样心态的人即使跳槽，也难以被赋予重任。

误区三：被语言暴力激怒后就乱了章法

我们很多人在工作中都有这样的体会，总有一些同事，包括上级，没缘由地责备你、批评你的工作，却不给出具体的问题和有建设性的建议，更不是真心帮助你。他们的这种行为被称为语言暴力。

实施语言暴力的人当然不对，但是如果处理不好，受伤害的是你，而不是他们。这种语言暴力最大的危害是，打击你的自信心，引诱你偏离工作重心。对于语言暴力，无论是骂回去还是百般辩解，都会让你疲于奔命，从而脱离了工作的重点以及错失成功的机会。

判断是善意的批评建议还是语言暴力并不难，前者你采纳后明显对你工作有利，后者则是无理取闹。因此，一旦判断清楚对方是语言暴力，我们要不为所动，一方面继续我们的工作，另一方面要让施暴者有个交代。

一些人是无意中施加了语言暴力，这时给他们明确指出即可，要让他们知道自己做错了事。而有些玩儿权术的老手则是故意为之，对他们则要注意防范，不要轻易反击，而要想法化解。等事情过后，要通过正常的渠道让他们知道你已经识破了他们的语言暴力，让他们今后做事有所顾忌。更具体的处理方法我下面还会提到。

误区四：疏于沟通

很多人因为急于做成某件事，生怕一些相关人士有不同意见，事先不打招呼，自己就匆匆做了主，指望着生米做成熟饭后大家来接受既成事实。然而，很多时候一些必要的环节最终绕不过去，其他同事知道后，会认为这个人对自己不尊重，缺乏团队精神，甚至到领导那里打小报告。

其实，大部分时候，提前打招呼总是一个良好的、职业的做事方式。如果合作方有不同意见，可以通过协调和谈判解决。只要有利益可以分配，无非是设法确保各方利益就可以了。更何况很多时候征求别人意见，对方未必一定会反对。反之，如果事先不沟通，即使想法和同事一致，一些同事也会故意鸡蛋里面挑骨头，最终要花更大的精力、更多的时间进行善后。

怎样避免陷入这些误区呢？根据我的工作经验可以有这样四个办法来破局。

第一，任何时候为人都要谦卑，只有谦卑，才能更有效地沟通。也只有这样，当别人表达意见时，才能把注意力集中在事情上，从各种角度去理解。但是对于事情，并不能因为自己态度谦卑就不发表意见和看法，一个既谦卑又能把事情分析得入木三分的人，最让人钦佩。

第二，要用正确的方法对待语言暴力和其他故意伤害。这里我给出操作的三个步骤。

首先，要反省一下自己，是否因为自己的过失惹怒了别人，或者是自己把情况想歪了、把别人想坏了，别人的言语其实并没有恶意。

其次，在确认不是自己的问题，而是对方不公平地对待我们之后，要把我们周围的同事分为三种人：第一种是和这件事情无关的，不要让他们卷入纠纷，通常这些人在人数上占大多数；第二种是在这个问题上会站在我们这一边的，这些人自然不需要担心；第三种是对我们施暴的人，他们是我们要认真对待的。

最后，要搞清楚第三种人即施暴者这么做的目的。他们中的一些人可能只是为了自己的利益，我们要先和他们沟通，达成谅解和妥协。对于那些真正想和我们作对的人，依然要和他们主动沟通，但是沟通的目的可能不完全是为了达成一致，而更重要的是发出自己的声音，让对方知道我们的看法，也知道他们自己的问题。美国人在这种问题上比较主动，该说就说，中国人比较蔫儿，有时就忍着了。但是，我们的大度应该表现在指出施暴者错误后的宽容，而不是在是非问题上没有原则。发明电话的亚历山大·贝尔曾经和伊莱沙·格雷就谁应该获得电话的专利打了十多年的官司，最后以贝尔获胜而告终（他提早几个小时递交了专利申请）。之后，贝尔为了显示自己的大度，表示对方可以免费使用这个专利，但是在谁发明了电话这个是非问题上，贝尔并没有让步。

在工作中，我们需要有贝尔这样的主动性，在沟通中保持对别人的尊重，但是态度要坚决明确。我们经常说以正压邪，实际上如果没有行动，以正压邪是不会实现的。我在前面讲，上帝喜欢主动的人。即使上帝想帮助我们，我们也要通过行动得到这种帮助。一个人要坚守自己的正确立场，不带个人色彩，聚焦事情本身来解决问题，同时凸显出大度和境界，这样不仅会带动团队整体健康发展，而且这样的人自然而然地就会成为团队的支柱。

第三，永远要明确，工作不是为了公司或者他人，而是为了自己的职业发展这个既定的大方向。

任何想进阶的人都不应该被动地工作，就像算盘珠子，拨一拨，动一动。想成为领导者，要平实地学习做一个领导，走出自己的一亩三分地，主动地多做事情，多跟人打交道，去帮助他人，支持自己的老板和团队。我们在任何时候都应该想一想，当我们离开这个团队时留下了什么。

第四，注重长期效益，把一件事放到两三年的时间周期来看待，这时我们对它的态度就会有所不同。

回到在一开始提到的那种任人唯亲、马屁精横行的公司（或单位），如果我们不幸身处那种公司怎么办？如果你觉得它的经历对你将来有用，不妨抱着学本事的心态干两年，即使有些委屈也认了。不过要注意的是，即使在这样的公司，也不要有过客的心态。如果你觉得它对你的进步已经没有帮助了，这种单位哪怕再有光环，也不如趁早离开。孔子讲，"危邦不入，乱邦不居"，说的就是这个道理。

职业员工和管理者要注意的两件事

上一节说过，在职场中要注意一些与人交往的技巧，那些是针对做人而言的。当然如果想获得提升，或者想逐渐承担起更重要的职责，还需要在做事情上从周围人当中脱颖而出。今天很多工作都需要由职业员工来完成，这些人在英语里被称为professional，包括医生、律师、工程师、会计师等有特殊技能的人，更通俗地讲就是有自己手艺的人。他们做事情的专业水平当然是区分好与坏的标准之一，不过除此之外，这些人如果想往上走，自身还需要在其他能力上比周围人有所突出。

在讲相关能力之前，我先请大家看一幅画（见下图）。

达利的《林肯》

接下来我要问大家，你们看到了什么？如果你告诉我看到了一些方格，那么显然是只见树木、不见森林。如果你告诉我里面是一个裸体的女人，怎么说呢？这并没有错，但是把画家主要的意思理解偏了。当然，对艺术了解多一些的读者朋友会讲，这不是 20 世纪超现实主义大师达利①画的《林肯》吗？没错，就是那幅名画。如果你还没有看出来，不妨往后站一下就看清楚了。如果对比林肯著名的侧身肖像（见下图），也就是达利这幅画的原

林肯侧身肖像

型，就能看得更清楚了。这幅画的有趣之处在于，如果放大了、眼睛贴近了看，反而只能看到一个个色块。事实上，很多职业员工在成长过程中容易犯同样的毛病，对事物贴得太近了，只看到色块，而忽略了整幅画。

前一阵子在一次读者交流会上，我发现不少年轻的职员存在上述问题。会上，一个互联网视频领域的资深工程师问了我一个职业发展的问题，为了了解他的情况和评估他的工作水平，我先问了他几个问题。

我问："一段 30 分钟的视频（节目），在你们公司的网站上被观看一次大概能挣多少广告费？"

对方答道："我是做工程师的，挣多少钱我没有想过，不知道。"

①　萨尔瓦多·达利（1904—1989），因其超现实主义作品而闻名，与毕加索和马蒂斯一同被认为是 20 世纪最有代表性的三位画家，其代表作为《记忆的永恒》。

我见对方无法回答，又问："那你们公司产品（视频）的广告点击率是多少？"

对方回答说："这个和具体的内容频道有关，也和用户群有关，和插片的制作也有关。"

这位工程师在短短一分钟的问答中暴露出很多问题，或者叫短板。

首先，作为开发这个产品（视频）的工程师，即使老板没有要求他了解变现和广告的情况，作为这个行业的从业者，在这方面的基本知识也是必须有的。我之前问过新浪前总裁许良杰，他不假思索地就能回答出在新浪一段30分钟的视频被观看一次能挣多少钱。

当然，可能有人会说，他是老板嘛，这个我当然知道！可问题是一个从业者连所做产品的基本收入情况都不去了解，就永远没有机会成为老板。退一步讲，如果一个开发人员不清楚自己所做的产品赢利能力如何，是非常危险的。因为一旦这个产品不能赢利，他马上会面临三个可能性：

第一，这个产品被砍掉，这个人被安排做其他工作。

第二，这个产品被砍掉，这个人失业了。

第三，老板很仁慈，一直维持着这个亏损的产品，但是公司会因为亏损而关门，大家还是失业了。

不管什么情况，都不是好结局。那位资深工程师所在的公司其实就面临第三种情况，他们的产品是公司唯一的产品，却又不能很好的赢利，而作为工程师，他们只关心自己技术的提升，而不去考虑这份差事还能做多久。很多人在被调离岗位或者被裁掉时哀叹，但实际上迹象早就有了，只是他们浑然不觉而已。

其次，问答中所暴露出的另一个问题是不知道怎样回答问题，或者表达能力和沟通能力欠缺。对于我随后问的那个具体的技术问题，他不仅没有提供答案，而且提供了一堆把事情搞得更复杂的信息。对方是知道我曾经负责过大公司里在线广告业务的，对各种影响广告效果的因素门儿清，再花时间把那些因素给我重复一遍完全是浪费时间、毫无意义，而对我的问题他其实并没有回答。

最有效的沟通是在第一时间直接给出答案，然后补充解释。如果这位工程师无法给出整体的回答，他至少也应该给出自己所说的每一种具体情况下的具体答案，而不是讲了一堆废话。后来，我不得不进一步向他追问细节，他才在提示下像挤牙膏那样，一点点地挤出答案。

作为一个工程师，能够关注到很多细节当然好，比如他所说的影响广告收入的那些变数就是细节。但是，关注细节必须以能够把握住全局为前提。这位工程师在一开始无法回答我关于广告点击率的问题，是因为他觉得不同条件下点击率不同。其实他们公司所开发的产品，点击率最坏的情况是 0.5%~1%，最好的情况也不超过 2%。既然差距其实并非那么大，动态范围没有超出一个数量级，他直接回答 0.5%~2% 即可。事实上那天我问这个问题时并不关心准确的细节，只想了解一个大致范围而已。因此，如果他简单地回答 1% 左右，也是一个不错的答案。

善于沟通的人会理解对方提问的目的，然后提供有用的信息，而不是按照自己的意思解释字面上的问题。我曾经问过爱奇艺创始人龚宇一个类似的问题，让他就某一位网红的一期视频节目的收入做一个估算，虽然这里面有好多变数我们不知道，他也没有见过那位网红，但是他能马上告诉我一个比较准确的范围，这样大家就能知道一件事情是不是值得在爱奇艺或者类似的网站上做。这就是管理者和被管理者在掌握大局上的区别。

当然有人会想，工程师是不是都比较呆啊，除了自己专业范畴内的东西其他什么都不知道。其实上述问题在各种职业的从业人员中都存在。比如，我问过某公司里一位资深律师这样的问题：

"最近在国内，专利从申请到批准的周期是多长？"

她的回答是："我们主要负责专利的书写和申请，审批的速度不是很清楚，这要看情况，有的很快就批准了，有的要修改补充材料，个别的拖了很长时间。"

这个问题的答案在哪里呢？它是没有信息量的废话！我当然知道专利律师是书写和申请专利的，不是专利局的审批人员；也知道不同专利被批准的时间不一样长，有些专利因为复杂，写得又不够好，当然要修改，会拖相对比较长的时间。我又接着启发

她，问道："大约有多少比例的专利能在两年内被批准？平均是多
长时间？最长的是多长时间，那些情况是否是个案？"

我得到的回答是这样的："不知道，我只负责一部分专利的申
请，这些数据可能要找专利局的人去了解。"

我当然知道专利局会有统计数据，但是作为一个在行业里工
作多年的律师，对这种基本数据是应该了解的。当然，她不了解
这些数据不能说她业务本身不精通，不过我认为，至少她根据自
己多年的从业经验，根据自己单位过去申请专利的情况，总该大
致有点儿概念。于是，我顺着她的话追问："不用管专利局那边的
数据，就你的公司过去的经验，哪怕是那些你负责的案子，总体
情况是怎样的呢？"这位律师颇有歉意地对我讲："哎呀，我还真
没统计过。"虽然这位女士不是主管，但是作为一个业务能力还不
错的专利律师，对整个公司专利情况有个大致的了解是分内之事。
即使作为文科生对数字可能不太敏感，对自己工作的总体情况也
应该了解得一清二楚才对。

我还接触过不少其他从事具体工作的专业人士，很多表现也是
如此。我想，如果你是一个老板，也未必会提拔这样的人当领导，
负责起一个部门。这些人的通病在于只盯着自己当前画的那个色
块，不愿意往后退两步看看整幅图画。有些时候自己觉得颜色涂得
很好，但是如果能退后一步看看大局，就知道自己的想法、做法并
没有从全局优化来考虑。这也就是很多人觉得自己专业水平很高，

工作也努力，却一直得不到提拔的原因，因为缺乏大局观。

缺乏沟通能力，不仅员工有，也是很多管理者在工作中存在的诸多问题之一。他们的问题可能不在回答问题上，而是在讲清楚一件事情，说服别人相信自己的想法方面。小团队的管理者在这个方面的问题上更加突出。

我每周都要见四五个创业公司的创始人，大部分人在介绍自己的项目时都存在这样一个问题：为了强调他们所做的事情很重要，先要做较长时间的背景介绍，最后自己要做的事情反而没有时间讲清楚。某个周末，我在上海和一些投资人听了 12 个项目的路演，每个项目规定介绍 8 分钟。前 9 个创始人无一例外地花了 5~6 分钟介绍背景知识，然后匆匆介绍一下自己要做的事情。8 分钟过去了，下面的评委都搞不清楚他们要做的事情及其优势所在，以及自己的特点等，然后评委们只能耐着性子一点点问，最后才知道"原来是这么回事"。因此，到了第 10 个项目，当主讲人还要介绍背景时，我马上打断了他，让他简简单单地告诉我们要解决什么问题、他们是怎么做的。

讲不清楚想法有两个原因：一个是自己脑子本身就不清不楚，另一个是生怕自己把事情说小了，别人不重视。脑子不清楚的人在给公众讲话之前必须多加练习，这涉及演讲的准备，不属于这一节要谈的内容。而为了让对方重视而夸大其词，这种做法常常适得其反。一个管理者如果以这种方式和员工沟通，员工未必会相信；和领导沟通，更容易被领导看穿。我在谷歌和腾讯时，也发现一些中层干部有这种毛病，为了夸大自己的工作，把一些无关的事情也要拿出来讲，这样反而将自己真正贡献比较大的工作淹没在泛泛而谈之中。

当然很多人觉得，我先忽悠一阵子，得到肯定或者拿到资源再说。其实，这种一锤子买卖的事情即使能够糊弄一次，对职业发展也毫无帮助。一件事情的重要性如果是 10，可能已经很重要了，但是被吹成了 100，又被发现只有 10，大家对它的评价可能只剩 1。同样的道理，如果做出了 10 分的成绩，可能领导已经满意了，但一定要吹成 100 分，被识破之后，领导给予的恐怕也只剩 1 分。大家有时候对一些人的夸夸其谈不吱声，不等于他们不清楚实际情况。

很多管理者在工作中的第二个问题是不了解细节，这和前面讲的很多专业员工缺乏大局观正好对应。"原子弹之父"奥本海默在负责曼哈顿计划时，有无数大科学家包括很多诺贝尔奖获得者在为他工作，他们一致认为奥本海默是最好的老板，其中一个原因是他了解几乎每一个细节，即便他并没有亲自动手。杰克·韦尔奇[①]也被认为是历史上最好的首席执行官之一，他也具有这个特

---

① 杰克·韦尔奇，1960 年加入 GE，1981—2001 年担任该公司的董事长兼首席执行官，是 GE 历史上最年轻的董事长。在任期间，GE 公司的市值从 130 亿美元增长到超过 4000 亿美元，高居世界第一。

点。很多管理者则不然，我问他们第一句话，他们能答上来；再问第二句话，就不知道了；问多了就要找手下的人来回答。遇到这种情况时，我有时候会半开玩笑地问他们，如果是这样，你怎么知道你手下的人告诉你的是真的呢？

某个大公司的一位高管前一阵找到我，想让我介绍一批从事大数据开发的员工，他讲他们的事情多得做不过来。我问了问他下面人员的数量和情况，很奇怪就一点点事情已经有那么多的人在做了，怎么可能花了那么长的时间还搞不定呢？他说，负责该项目的总监对工作量做了估算，人手确实不够用，而且他看到员工们也真的很忙。我说，你这个总监就有问题，你们要做的这些事情95%都有开源的软件，哪里需要他自己建一个开发团队。当那个总监手下的人从20名增加到50名时，他自然有好处，但是对公司可没有好处，这位高管表示回去问问那个总监。

在一个大公司里，一个总监为了自己的提升，扩张队伍，把小事情往大了做，是公开的秘密；一个行政单位里更是如此。很多单位效率低下，和下面的人搞出了一堆不需要做的事情有关，而这里的责任要怪领导。作为领导，如果不了解细节，整个部门就不可能有高效率。根据我的经验，一个有效的管理者，如果做到了第五级（基层员工是第一级），他需要了解第三级的工作；做到了第六级，就需要了解第四级的工作。

作为一个领导者，如果只从空中俯瞰森林，只能看到一片绿；只有走进森林，才会发现森林里除了绿色的树叶，还有很多东西。

如果用一句话概括本节的内容，我想说，基层的员工要抬起头，而管理者要弯下腰。

职业中的帝道、王道与霸道

虽然我用了"帝道、王道与霸道"这个题目，但不是要谈帝王术，只是用它们来说明如何突破职业天花板。关于职业天花板的问题，也是《硅谷来信》的读者问得最多的一个问题，因为很多人确实在职业生涯发展到一定阶段后，就难以再得到升迁和发展，也就是所谓的遇到了职业天花板。

一个人能够走多远和很多因素有关，其中一些不是自己能够控制的，比如出生和成长的环境、运气，以及大的社会经济环境等。不过还有一些是自身可控的因素，而我们所能做的不过是在可控的方面多下点功夫而已。而在后一种因素中，一个人的立意至关重要，目标设置错了，结果肯定好不到哪里去。

为了说明立意的重要性，我先来讲一个大家比较熟悉的故事——商鞅游说秦孝公。

商鞅这个人大家都不陌生，不知为何最近他又火起来了，关于他的影视节目、纪录片、自媒体脱口秀和文章特别多。过去大家谈论商鞅，都是把他作为伟大的改革家；而近年来大家再说起他，似乎都在对他那种急功近利的改革进行反思。不过，急功近利并非商鞅的本意，而是秦孝公的选择。接下来我们就还原一下商鞅游说秦孝公的过程，然后再看看错误的立意给秦国带来的悲剧，并且思考一下它对我们今天有什么借鉴意义。

商鞅游说秦孝公一共进行了三次，《史记》中是这样描述的：商鞅西入秦后，通过孝公的宠臣景监见到了孝公。第一次商鞅讲尧舜禹汤的帝道，讲了半天，秦孝公听得睡着了。会面结束之后，孝公向景监发了火，说你推荐的是什么人啊，太自大，让景监请商鞅离开。商鞅听到景监的反馈后不气馁，让景监再给他一次机会，于是5天后景监又给他安排了第二次见面。这一次商鞅讲（周）文王、武王的王道，秦孝公听得有了点儿兴趣，说这个人可以在一起聊聊天，但是依然没有打算起用商鞅。

景监把孝公的意思回复给商鞅后，商鞅说："我已经知道该怎么游说他了，请再给我一次机会。"第三次，商鞅以霸道游说孝公，和孝公聊了五霸之事，孝公听得津津有味，不知不觉中身子不断向前倾，差点跌倒。这之后，孝公又一连几天请教商鞅，并最终决定任用商鞅来实施变法。

景监知道后，就问商鞅："既然你知道大王的心思是富国强兵，称霸诸侯，为什么前两次还要和他谈帝道、王道？"商鞅说："我是怕如果他真是一个有大志向的人，我一开始就说那些低层面的事情，把他看低了。"

后面的故事大家都知道了，商鞅为秦国制定了功利性很强的法律，这些法律作为政治和军事工具，在短期内功效明显。但是商鞅清楚它的负面后果，商鞅说："这样一来（急功近利），国运终究不可能超过商朝和周朝。"最后的结果也不出商鞅的预料，暴秦在统一中国 20 年后就灭亡了，更可悲的是，孝公的宗室也遭灭族。如果孝公知道他的子孙会得到这样的结果，不知道是否会后悔选择了采用霸道治国的道路。

可以讲，秦孝公和后来的君主们从一开始在立意上就有问题，商鞅三次分别用了帝道、王道和霸道游说他。显然，秦孝公对它们的态度截然不同，最后采用了一种速效却危险的策略，最终让秦国走到了死胡同。今天，秦孝公虽然死了，但是有他这样想法的人依然在社会上占大多数——追求速效的霸道，而不是长远的王道和帝道。

讲到这里，很多人会说，任何国家在崛起时肯定要率先富国强兵，那时候谈帝道和王道不是好高骛远吗？但是，世界上毕竟有立意超过秦孝公这些君主的人，比如拿破仑。拿破仑一生花精力最大、最引以为豪的是他的《拿破仑法典》，而不是哪一场战役的胜利。

虽然拿破仑给人的印象是一个杰出的军事家，但是却精通法律，并且知道它的重要性，因此任命了起草法兰西法典的委员会，并亲自参与法典的制定。在参议院一共召开的 102 次宪法讨论会中，拿破仑亲自担任委员会主席并参加了其中的 97 次会议，且逐条审议了法典。在讨论会议上他常常引经据典、滔滔不绝，让那些著名的法学家惊讶不已。法典最后经立法院通过，正式公布实施。

虽然拿破仑在军事上的胜利在 1812 年就终结了，但是整个 19 世纪，欧洲依然是在拿破仑的影响下度过的。拿破仑总结自己一生的成就，最为自豪的却是这部法典。他在临终前，不无感慨地说道："我一生 40 次战争胜利的光荣，被滑铁卢一战就抹去了，但我有一件功绩是永垂不朽的，这就是我的法典。"拿破仑的成就在于，他在一开始就把立意定在确立一个资本主义的现代国家上，而不只是军功和征服，或者说他追求的是帝道而不是霸道。

讲完历史，回到我们的现实。秦孝公想用短期的方法达到长期的目标，这是不可能的。而在生活中，很多人也同样问我一些如何用短期的方法达成长期的目标的问题，比如学什么专业可以挣大钱、如何快速获得成功等，我也很难回答。实际上，没有人能够对这样的问题给出太好的答案，因为但凡那些能够比较长期稳定挣钱的行业，开始的投入都是比较大的，并不存在一种不需要投入就能获得很高回报的行业，否则，这个行业一定太挤，以至一段时间后行业的回报肯定会急剧下降。

多年前外贸行业很吃香，于是很多高中毕业生涌入这个专业，等到他们毕业时，这个行业的好位置已经被人占满，留给新人的不过是一些打酱油的差事。同样，这两年金融数学行业很热门，因此一些人认为只要花上两年时间学习这个专业，就能进入大投行得到一份体面的工作。哥伦比亚大学这几年90%以上的硕士生都是来自中国大陆的留学生，但是大量的毕业生涌入这个行业后，在投行里找份差事都难，更不用说赚大钱了。这些人所追求的，只能算是低层次的"术"，甚至连霸道都算不上。

每一个喜欢阅读的人或者经常参加讲座学习的人，我想都是希望以此获得一些智慧，使自己或者孩子能够在社会阶层上晋升几个台阶。有道是，求其上者得其中，求其中者得其下。一个人如果追求的层次本身就在中下，是不可能靠运气不断进步的。中国过去发展较快，大家晋升的机会较多，但是随着中国步入中等收入国家之后，中国每个行业中，好的位置基本上都被人占满，升迁的机会越来越少。我在之前讲过，在欧、美、日等发达国家和地区，一个大学生从毕业到退休，基本上平均只能获得两次升迁的机会，因此才有了职业天花板之说。当然，也有少数人能从最底层一路走到最高层，比如GE的总裁杰克·韦尔奇。

怎么办？我觉得解决办法就是自我的通识教育。我们常常把那些能够在职场上不断提升的人称为"有后劲儿"。那么有后劲儿的人和那些很快在职场上遇到天花板的人相比有什么不同呢？一个非常重要的差别是，有后劲儿的人有着更广的视野，而这种视野常常来自良好的博雅教育。在美国，一工作就收入比较高的是那些工科学院的毕业生，而像哈佛大学或者普林斯顿大学这样顶级名校的毕业生在一开始工作的时候，收入相对要少很多。因为他们所接受的那些人文教育、博雅教育不是直接的工作技能。但是，如果再看一下10年后大家的收入就会发现，名牌大学出来的那些有着良好人文教育背景的人，后来者居上，而且社会地位提高更快，也就是说他们更容易突破天花板。其实，这些人在大学里追求的是类似于帝道和王道的大道（至于具体的数字对比，大家可以翻看《大学之路》）。相反，那些学习了一个好专业的人，不过是掌握了一些霸道而已。

每次我一说到通识教育、博雅教育，很多人就讲中国没有这种教育，然后表示出一种遗憾和向往。实际上，一些人只是叶公好龙而已，因为在行动上他们拒绝关注自己领域之外的知识，认为那是浪费时间，时间一长格局就太小了。如果不能广泛学习知识，只盯着自己那点专业，即使做到了10000小时的精进，能完成两次提升也就很不错了。

人必须掌握一些专业之外的知识，只有这样，人的眼界才可以开阔，才能更好地和别人合作，才能调动更多的资源。毕竟今天早已不是一个人可以关起门来搞定所有事情的时代了。

至于我们在大学应该有一个什么样的比较高的立意，这是年轻学生和家长们应该思考的问题。当然，我们也应该清楚什么样的立意是不算高的立意。

职场完美进阶：常识、科技和艺术

所有的智者都强调常识的重要性。比如巴菲特在他的公司伯克希尔-哈撒韦"致股东的信"中就多次强调这个观点，呼吁大家不要听所谓专家或者职业投资人的建议，而需要懂得一些常识。牛顿在他的《自然哲学的数学原理》一书中叙述了认识世界的四条法则，其中第一条就是所谓的常识性原则，即"除了那些真实的、已经足够说明其现象（的解释）之外，不必寻找自然界事物的其他原因"。真正的大科学家总是谦逊的，他们一方面希望民众有科学的头脑，另一方面不断强调自己的局限性，认为自己发现的无非是自然界原本就存在的规律而已。只有那些靠政府经费糊口混日子的研究人员，才夸大自己技术的重要性，并且把简单的问题讲得很复杂。因此，衡量一个专家水平最可靠的方法，就是看他们是将复杂的问题简单化，让每一个人都能理解，还是故作高深，将简单的问题复杂化。

科学和技术本身是好东西，只是现在很多人把原本不难理解的道理冠以科学的名义，搞得很难理解。工业革命之后，人类发展突然加速，在很大程度上是靠科学和技术的进步，以及在发展科技的过程中总结出来的一套有效的、可以复制的方法。当然，我们也常常会发现，科学解决不了所有问题，技术也并不是万能的。今天，很多事情要做到极致，最后靠的是艺术，而不仅仅是技术。那么，常识、科技或艺术三者之间的关系是什么样的呢？什么时候需要用常识，什么时候又需要用技术或者艺术呢？

简单地讲，任何事情从 0 分做到 50 分靠的就是常识，没有常识作为基础，谈论科学和技术就是虚妄。这就如同没有人能够不打地基，不盖第一层，就直接盖第二层、第三层楼房一样。

什么是常识？常识是我们生活中的知识，有些是经过千百年验证的经验。比如，太阳从东方升起，就是常识，否认了这一条，天文地理就无法谈论。当然，每一个人由于经验的不同，学到的知识不同，所拥有的常识也不同。比如不可能造出永动机，这对今天学过高中物理的人来讲都是常识，但是对于文艺复兴时的科学家来说却是未知的道理。对于医生来讲，很多关于疾病的知识是常识，但是一般人却不知道。而爱因斯坦则讲，"真理就是在经验面前站得住脚的东西"，从经验中得到的结论并且不断地被验证，时间一长，就被人们看成是真理了。而这种真理被大多数人认识之后，也就成了常识。因此，常识和知识、真理并非是矛盾的。

当一个新的认知（理论）和常识相违背时，有两种可能性。较大的可能性是新的认知错了。比如，如果你读到一篇报道，信誓旦旦地说某个"科学家"成功地把水变成了汽油，即使那篇报道写得再有说服力，你也应该知道要么是记者不懂，被人骗了，要么是别有用心之人在混淆视听，因为它和我们的常识相违背。当然，还有较小的一种可能性，就是我们的常识错了。比如，古代人以为重的物体比轻的物体先落地，但是伽利略却证明这个常识是错误的。在证明常识出错的同时，科学也就发展了。当然，我还是要讲，当我们有了违背常识的发现时，绝大多数时候不要急于否定常识，因为我们出错的概率比有重大发现的概率要大很多，这时候要仔细验证，甚至请别人帮忙验证。一个合格的科学工作者，在得到和已有认知所不同的发现时，首先会检查自己有没有做得不够精确的地方，而不是否定前人的结论，制造新闻。

在自然科学中，如果有了违背过去常识或者认知的发现，是真是假相对容易验证。因此，如果有人用违背常识的理论去忽悠人，很容易被学者们戳穿。比如，有人告诉你用手摸电门其实没有事情，你不会去试。但是很多其他学科中违背常识的歪理就没那么容易被揭穿。比如，我们虽然知道任何一种金融游戏，无非是把一部分人的钱从口袋里掏出来，放到另一部分人的口袋里，不可能产生财富，财富最终要靠创造才能获得，这是常识。但是在生活中很多人依然相信通过玩儿金融游戏可以让大家都富裕起来。在钱的驱使下，这些缺乏常识的理论不仅非常有市场，而且总有人乐此不疲地尝试错误。

如果我们做事情想从 50 分的水平提高到 90 分，仅靠常识或者常识性的知识就不够了，需要靠先进的科学和技术。如果两个人同时做一件事，一个人完全靠经验，另一个人掌握了先进的技术，在其他条件相同的情况下，后者一定能做得比前者好，而且好很多。正是因为大家都懂得这个道理，才愿意花时间研究科学，开发新的技术。当然，今天新的科学知识可能明天就变成了常识，因此人类总是需要不断往前探索的，这就促成了人类的进步。

科学和技术的一个特点是具有可重复性。在同样的条件下，今天加热到了 100 摄氏度会将水烧开，明天再做一遍实验还是这个结果。在工厂里，严格遵守同一个流程，今天生产出的产品的质量和昨天生产出来的是一致的。在餐馆里，严格按照同一个菜谱配方和烹饪过程做出来的菜，今天的和昨天的味道应该差不多。这就是技术的优点。在早期不讲究科学和技术的年代，大家做出来的东西总是五花八门、好坏不一；有了技术以后，就能保证做什么事情都能得到预想的结果。

但是，技术并不是万能的。任何事情做到 90 分后，单纯靠技术有时就不能再提高了，因为越往上技术的差距越小，那一点点差别可能不足以导致结果的明显改进。在技术之外，总还有很多不可控的因素，能否把握好这些因素，把一件事情做得尽善尽美，则是靠艺术了。

苹果手机的技术指标其实要远比同价格的华为手机低很多，但是很多人还是会喜欢苹果手机，因为在性能足够用的情况下，那些技术上的差别已经无法左右人们的选择，而苹果手机在将技术和艺术结合方面做得比较好，因此是最后这点艺术成分起了作用。至于如何把手机设计得好看，用户体验又比较流畅，而且在制作工艺上做到考究，这是一个艺术活。当然，我这里讲的艺术是一个泛泛的概念，你可以理解成各种手艺的代名词，不仅艺术家有艺术，工业设计者、工程师也都有，甚至在生活中每一个人都可以有。比如，病人的同一份化验结果交到两个不同医生的手里，他们给出的结论可能不同，有的医生判断得准确，有的就差很多。这些医生所学相同，使用的技术手段也是相同的，他们之间的差异其实已经属于艺术的范畴。中国人迷信老医生，其实就是因为不少老医生总掌握着一点用技术无法解释的医学艺术。

没有技术，光有艺术是否能做到 100 分？通常是不可能的，当然你能找到个别例外也未可知。我们知道，像法拉利和兰博基尼这样极致的跑车，是手工打造模具、手工装配、手工调制引擎、手工缝制内饰。它们比一般的豪华跑车，比如保时捷的 911 系或者奔驰的 SL 系，其实就精细那么一点点。最后这一点点，不是靠技术完成的，而是靠艺术。但是无论法拉利还是兰博基尼都是以技术作为基础，没有技术，让一个三流汽车厂手工打造一辆汽车，性能照样上不去，当然也就不可能卖出高价钱了。

技术的另一个特点是，几乎每个人遵循一定的步骤都能够学习和掌握，但是艺术则要靠天赋。在各行各业（比如医生、律师、工程师、艺术家）里，做得最好的 5% 的人都是兴趣使然，他们除了有非常大的动力去掌握技术，还需要在他们的领域有相当高的天赋，让他们将事情做得尽善尽美。做到前 5%~20% 的人，通常是利益驱动，他们有动力掌握技能，但或许是由于在这个领域缺乏天分，或许是没有动力从技术迈向艺术，最终他们会遇到瓶颈或者天花板。

不仅把事情做好靠艺术，为人处世也离不开艺术。在中国，成功学的书卖得很好，但是大部分人在读了以后都说没什么用，无论是专家写的，还是成功者们根据自己的经历写的。如果我们观察一下周围的人，也确实很少有人靠读成功学的书获得成功。

成功学的书都写了什么内容呢？很多讲的是职场上的常识，这些常识其实挺有用的，只是依靠常识只能做到 50 分，离成功还差太远。此外，一些成功学的书所讲的内容是和常识相违背的。比如，很多书在教人如何在职场上对付老板，试想一下，只要稍微聪明一点的老板，都能看穿下属这种鬼把戏。任何老板都喜欢那些看似比自己傻的下属，而不是和自己耍心眼的人。因此这种违背常识的成功学理论，对读者不仅无益，反而有害。

真正在职场上处理好各种关系，首先需要一些基本的常识，这些常识在一个人走出学校时就应该具备。其次，每一个专业人士都需要掌握所在行业的一些基本技术，这些技术无论是在新人培训，还是在以后的领导力培训时都会教。没有常识的人，常常被认为没有情商；没有掌握和人相处的技术的人，常常被看作经验不足、太嫩或者做事情不专业。有些单位非常注重对人的培养，其实就是将那些可以不断重复的、属于技术范畴的做事方法和管理方法教给大家，而有些单位光用人、不培养人，里面的员工就缺乏技术层面的方法，做事情总是野路子。时间一长，两类人的水平能力就拉开了距离，简单地讲，这种距离就是 50 分和 90 分的差距。如果解决了常识的问题、技术的问题，绝大部分人在职场的表现可以做到 90 分，即使没有和人相处的艺术——做事情时特殊的、难以言传的技巧，也不会遇到什么麻烦。但是，做好最后的 10%，在职场上处理好各种关系，遇到未知的问题总能找到好的解决方法，又属于艺术的范畴了。那些艺术，有些人悟性好能掌握，固然可喜；有些人努力了很长时间都没有掌握，也不必太在意。毕竟我们做事情要尽人事、听天命。

最后，对这一节的内容做一句话的总结：凡事做到 50 分靠常识，从 50 分做到 90 分靠技术，从 90 分做到 100 分靠艺术。每一个阶段是不能跳跃的，做到 90 分我们通过努力都能达到，至于是否能做得更好，就因人而定，可遇不可求，所以不必有负担。

第七章

商业的本质

世界上每过一段时间，就会诞生出一些新的商业概念，最后大家发现炒完概念后剩不下什么东西。其实，不论概念如何炒，商业的本质上千年都没有什么改变。

商业的本质是让人多花钱而不是省钱

当网购节省了我们大量的时间，给我们提供了越来越便宜的商品之后，我们多出来的时间和金钱应该拿来干什么？把时间用来学习提高自己？把钱攒起来投资？很多人都会这么想，但是绝大多数人实际上并没有这么做，事实上他们也做不到。他们又把钱花掉，把多余的时间拿来享乐，甚至有人把钱和时间都浪费掉了。不信你看看那些在淘宝上买了一堆没用的便宜货，或者不到半小时就要在手机上刷屏的人，便是如此。这倒不是哪个人有没有志向的问题，而是人性使然。对于人性，清末名臣曾国藩有着深刻理解。

曾国藩的幕僚赵烈文，以日记的形式记载了这位被誉为道德楷模的理学名家的一件趣闻。曾国藩在湘军收复南京之后，带着他的幕僚和下属视察被战火损坏的曾经烟柳繁华的十里秦淮。让赵烈文等人吃惊的是，在整个南京城还在百废待兴之际，被称为卫道士、在人们的想象中应该是远离烟花之地的曾文正公，居然下令恢复秦淮河灯船，在秦淮河两岸兴建酒肆、茶馆等各类商铺，并且把这件事交给了最得力的幕僚赵烈文来办。赵烈文等人问起原因，曾国藩讲，世上真正能像他们那样成就一番事业、谋得不世功名的人毕竟是少数，大部分人都是贩夫走卒，忙忙碌碌终其一生，能修缮一个娱乐的地方，给这些人带来一些欢乐，不失为一件善事。

人在满足了衣食住行等基本需求后，常常会追求娱乐和享受，而且随着经济水平的提高，这种需求会越来越强烈。科技的发展可以让我们不需要再去现场就能有身临其境之感。但同时，当我们有了钱和闲暇时间之后却会做相反的事情，从线上重新回到线下，从虚拟世界回到现实世界。我们不妨看一看这两种趋势对我们的生活所产生的影响。

在马可·波罗或者徐霞客的时代，人必须身临其境，才能感受世界各地大自然的景观和不同文明的杰作。有了摄影和影视技术之后，人们可以坐在家里看到南极的景观。30年前，每到年底，街上各种小店都在卖挂历，上面的图片除了美人头像，就是各地风景。那个时代，介绍世界各地的电视片也非常多。在大家没有闲钱旅游的年代，看看图片和电视，饱饱眼福也是一种满足。但是今天，大家更习惯于在节假日出门旅游，看看真实的风景。

在电影被发明之前，人们只能在现场享受戏曲和舞台艺术。当技术的发展催生出大众娱乐业后，人们可以在万里之遥看到当今世界一流艺术家的表演。当然，这样价格更低廉，也更节省时间。十几年前，大众普遍通过买磁带、CD（激光唱盘）或者下载来听音乐。但是到了今天，当人们有了闲钱后，很多人反而愿意花时间、花钱去现场听一场音乐会。类似地，过去大家在网上看免费的低质量（盗版）电影视频，今天很多中国人开始走进电影院（或者说重新走进电影院），去看视听效果俱佳的大屏幕电影。

在有电视实况转播之前，大家都需要到现场观看体育比赛。有了实况转播，在家里打开电视机看比赛则显得方便很多，当然也便宜很多。从20年前开始，中国购买欧洲足球联赛和NBA（美国男子职业篮球联赛）的转播权，大家可以在家看到世界一流的比赛。但是今天，一些经济条件较好的球迷，会出国去现场看欧洲杯或者NBA。

这样从线下到线上，再从线上到线下的例子还可以举出非常多。这种趋势其实是一种在经济和社会得到充分发展之后的必然结果。只是今天我们绝大部分人把关注点都放在了将线下的、实体的活动搬到线上去，而忽视了当经济发展之后另一种相反的趋势。而恰好是后面这种被忽视了的趋势反而有更大的商业机会。为什么这么说？原因其实很简单。第一个趋势，从线下到线上、从实体到虚拟实际上是为了省时间、省钱。既然是省时间、省钱，最终挣钱的路就越走越窄。今天一谈到高科技就要说互联网企业，其实截至2016年，全世界互联网企业的营业额（不包括苹果和华为这样的手机生产厂商的硬件销售收入）才 3800 亿美元，而传统的电信行业却有 35000 亿美元，可见线上的规模并不大。今天很多初创公司希望通过免费甚至倒贴钱的做法加入互联网行业，其实绝大部分都不是明智的选择。相反，第二个趋势，即从线上回到线下，则是为了花时间、花钱，当然路就会越走越宽了。

这并不是我一个人的研究所得，而是很多发达国家经济学家和企业家所观察到的结果。把这种思想很好地总结，并且成功地加以实施的人，则是日本企业家增田宗昭。这个名字对大部分人来讲或许有些陌生，但是如果说他是茑屋书店的创始人，知道的人就会多一些。

日本人在历史上是最爱读书的民族之一，今天到日本的地铁上看，会发现还是有很多人在捧书阅读。但是，从 20 世纪 70 年代起，由于随身听和后来的便携 CD 机，以及掌上游戏机的出现，年轻人读书的时间开始变少，出版业开始走下坡路。就在这个时候，增田宗昭逆潮流而上，在枚方市开了一家茑屋书店。不过，书店其实只是增田宗昭搭建的一个平台，书籍、电影、音乐制品只是他吸引人的锚定产品。他借此为那些有点儿闲钱又有时间的人打造了一个生活平台，他把公司改名为 CCC（Culture Convenience Club，即文化便利俱乐部），当然大家还是习惯称它为"茑屋"。

枚方市在日本的位置有点儿像中国的苏州，它在大阪市（相当于上海）和京都市（相当于南京）之间靠近大阪的一边。当地人的收入高于日本平均水平，生活节奏又不像在东京那么紧张，因此大家既有钱又有闲暇时间，增田宗昭想的则是如何让大家将这两者都花出去。

日本人的住房面积并不大，周末需要有一个外出享受生活的去处。增田宗昭看到了这一点，就办起了茑屋书店以及一个让大家享受休闲生活的图书馆。在办茑屋书店的同时，他还买下了整栋大楼以及周边的两栋大楼，并且把茑屋书店所在的大厦租给商户，打造成一个生活中心（这也就是CCC名称的来历）。中心里面有各种美食和高档商店，一家人可以在里面待上一整天。增田宗昭虽然把书店办得非常有特色，该店的营业额也很高，但是他真正挣钱是靠房地产，靠那些商家的房租。

非常有趣的是，茑屋书店出名并且获得商业上的成功，恰恰是在互联网兴起之后。1999年，也就是在亚马逊进入日本的前一年，增田宗昭把所有的资金投入到茑屋在线。他是想做电商、放弃实体店吗？不是的！虽然茑屋在线和亚马逊一样提供网上购书和下载音乐的服务，但是增田宗昭真正的目的是通过新的技术手段获得更多的用户，让他们到自己的实体店消费。实际上，如果你有兴趣到茑屋在线的网站（http://tsutaya.tsite.jp/）上去看看，它更像是一个餐饮生活类的网站，而不是像亚马逊或者京东那样的电子商务网站。茑屋在线很快发展了上千万的会员，然后把茑屋一体化的线下商业中心做成了日本中产阶层日常的生活场所。今天，茑屋有近7000万会员，考虑到日本总人口才一亿多，这已经是个不得了的数字了。而这一切，全拜互联网所赐。增田宗昭说："我认为（虽然这话听着已经不新鲜了）寻找网络和实体的真正的协同作用，才是对CCC而言最佳的选择。"在此之后，CCC在全日本又开设了十几家自有商业中心以及近万家加盟店，那些加盟店除了出售文化用品，主要功能就是休闲的咖啡厅或者茶屋。

在增田宗昭看来，CCC是一个平台，但是不同于互联网上的购物平台，它是一个生活平台。在互联网时代，购物、看影视剧这类事情可以在网上完成，有很多平台来承载，它们彼此竞争非常激烈。但是线下生活的平台反而没有人投资去做，增田宗昭就是看准了这个机会另辟蹊径，将茑屋（或者CCC）发展起来的。

研究了增田宗昭的成功经验，结合过去的思考，我得到三点启发。

首先，商业的本质是让人多花钱，而不是省钱。至于如何让人们愿意花钱，这是艺术，增田宗昭做到了。但是我们如果从事商业活动，可能需要去想其他方式，并不能照抄别人的。

其次，我们常常容易随大溜。比如一谈到互联网时代就必然要谈在线，但是我们可能更需要独立思考，从事物的本质出发，找到那些随大溜的人忽视的机会。当然，增田宗昭的成功是基于我一开始说的那个假设，就是人省了钱、有了时间，最终是要花掉的。没有这个前提，茑屋模式的基础就不存在了。

最后，也是非常重要的一条，就是增田宗昭看待新技术的态度。互联网对他来讲是一个手段，而不是目的。他用互联网平台发展会员，没有互联网，就没有茑屋书店和后来CCC的成功。但是，增田宗昭既没有烧钱，也没有炒概念，而是有他独立的思考，他对商业本质有深刻的认识。

经营和管理的秘诀：不给选择

你一定注意过这样一个现象：虽然我们通常觉得给予客户自由选择的权利，他们应该对我们的产品和服务更加满意，但是大部分时候并非如此。让客户满意的销售和服务恰恰是不给客户太多的选择。

苹果的产品其实就不给用户提供什么选项，而它却在全世界范围内被很多"果粉"追捧。在苹果之前，主要的手机厂商为了满足不同人的需求，都要做出几十款甚至上百款手机，无论是诺基亚还是三星都是如此，以至用户会挑花眼。更糟糕的是，人永远是这山看着那山高。如果自己买了A款手机，看到同伴用B款，就会期待自己的手机兼有这两款的优点，因此总是不满意。据华为公司的董事、海思总裁何庭波女士讲，三星公司在苹果出到第三代手机时，突然意识到不给用户选择能极大地提高用户的满意度，于是将上百款手机砍到只剩下一个巴掌就能够数得清的几款。结果靠着区区几款手机，三星反而长期占据了市场份额第一的位置。后来华为在研制手机时，就学习了三星的这个经验，不给用户太多的选择。当然，更早意识到这一点的既非三星公司也非乔布斯，而是以一己之力拯救了瑞士钟表业的经营之神尼古拉斯·乔治·哈耶克[①]，他曾讲道，欧米茄手表的产品种类从上千种减少到一百种，反而让销量大幅度提升了。

　　当然，有人可能会说，少做几款手表或者手机是出于成本的考虑，并不能说明没有了选择用户会更满意，如果苹果出5款不同的手机，或许卖得更好。在历史上，苹果还真做过一次这样的尝试，它在推出第五代iPhone手机时曾经出过一款被称为5C的手机（第四章也有提及），其中C代表"彩色"的英文单词color，因

---

　　① 尼古拉斯·乔治·哈耶克（Nicolas George Hayek，1928—2010），瑞士斯沃琪（Swatch）钟表集团创始人和集团前董事长兼首席执行官。

为用户有很多种可供选择的颜色。但是，销售结果表明，多做了一款用户有较大选择空间的 5C 手机，苹果手机的总销量并没有提升，在此之后，苹果公司就果断停掉了这条产品线。

同时，在不涉及成本变化的一些服务领域，多给顾客提供选择也没有益处。谷歌的搜索引擎和很多产品在设计时也通常不给用户选择权。虽然谷歌的产品从理论上讲是允许用户自我设置的，但是实际上那些功能很难使用，非专业人士从来不去碰，因此用户从来都是用缺省设置（即默认设置）。谷歌在很多产品和服务上都做过实验，当用户难以进行自我设置、只能使用缺省设置后，反而会对产品和服务更加满意。

类似的情况在商业上非常多见。日本第二大（根据市值）汽车公司本田是世界上最有竞争力的汽车公司之一，它从一个小摩托车厂开始，成为今天全球最有影响力的汽车品牌之一，只花了一代人的时间。而本田的特点就是不给顾客提供什么选择。挑选过汽车的人都有这样的经验，在一辆新车的配置上，你通常有非常多的选择，这看上去是对你的尊重，其实最后你也搞不清楚需要哪些配置。而对于那些升级包，里面也是一大堆的选项，如果少给一两个，你恐怕也查不出来。本田的策略很简单，首先，产品线特别短，只有雅阁、思域等几款汽车。其次，每种车只有几种标配，没有选配，这反而使得它的每一款车在美国都是同类产品中最畅销的。当然，不给用户选择也使其成本可以大幅下降。

相比之下，美国通用汽车公司的产品线就要长得多，但是没有几个人搞得清它旗下不同品牌两款配置差不多的汽车有什么差别，顾客在面对同为通用出厂的、配置看似差不多的吉姆西（GMC）和雪佛兰的越野车时，总是难以做出选择（事实上它们没有什么本质区别）。

林徽因的侄女林璎女士是美国著名的建筑设计师，她因设计了简洁的越战纪念碑而出名。林璎将乔布斯的设计理念概括成一句话，"少就是多"。当然，少了，就不可能有选择。

不仅在对外经营上不给顾客太多选择可以增加他们的满意度，在对内管理上，不给太多选择通常也有利于提高管理的效率和员工的幸福感。

在腾讯公司有一项福利，就是每年由各部门出钱组织大家在国内旅游一次。当然，某个部门如果有多数员工愿意自己加点钱去国外旅游，部门秘书也会张罗安排。秘书们很负责，总希望让每一位员工都满意。有一年年底，某个部门秘书拿了一个出国旅游的方案来征求我的意见。她出于好心，给大家提供了两个选择：一个是到北海道滑雪，另一个是到普吉岛享受阳光。我让她只保留一个目的地，不要给大家选择。我看她一脸迷茫地望着我，便解释说，理由其实很简单，我们不能把好事办成了坏事。如果只给大家一个选择，比如说去北海道滑雪，大部分深圳的员工从来没有滑过雪，有些人甚至没有见过雪，更不要说去北海道不仅能滑雪，还可以体验正宗的日本料理和温泉了。大家年底前去这样玩儿一趟必然很开心，回来后一定会念着公司和部门的好，工作也会更有积极性。但是如果给大家两个选择——去北海道或者普吉岛——就要坏事。

先说说去北海道的这批人。大部分人不会滑雪，其实也很难真正享受到滑雪的乐趣，第一次滑雪的人在滑雪板上站半天腿就酸了。北海道那个地方到了冬天，又冷又潮，年底的时候下午 4 点天就黑了。大家虽然在刚去的头两天比较兴奋，但接下来就要开始抱怨坏天气了，然后就会想象着那些去了普吉岛的同事正躺在舒服的沙滩上晒太阳的情景，心里难免会后悔。反过来，那批去了普吉岛的人也是如此。刚一到热带岛屿，看到漂亮的沙滩，拍几张照片晒晒微博（当时还没有微信）会兴奋一阵，接下来就会觉得无聊了，因为普吉岛那个地方并没有什么人文景观，那群人想着远在日本的同事正在享受着温泉和美食，心里也要后悔。最后，两拨人回来都觉得不十分满意。秘书听了我的话，就给了员工们一个选择，至今参加过那次国外旅游的人有时见到我还说好呢。秘书问我这种经验从哪里来，我讲那是因为我过去在谷歌有过教训，给了大家选择，最后反而吃力不讨好。

有时，不仅在地点上不要给人提供选择，在时间上也是如此。大家可能都有这样的经验，老同学们想在一起聚一聚，但总是找不到合适的时间。当然，一些考虑周到的组织者会给大家几个时间让大家挑选。不过你放心，即使给大家 10 个时间，也不可能找出一个时间段让大家都能来参加。因此，给大家几个时间选择看似是照顾大家，其实并不是一个好方法。我们不妨随便举一个例子来说明。假如同学们想在周末聚会，那么就有周五、周六和周日三个晚上可以选择，让大家填表，每个人需填写第一和第二候选。如果所有人都选择周五晚上作为第一候选也就罢了，可要是填得五花八门，就无法协调了。即使一半的人说周六晚上是第一候选，可如果你真选了周六，另一半的人多少也会觉得自己的意见没有被考虑，而那些把周六作为第二选择的人可能也会有些抱怨。这种时候，如果班上有一两个威望较高的同学拍板定周六了，虽然有同学会因为无法参加或者因为要牺牲掉其他事情而心生抱怨，但聚会还是能搞起来的。如果这个班上群龙无首，聚会可能永远停留在微信上。

比较好的方法是什么呢？对于同学聚会这种事情，几个核心同学商量一下，定一个时间，然后通知大家就可以了，不要给每个人选择的自由，因为永远不可能找到一个所有人都方便的时间。如果有的同学真的不能来，因为自己的其他安排与此冲突了，他更多的也只是遗憾，而不是抱怨。

不提供选择的一个直接的负面结果可能是永远得不到某些客户，或者在公司里无法让 100% 的员工满意。但这其实没有太大的关系，因为我们不是神，没有能力让所有人都满意。那些在心里完全排斥你的产品的人，从来就不是你的潜在客户。同样，对于一个团队中某些个人偏好永远和团队大多数人不一致的人，除非他有别人无法替代的才干，否则找一个人替代他的位置，对于他本人、对于团队和公司都是一种解脱。

因此，一个好的产品设计者会想办法引导顾客，而不会去做迎合每一个顾客的事情。同样，一个好的管理者需要制定简单有效，同时还能让绝大多数员工满意的制度，并给予大部分人觉得有用的福利，但是没有必要试图在每一件事情上取悦每一个员工。后一种做法不仅让人感到困惑，有时还会适得其反。

适度的选择给我们自由，但是过多的选择会适得其反。

"第三眼美女新产品"在市场上成功的三个阶段

2016 年年底，有朋友和我聊到虚拟现实（VR），他问了一个有趣的问题："为什么虚拟现实雷声大、雨点小，说了好几年，也没有看到能够很快普及的迹象？"

我一般把新的科技产品从出现到成为爆款的过程称为"发现第三眼美女"，这个比喻未必那么恰当，却比较容易理解和记忆。

第三眼美女当然是相对"第一眼美女"和"第二眼美女"而言。第一眼美女有什么特点呢？首先，一眼看上去就很漂亮，但是不属于大众范畴。这里面有很多原因，或者是因为她们本身就认为自己是精英人群而非主流人群，或者是因为这些人光芒四射，一般人想接近也接近不了她们。总之，大众只能在远距离去欣赏她们。其次，人有时会看走眼，乍一看很漂亮，接近以后如果发现没有内涵，看到第二眼、第三眼时，未必还能有最初的好印象。

第二眼美女未必有第一眼美女那么天生丽质，因此她们常常需要更懂得时尚细节才能引来周围人欣赏的眼光。但是这样一来，和一个第二眼美女交往的成本就比较高，大众即使心里痒痒，也未必能得到；即使得到了，第二眼美女的脾气也未必好，因此双方的蜜月期一过，可能也就形同陌路了。

第三眼美女是属于大众范畴的，她们未必那么显眼，但是如果仔细观察，她们还是不错的。更重要的是，正因为她们可能没有光鲜的外表，如果依然能够吸引人，那么必定有某种美德或者价值。而对于欣赏这种美德或者看重这种价值的人来讲，他们对第三眼美女的喜欢会持续很久，除非这种美德和价值不再存在或者过时了。

再回到新技术产品，通常都需要到第三代才能够普及，被大众广泛接受，并且较长时间地存在下去。比如说计算机图形视窗的操作系统，最早发明它的并非像一般人所认为的是苹果公司，而是当年的技术先锋施乐公司帕克（PARC）研究中心。相比当时简单粗糙的命令行式的操作系统（今天已经很少有人使用了），图形视窗的操作系统在当时显得非常靓丽，但是它并不成熟，更谈不上实用。最初尝试使用它的是技术精英人士，或者是对技术非常敏感的人（tech-savvy），只有他们才能看到其中的价值，大众对这项技术并不关心。因此，这一代产品还没有面世就基本夭折，更不要谈普及了。

第二代是苹果麦金托什（Mackintosh）电脑的视窗图形操作系统（不算该公司曾经尝试视窗但并未走红的Lisa计算机）。今天苹果电脑称为Mac机，Mac就是英文麦金托什的前三个字母。顺便讲一句，麦金托什的本义是一个苹果的品种。Mac的视窗操作系统思想来自施乐公司的第一代产品施乐奥托（Xerox Alto），但是为了方便使用，做了很多改进，这就如同化妆一样。但是，Mac机的价格比较昂贵（至今如此），因此只有高收入群体才愿意支付较高的价格购买。另外，Mac机并不兼容（脾气不好），因此只有能习惯它的使用方式的人才会一直使用下去。

视窗操作系统的第三代大家都熟悉，就是今天被广泛使用的微软操作系统。它不像第一代、第二代那么"性感"和精致，但是仔细想想也很不错，因为它对一般人来讲足够用了，加上它非常实用、价格便宜、兼容性好，因此得到了普及。关于苹果和微软的操作系统之争，大家可以去读我的《浪潮之巅》，这里就不赘述了。

我们今天所使用的很多IT产品都要走过这三个阶段，等到"第三眼美女"到来时，才能说明这个市场成熟了。比如智能手机，最早微软、黑莓、诺基亚等都开发了自己的智能手机，这是第一代，如同"第一眼美女"，只有对这类产品感兴趣的人才愿意去尝试，一般老百姓只会远远地看看。第二代是苹果的iPhone，一款很漂亮的高端手机，如同"第二眼美女"，和大众其实没有太大关系。第三代是谷歌的安卓，便宜实用，这是"第三眼美女"，于是普及了。

电动汽车也是如此。第一代电动汽车（不算当年爱迪生发明的那种不实用的电动汽车）其实不是特斯拉生产的，而是通用汽车公司在1996—1999年生产的EV-1（一共只生产了不到1000辆）。当时一些环保人士和对技术敏感的人对它非常追捧，因为它是一个全新的概念。这些人觉得开着它会很酷，因为马路上见不到几辆，开它上路就如同傍着一个美女上街一样。但是EV-1不仅性能不够好，而且开不了多远就没电了，充一次电只够当天上下班。因此，这款电动车只能算是一个吸引眼球的花瓶。第二代电动汽车是特斯拉的汽车，性能不错，充一次电能跑很远，但是价格太贵，在美国基本上相当于一辆中档保时捷的价格（7万~13万美元），只有富人才愿意购买。因此特斯拉卖了6年，一共才卖了不到20万辆（包括它的Roadster跑车、S系和X系）。第三代是特斯拉新推出的3系电动汽车（该系列因针对宝马3系市场而得名），它的价格和传统汽车差不多，但是电动汽车的全部好处它都有，因此发布后一星期就订出去20多万辆，超过它过去所有汽车销量的总和。

我们不妨总结一下 IT 新产品获得市场认可必经的三个阶段。第一阶段虽然有了一个革命性的发明，产品也很性感，但是毛病很多，只有对技术特别敏感的人才会关注和使用它。第二阶段解决了第一阶段大部分问题，让技术带来的好处充分显现出来，但是价格昂贵，有时还不好伺候，因此只有有钱人才会使用。第三阶段解决了价格问题，才能普及到大众。绝大部分产品，三个阶段是由不同公司领跑的，前两个阶段的公司可能在商业上都不成功，只是为第三个阶段做准备而已。当然，也有些时候，个别公司财力充足，又能够坚持长期投入，能够走过全部三个阶段，但是这种情况非常非常罕见。当然，还有很多产品，甚至走不到第三个阶段就夭折了，比如 3D 电视。这就如同看人看外表，最后发现看走了眼。

第八章

理性的投资观

事业成功，挣到了钱，却不会花、不会理财，可能最后白忙活一场；没有挣到钱，空有一腔理想抱负，可能也不过是幻想。因此，金钱观不仅会对人的事业产生影响，也会决定人的幸福。

金钱观

鲁迅先生讲，人"一要生存，二要温饱，三要发展"。然后他又具体解释道："我之所谓生存，并不是苟活；所谓温饱，并不是奢侈；所谓发展，也不是放纵。"鲁迅是一个很实在的人，他绝不假装清高，该享受的物质生活还是享受的。鲁迅的收入按照当时的物价水平而言是相当高的。他当时在教育部任职，每月的薪水是300块大洋，那时北京市民的最低生活费是每月两三块大洋。毛泽东曾在北京大学图书馆当过管理员，每月薪水8块大洋。在民国初年，贝聿铭的叔祖贝润生先生买下了苏州狮子林，那么大一个园林，价格才9000两银子，大约12000块大洋，相当于鲁迅三年多的工资。当然，贝润生先生后来又投资对狮子林进行改建，才形成今天大家看到的狮子林。不过这至少说明鲁迅先生当时的薪水极高。除了"干薪"之外，鲁迅的稿费和讲课费也不少。顺带说一句，鲁迅在北京大学兼职讲课，并不算正式的教职人员，这种外聘人员当时的头衔是讲师，并非鲁迅达不到教授的要求而给了讲师头衔。

鲁迅还有一个特点，他一方面拿国民政府的钱，一方面还骂国民政府。鲁迅自己讲，饭碗可以跟理想分开。我们今天很多年轻人动不动就说为了理想，把工作辞了，然后在外面混一圈什么都没有做出来，再跑回去"啃老"。我甚至见过一个男生去"啃"收入低微的女朋友，真不知道该怎么评论他。2016 年，我把很多想创业的人都劝回去上班了，因为我觉得他们还没有准备好，不仅在精神上，而且在物质上。

挪威著名剧作家易卜生写过一部名剧《玩偶之家》，里面的女主人公娜拉一直活在传统的婚姻制度下，跟丈夫的关系非常不平等，最终她觉醒了，终于离家出走开始了新的人生。几乎所有人在读完这部戏剧后都会赞扬娜拉追求自由平等的反叛精神，女权运动者对她更是赞叹不已。可是鲁迅的看法却不同，他写下了《娜拉走后怎样》一文。鲁迅写道：

> 可是走了以后，有时却也免不掉堕落或回来。否则，就得问：她除了觉醒的心以外，还带了什么去？倘只有一条像诸君一样的紫红的绒绳的围巾，那可是无论宽到二尺或三尺，也完全是不中用。
>
> 她还须更富有，提包里有准备，直白地说，就是要有钱。
>
> 梦是好的；否则，钱是要紧的。
>
> 钱这个字很难听，或者要被高尚的君子们所非笑，但我

总觉得人们的议论是不但昨天和今天，即使饭前和饭后，也往往有些差别。凡承认饭需钱买，而以说钱为卑鄙者，倘能按一按他的胃，那里面怕总还有鱼肉没有消化完，须得饿他一天之后，再来听他发议论。

所以为娜拉计，钱——高雅地说罢，就是经济，是最要紧的了。自由固不是钱所能买到的，但能够为钱而卖掉。

鲁迅是我非常钦佩的人，对于物质生活的态度，我颇为赞成他的一些看法。也就是说，我赞同"没有钱是万万不能的"。那些为了理想而奋斗的年轻人，不要因为看到很多人辞职或者退学后发了财，就天真地认为只要将自己置之死地就能后生。现实情况往往是，置之死地后大部分情况是死掉了。很多人尤其是媒体为了哗众取宠，过分渲染退学创业的故事，但是他们常常故意颠倒因果关系。盖茨、佩奇、布林和扎克伯格退学创业能够成功，是因为他们找到了挣钱的方法，然后才退学，而不是反过来，因为退学，所以创业成功。

不过，今天我更想说的是对钱的态度，而不是钱对我们生活的重要性。如果用几句简单的话概括我的金钱观，可以概括成这样5句话：

1. 钱是上帝存在你那里的，不是给你的，回头你要还给他。

2. 钱只有花出去才是你的！

3. 钱和任何东西，都是为了让你生活得更好，而不是给你带来麻烦。

4. 钱是靠挣出来的，不是靠省出来的，而挣钱的效率取决于一个人的气度。

5. 钱是花不光的，但是可以迅速投（投资、投机）光。

下面就来一一说明我具体的考虑。

钱是上帝存在你那里的，不是给你的，回头你要还给他

很多人一辈子，尤其是前半辈子非常辛苦地打拼，凭自己的能力、努力挣钱，而且常常为了挣钱放弃了一切，比如自己的健康、亲情、友情和幸福。但是，他们没有想通一件事情，那就是世界上做任何事情都是有代价的，挣钱也是如此。对于那些能够留下巨额遗产的人，最终钱只有三个去处：

1. 在生前都花掉，花不掉就糟蹋掉。

2. 交给山姆大叔（美国的绰号和拟人化形象）这样的国家部门或者慈善机构（中国现在还没有遗产税，但不等于将来没有）。

3. 留给他人，包括后代。

没有第四个去处。

古代帝王在墓中放了太多随葬品，除了"鼓励"盗墓，没有任何益处，倒是欧洲的君王或者名士用一个简单的石棺葬在教堂里，得以安息。钱这东西，上帝会借给大家，让大家花，花不掉的他都会拿走。很多人觉得把钱给了孩子会让他过得好，这件事情得两说，朱元璋一定想不到他的子孙会发出"愿生生世世勿生帝王家"的感慨；100 多年前，美国很多超级富豪发现给孩子留太多钱反而害了他们。

很多人挣的钱，甚至没有到死，就已经先还给了上帝。当前社会上有一句话，"前半生用命换钱，后半生用钱换命"，讲得一点都不错。在美国，看病花掉了 GDP（国内生产总值）的 17%[1]，美国人估计到 2020 年，这个比例要达到 20%。相比之下，美国人每年吃饭才吃掉 GDP 的 5%，比吃药少很多。在中国，虽然没有具体的数据，但是大家看看周围的老人就能知道，长辈们是吃饭花钱多，还是看病和吃药（包括保健品）花钱多？恐怕后者要多得多。还有很多老人，为了多活两周（或者家人们希望他们多活两周），花掉了自己一辈子的积蓄。如果这样，何不在自己行动方便的时候对自己好一点呢？不要那么拼命挣钱了，爱惜一点自己的身体，多享受享受生活。同样，很多人为了挣钱不花时间陪伴

---

[1] 数据来源：世界银行。

孩子，等到孩子逆反起来，没能上个好学校，捐钱再走后门，这样的钱不过是在自己这里过一道手而已，并不属于自己。

每个人的能力都是有极限的，在这个极限内努力，效果会比较好；已经接近了自己的极限，效率就会大打折扣；想超越极限，是枉费心机。挣钱也是如此。超过自己的能力去挣钱，即使有所收获，各种成本也会太高，并不合算。也就是说，可能是挣了一元钱，但在其他方面损失了两元钱。想清楚这一点，人就能过得比较潇洒，孔子说的"不逾矩"就是这个道理。

作为大文豪，鲁迅这辈子就过得比较潇洒，虽然他的寿命不算太长，但是他一辈子想做的事情都做了，生活非常丰富多彩。相比之下，同样是大文豪的巴尔扎克，为了挣钱，大量出版书籍，夜以继日地连续工作了20年。他每天晚上6点钟上床，半夜12点起床，点上蜡烛，一口气工作到第二天早上，到7点的时候沐浴、休息一会儿，等出版商上午把稿件取走后，再工作到下午，每天写作16个小时，完全靠咖啡支撑，因此到40岁身体就完全垮了。当然有人会问，他为什么不晚上10点睡觉、早晨4点起床呢，同样是睡6个小时，却健康得多。问这个问题的人可能自己不长期写作，我自己写书有这样的体会，每个作家并非一天任何时候都会才思泉涌，在特定的时间写作效率会高很多。我自己就是这样，想必巴尔扎克也是如此。巴尔扎克去世后，医生发现他因为饮用了太多的咖啡，骨头都是黑的。巴尔扎克当然很高产，大量的版税收入让巴尔扎克过上了豪华的上流生活，但是那样的生活让他依然入不敷出，然后他又得更加拼命工作。这样的生活，我是不会过的，也不建议任何人过。既然钱是上帝存在我们这里的，回头都要还给他，我们又何必要钱不要命呢？

钱只有花出去才是你的

钱的本质是什么？它实际上是对各种资源的所有权和使用权的量化度量，而资源本身又可以分为自然资源和人的资源。这句话怎么理解呢？我们不妨看这样两个例子。

如果你运气好捡到一颗钻石，你就有了钱，因为你拥有了一部分自然资源；如果你买了一块土地盖房子，你花出去的钱就换得了土地这种自然资源。对于人的资源的拥有，也是如此。当你花钱买一辆汽车时，除了换回了一点钢铁、橡胶等少量自然资源外，其实是花钱买生产线上工人的时间；当你请保姆打扫房间时，其实就是买他们的时间；当然，如果花钱到游戏厅打游戏，你就买了腾讯这样的公司里面工程师的时间。至于腾讯这样的公司为什么能够日进斗金，是因为它把握住了玩游戏的人的心理，知道打游戏的人愿意拿出很多个人的资源去换取那片刻的愉悦。当然，你之所以有钱，是因为你提供了你的时间为大家做了有用的事情，也就是说是将你的时间资源商品化的结果。因此，每个人钱的多少，反映了他今后能调动社会资源（包括自然和人两种资源）的总量。一个人有 100 万元存款，另一个人有 1 万元存款，前者可以得到的自然资源，或者可以使用的他人的劳动时间是后者的100 倍。当然，用钱换取什么自然资源、使用他人做什么事情，是你的事情。

如果体会了钱的这种本质，你就能体会我所说的"钱只有花出去才是自己的"。当你有效花钱时，就等于有效地利用了社会资源，而利用了社会资源，就有可能获得更多的钱，这是一个良性循环，这时钱的意义才体现出来。如果钱放着不用，就失去了这个意义，最终上帝会把它收走。很多人说舍不得花钱去享受精神层面的产品和服务，这其实是让自己失去利用资源进步的可能性。当然，你如果把钱浪费掉，比如烧掉 100 万元现金（不论是真的点把火烧掉，还是跑到股市上烧掉），实际上相当于将自己对资源的所有权和使用权放弃了。等你再想调动资源时，发现调动不了了。

如果想让钱发挥最大的效能，最好的办法是利用它把今天过好。对于"昨天、今天、明天"这三个概念，我一直觉得昨天无论好与不好，其实已经无法改变，这在经济学上被称为沉没成本①。如果我们过去过得很好，那是我们的幸运，为此一定要感谢上帝和周

---

① 沉没成本（sunk cost），在经济学中指代已经付出且不可收回的成本。

围的人；如果过得不那么好，把今天过好还不晚。对于未来，很多人有不切实际的幻想，我小时候也总梦想着有特别好的未来，但是上大学之后就更看重今天了，因为未来有太多的不确定性。用钱来提高今天的生活品质是我的一个原则，这不仅是为了享受生活，更是因为未来是在今天的基础上发展起来的。把钱有效地花掉，让自己处于一个好的起点，才能有好的未来。至于是否该"攒钱"，我认为任何人都需要有点儿积蓄来应急，这样遇到那种万分之一的倒霉事，才有走出困境的机会。但是为了攒钱而牺牲当下的生活，是很不值得的事情。这是我对钱的第二点体会。

钱和任何东西，都是为了让你生活得更好，而不是给你带来麻烦

世界上任何东西的获得都是有代价的，钱也是如此。我们总是希望得到所有想要的好东西，比如当我们遇到一个喜欢的人时，也想和他（她）永远在一起，这是人之常情。在精神层面上的财富，比如声望和名誉，我们也想得到。但是，得到这些美好的东西都是有代价的，更重要的是，获得这些东西可能意味着我们要失去另外一些已有的东西，这一点绝大部分人会忽略。因此，在追求任何好东西（无论是人、物质还是精神层面的）之前，我都会问问自己，他们（它们）是让我的生活变得更好还是给我带来麻烦。

　　一些读者朋友私下里问我："你买奢侈品吗？"我说买，甚至可能还买了不少，因为它们不仅品质好，而且是我做产品设计研究和市场营销研究的素材（关于这一点我在《硅谷来信》中用了7封信的篇幅介绍）。但是，我买奢侈品有一个重要原则，就是不能让我的生活因此变差。所以，为了炫耀而购买奢侈品的事情，我是不做的。前两年媒体报道有年轻人用肾去换iPhone手机，这就实在不值得了，因为他将来的生活会变差。不仅如此，如果为了买iPhone就要降低两个月的伙食标准，也是不值得的事情。我见过国内很多人，为了房子能大几平方米，节衣缩食，什么娱乐和享受都放弃掉了。在美国我也见过类似的情况，买了一所大房子，生活的方方面面都要精打细算，开了10年的车子无法换新的，家里没有钱配置家具，只好从宜家①买一堆简易家具，买食品总要等到有折扣券的时候。这时，无论是iPhone还是房子，给生活带来的麻烦都超过了便利。实际上，绝大部分工业品都没有收藏价值。如果一个有钱的女生，买一堆路易·威登或者香奈儿的包包，每天换一个用，也就罢了；如果天天藏在衣柜里舍不得用，实际上等于是把可以调动的资源浪费了。我见过不少女生省吃俭用买一个两三万元的包，从来都舍不得用，我总会开玩笑地说："那你还买它干吗？"对于所喜欢的东西，如果付出的代价是让生

────────────────

　　①　在美国，宜家的家具通常被认为是租房子的年轻人临时使用的廉价家具，并非购买住房的人使用的家具。

活质量变差，那就算了，这是我的金钱观的第三点。

钱是挣出来的，不是省出来的，而挣钱的效率取决于一个人的气度

几乎所有工薪阶层的人都在讲，在钱的方面最大的苦恼就是觉得钱总是不够花。其实这种感觉不只是工薪阶层有，富人也是如此。美国有一个心理学调查，问不同收入阶层的人有多少钱就能花起来比较随意。年薪 2 万的人讲，有 4 万就好了；而年薪有 4 万的人则说，需要 8 万……最后年薪 100 万的人说，需要 200 万才够花，反正都是现在收入的 2 倍。为什么是 2 倍而不是 10 倍呢？因为年收入 4 万的人想象不出年收入 100 万的人是怎么花钱的。为什么年收入 100 万的人觉得钱还是不够花呢？因为到了那个收入水平，就想做更多的事情、花更多的钱。布隆伯格讲过一件事，他在当纽约市长时，一位亿万富翁跑来找他，说愿意出资 10 亿美元改善纽约市的公立教育。布隆伯格在感谢他之后讲，纽约公立教育一年的预算是 250 亿美元，言外之意，10 亿美元不会有他想象的那么大帮助。这位富翁走后就再也没有联系布隆伯格。我讲这个故事是想说，即使对于亿万富翁来讲，也有钱不够花的时候。

既然钱不够花，只有两个解决办法：多挣点或者少花点。但是，从根本上讲，钱是靠挣出来的，不是靠省出来的。一个人很

难用5元钱办成10元钱的事情，有工夫费这个省钱的心思，不如多花点工夫去挣到10元钱。这个道理不难理解。

要想多挣钱，就要讲究挣钱的效率，而通过延长工作时间挣钱，这种方法显然不可取——一个人就算工作两倍的时间，最多多挣一倍的钱；而任何能够轻松挣大钱的人，单位时间挣钱的效率可以比普通人高出三五倍、几十倍，甚至更多。我们在前面讲到不做伪工作者，以及芝麻和西瓜的关系，其实都是强调工作的效率。工作效率高了，自然挣钱的效率也高了。

要想挣钱多，我还有一个秘诀，这里不妨分享出来，那就是必须掌握一些大部分人不会的技能。如果我们想清楚了钱是对资源的量化度量，越是稀缺的资源自然越值钱，那么当我们有了别人不会的技能时，我们就是稀缺资源。今天，大家都会的技能是毫不值钱的，比如开车的技能。我在《智能时代》中讲了人工智能技术在未来对我们工作的冲击，于是有很多读者问我，说一个知名人士讲，未来社会只要掌握英语和计算机技术就可以吃遍天下了，让我谈对此番话的看法。我半开玩笑地讲，你要先看看他是否是这样培养自己孩子的。然后我解释道，那两项技能将来是最不值钱的。20年前，一个人只要英语讲得流利就有饭吃，今天是个在城市里生活的人就能说几句英语，即使不能说，翻译软件也做得足够好了，读一些英语的资料，甚至简单的沟通都不是问题。至于计算机，将来这项技能就和开车一样，人人都会一点，今天除非有本事把车开得像F1（世界一级方程式锦标赛）赛车手那样好，否则开车这项技能对就业几乎没有帮助。未来除非计算机水平达到顶级工程师的水准，还能挣到大钱，而只会写两行代码的人，满大街都是；学习编程或许有饭吃，但是肯定挣不到大钱。每个人无论是自己创业还是为别人做事情，都应该有自己独特的能力，这才有可能高效率地挣钱。当我们能高效率地挣钱时，生活便相对容易了许多。

钱是花不光的，但是可以迅速投（投资、投机）光

这是我对钱的最后一点，也是最重要的一点体会。如果你有了很多钱，恭喜你，只要不吸毒、不养小三、不赌博，花光它并不容易，但是想要通过投资增加财富，就有可能迅速破产。美国19世纪的大文豪马克·吐温，一辈子挣了巨额的稿费，都被他糟蹋光了。马克·吐温的钱不是挥霍掉的，而是他乱投资投掉的。当然你可能会说马克·吐温还不够富有，更有钱的人是不会很快变成穷光蛋的。事实并非如此，很多大家族在一两代人之间就破产了。这种事例没有一个是因为乱买东西把钱花光，甚至没有因为吸毒、养小三和赌博把钱花光，这些自制力很多大家族的后人还是有的，他们破产无一例外是因为投资不当。在"罗辑思维"第84期中，罗振宇老师讲了集装箱的发明者马尔科姆·麦克莱恩的故事。在故事的最后，他获得了巨大的成功，改变了世界，事实上他在最辉煌的时

候也成为美国最富有的人之一。但是，故事到此并没有结束，最终麦克莱恩破产了，欠下了十几亿美元的债务，而这仅仅缘于一次投资失败（石油投资）。同样，美国历史上最富有家族之一的亨特兄弟，也因为一次投资失败（白银投资）而破产。

因此，挣到钱的人算是幸运儿，但是如果投资不当把钱败光了，那就是我前面讲的"命不好"，而命不好是因为思维方式有问题。有了钱还要能守得住钱，能让它升值，这才会有好命。在接下来的几节里，我要重点谈投资理财的问题。但在讲投资之前，先要讲讲风险，因为失败的投资一旦发生，就能毁掉人的一生，甚至两代人的命运。尤其是当人们想赚钱的时候，恰恰是容易利令智昏的时候，因此要特别小心。不仅是投资，其实生活中的风险无处不在，做人做事永远要有风险意识，才能立于不败之地。

风险意识

"风险意识"这个词大家一定不陌生，因为这 4 个字常常见诸报端。不过很多人谈到风险意识时，常常只局限在谈论金融或自己投资的时候，而对生活中的一些事情却缺乏风险意识。前一阵我偶然看到一则新闻，颇具代表性。这则新闻的内容大致如下：

　　一位女士到国外旅游，淘了一堆宝贝，可能是随身行李装不下，也可能是她没有带随身行李的习惯，总之是将宝贝装进了托运的行李箱中，结果托运的行李箱丢了。行李箱里有两个比较贵的包和七个便宜点的包，加上三瓶香水，虽然她没有说这些东西值多少钱，我估计没有三四万元人民币下不来。根据规定，航空公司赔了她800美元，这位女士当然非常郁闷。

由于国外奢侈品在中国的价格比原产地高大约30%，因此很多人出国时会买大量的包包带回来，或者自己用，或者送人。在美国硅谷南北两端各有一个奥特莱斯，里面从中档的蔻驰（Coach）、迈克·高适（Michael Kors, MK），到高档的博柏利（Burberry）、普拉达（Prada）、古驰（Gucci）等应有尽有。平时店里没有什么顾客，像古驰或者普拉达这样的店，可能售货员比顾客都多。但是到了节假日，来自中国的游客挤满了门店，以至这些店从中端到高端都需要限量放人。我问过一些朋友，为什么要带这么多东西回去，他们告诉我省下来的钱，都够一张从北京或者上海到美国的飞机票了。他们的账算得不错，但是忽略了一条——风险。

到海外游玩或者出差，顺便买点自己喜欢的东西，是一件非常愉快的事情，可以为旅途添色不少。但是出于省钱的目的大量

买东西、带东西回去，虽然可能挣不少钱，而且在很多人看来是
没有风险的，但是其实风险并不小，我能看到的风险至少有三个：
行李丢失的风险、被海关查到补缴税款的风险和东西不合适退货
的风险。

这些风险是否可以忽略呢？其实并不能，我们不妨看看这三
个风险有多大。

丢失的风险

我在过去的 20 多年里飞行了上百万公里，却很少托运行李，
因为知道行李有丢失和损坏的风险。有时不得已需要托运行李，
想来不超过 30 次而已。但是，这 30 次中就有 4 次行李没有按时
到，给我带来了很大的麻烦。其中更有一次是因为开箱检查，丢
失了一个体积很小但是价格不菲的相机配件（这也怪我糊涂，随
手把一个贵重的配件扔到托运的行李箱中了）。另外还有两次行李
箱完全损坏，包括最近（2017 年夏天）去欧洲旅游的一次，而赔
偿的那点钱远抵不上我的行李箱本身。当然，你可能会说我这个
人运气很背，然而美国每年公布的数据表明，各航空公司行李的
丢失率为 0.3%~1%，这个概率并不算低。如果以总数来衡量，在
美国每年丢失和损坏的行李大约是 200 万件，数量也不少。

补缴税的风险

大部分中国人到美国过海关时，都会被要求开箱检查，因此带食物和肉类是相当危险的。反过来，进中国海关时对食品检查不是很严格，但是对大件商品有时会查得非常严，只要海外购买超过 5000 元人民币，就可能会被征税。被查到后是否收税，就看海关高不高兴了。我的朋友们帮别人带手表、带 iPhone、带音响都补缴过税。即使没有被抽查，或者查到后没有被征税，经历过的人也是提心吊胆，毕竟自己的命运不在自己手上。如果一个人只是购买了一个奢侈品手袋或者几双高档鞋，即使被查到，心里也不至于有多担心，因此过海关会踏踏实实的。但是像前面提到的那个女士托运了 9 个手袋、3 瓶香水，虽然省钱不少，但是即使行李箱没有丢，过海关恐怕也不踏实，因为被查到追缴关税就得不偿失了。

退货的风险

大家心里都清楚，有多少东西买完以后完全满意，根本不需要退，而又有多少东西可能要退。如果每买 20 次东西你就有一次想退或者不合适，那么这个风险就不小。我的一位朋友喜欢通过海外代购省钱，她这样买来的鞋子每四五双中就有一双尺寸不合适，由于通常不能退换，最后只好自己想办法拿到淘宝上去折价

见 识

286

出售。因此，不合适又不能退货的风险其实并不小。

如果将上述三种风险折算到价格上，按照20%的加价来计算（实际情况常常比这个还高），算下来其实省不了什么钱。因此，是否还有必要辛辛苦苦大包小包地淘货或者请人代购，就值得考虑了。但是大家在买东西时，基本上是按照零风险做假设的，只会单纯比较标价，因此能淘货还是会淘。

当然，我讲这些并不是帮助大家算海外淘货是否合算，而是想讲在没有风险意识和具有了风险意识的前提下，做事情的策略会完全不同。大部分人做事情前只会考虑收益，完全忽视风险，因此他们会简单地采用利益最大化的策略。但是，只考虑收益、不考虑风险的人，常常得不到最好的结果；而有风险意识的人，做决定时就会稳妥得多，得到的结果也会好很多。

我每次去银行时，银行工作人员总要向我推荐理财产品，理由是理财产品的回报比银行存款的利息高。中国所谓的理财产品，很多背后是债券和保单，还是有很大风险的。在发达国家，几乎任何一种债券都有评级，从AAA到C以下（也被称为垃圾债券）有很多种，评级的目的其实是在告诉你有多大风险。比如AAA的债券赖账（default）的风险小于千分之一，AA的债券赖账风险小于0.2%，而垃圾债券赖账的风险就高达26%了。当然，评级越差的债券要付的利息越高，也就是所谓的投资回报越高。因此，在买债券（理财产品）时，不仅要看它们的回报，更要看它们的风险。年化率 6% 的理财产品，未必比复利 3% 的国库券更值得投资，因为前者有还不上本金的风险。然而在中国，卖理财产品的人从来不告诉你具体的风险，而大部分购买者也没有多少金融知识，只好听卖债券的忽悠。如果大家都知道理财产品的风险，投资的策略就会不一样了。

不仅投资如此，生活中任何事情都有风险，如果事先有风险意识，我们会采用完全不同的策略做事情。比如我们平时开车，如果被红绿灯拦住，肯定不是很舒服，因此很多人要抢最后的 0.1 秒，希望成为最后一个通过路口的，而不是第一个被红灯拦下来的人。如果我们有风险意识，可能就不会去抢这 0.1 秒钟，而是老老实实地在路口停下来。当然，很多人即使能约束自己做到这一点，心里还是不舒服、还是着急。因此，大部分人在灯变绿时，会马上加速冲出去。从交通法规上讲，这么做并没有什么错，因为这是合法合理的。但是，根据美国交通事故的统计结果，这种行为的危险性比闯红灯还要高。因为如果我们在红灯变绿的一瞬间闯出，和我们垂直方向的不免有人试图抢那最后的 0.1 秒，他们会在黄灯的时候猛然加速。如果这时我们的车子已经启动来到了路口当中，很可能就被那些垂直方向闯红灯的车辆拦腰撞上。大家都知道，被拦腰撞上吃亏的是自己。

在美国的驾校，教官们都要教学员们"防御性驾驶"（defensive drive），什么意思呢？不是说自己遵守了交通法规就没有了危险，而是要防范我们周围的司机因为嗑了药而犯神经病，或者因为喝了酒无法控制车，抑或因为其他原因而不遵守交通规则，那些违规的人很可能会撞我们。虽然这种情况下责任在对方，但是如果被撞伤了，甚至被撞残废了，吃亏的是我们自己。如果一个人开车的策略是防御性驾驶，他开车的方式就和忽视他人带来风险的司机完全不同。比如，当交通路口的灯变绿时，他不会马上冲出去，而是要确认垂直方向没有闯红灯的；看到行为很怪的司机要躲远点。事实上，在世界任何国家，很少出事故的司机不仅是自己遵守交通法规，而且都是具有风险意识、防御性驾驶的人。

在 20 多年前的几届冬奥会上，中国女子短道速滑运动员总是被韩国运动员恶意撞倒，然后失去夺冠的机会。这种事情如果是第一次发生，可以讲是经验不足，但是从此之后，就应该有风险防范意识，在比赛时必须假定对方会犯规，在这样的大前提下去争取好成绩。很遗憾的是，中国短道速滑队很长时间都没有这种风险意识，连着三届冬奥会吃亏。所幸的是，最终她们懂得了防范韩国队恶意犯规的风险，学会了在比赛中保护自己。

关于防范风险的例子还有很多，由于篇幅的原因我就不再列举。总之，如果我们能够有很好的风险意识，就会采用完全不同的做事策略，这样我们的成功率就要大很多。

　　我每次给商学院的学员们讲投资之前，先要强调风险意识，因为任何好的投资都要建立在控制风险的基础之上。讲完了风险意识，接下来就可以谈投资了。

第一堂投资课

　　对于"投资"这两个字，大家都不陌生。绝大部分人不论有多少钱，总是希望自己能够用"钱"这种资源尽可能地获得一些回报，因此不论是否有起码的投资常识，都身不由己地参与了各种投资。自人类近代以来，不论世界是和平还是战争，发展还是停滞，永远有人会参与投资，也永远有大量的人因为缺乏投资知识，将自己辛辛苦苦攒下来的一点钱被骗走或者输得精光。很多人即使不输钱，投资回报也低得可怜，以至白白浪费"钱"这种资源。因此，每个人或多或少地都应该学习一些投资的知识。

　　除了用钱挣钱，学习投资的另一个必要性是能够在生活中用一种理性的态度、量化的方法看待各种事情、处理各种事情。此外，对我自己来讲，在投资的过程中还学到了很多人生的智慧，这份收获有时比经济上的回报更有意义。这一节，我们先谈谈关于投资的三个基本问题。

投资的行为要围绕目的进行

投资之前先要搞清楚我们投资的目的是什么。大部分人会说是为了发财或者为了回报，这是一部分人的目的，但是并非所有人的目的。很多人，尤其是欧美历史悠久的大家族，投资的第一目的是为了保证财产不受损失。约翰·肯尼迪总统的父亲老约瑟夫·肯尼迪是美国历史上非常成功的投资人，他说："为了保住我一半的财产，我愿意放弃掉另一半。"这说明保值对那些大家族的重要性。还有一些人，投资只是为了情怀，这种人虽然少，但还是有的。当然也有一些人投资是为了博得名声。这4种不同的人，目的不同，采用的策略也会完全不同。

我有一个朋友，在年轻的时候很幸运地就挣够了一辈子的钱，她的目标就是保证她这辈子以及两个孩子将来一辈子衣食无忧。于是高盛给她算了一笔账，只要每年回报5%，就完全能做到这一点，因此她把几乎所有的财富都放在了美国国债和州政府的债券上。对她来讲，任何高风险、高回报的投资对实现这个目标都是没有意义的。反过来，一个工薪阶层希望通过投资获得财务自由（我后面会讲，这几乎是做不到的），显然就不能采用这么保守的投资方法。同样，一个基金会要让财富维持下去，也不能采用这么保守的投资方式。

但是，不论投资目的有多大差别，保守也好，激进也好，有一点是相同的，就是要用钱来挣钱，而不是拿自己的钱没完没了地交学费。这种行为说得好听点是支持国家建设，说得不好听一点是打水漂或者作孽。如果一个人投资很多年，总是不断告诉别人"交学费是必要的，因为只有这样将来才能挣到钱"，他必须要审视一下自己的行为是否已经违背了当初的目的。

从事了大约 20 年的投资（包括用我自己的钱投资以及管理基金）和对周围人的观察，我发现了这样一个现象，虽然很多丈夫抱怨妻子在买衣服和化妆品上乱花钱，但是，其实他们每年浪费的钱一点也不比妻子少。当然，那些钱没有用于买衣服或者其他物品，而是用于"投资交学费"了，而且常常一交就是十几年。当然，有些人会讲，我也没有交学费，只是股票没有怎么涨！这种说法不对，如果两年前投入 10000 元，今天还是 10000 元，就是交学费了，因为随便采用一种最简单的策略（比如存银行或者买国库券），都能得到更多的钱。中国的股市大家都不喜欢，因为大家觉得总是不涨。但是，如果你在 1990 年中国人刚开始玩儿股票时买了股指基金，当时的 1 元今天（2017 年）就会变成 30 元，年均回报超过 13%，加上股息能有 14%~15%，不仅远远高于美国股市，也比中国房价上涨的平均幅度要高。但是，我相信从那个时间就开始折腾的老股民们，没有几个能获得这个回报。事实上，在全世界任何国家、任何时期瞎折腾的股民，很少有人做得比大盘更好。如果投资做成这样，那就只能说他们忘掉了投资的目的——赚钱而不是交学费。

在牢记投资目的的同时，我们要制定可行的目标。这个目标如果定得不合适，就会适得其反。这就如同一个能扛 100 斤重量的人，到健身房一定要举 200 斤的杠铃，除了将自己搞受伤以外没有什么好处。根据全世界资本市场几百年的数据，年均回报率能够做到 8% 就不错了，除了英国和美国市场，几百年来世界上好像还没有哪个国家能做到这一点。此外，每个国家经济刚刚开始腾飞的 30 年，是资本回报比较高的时期，今天全世界除了越南等少数几个国家，已经找不到这种处女地了。因此把年均回报定在 8%，已经是非常冒险的事情。即使能够做到这一点，20 年后一个工薪阶层的人是否能做到财务自由呢？做不到！

我们不妨简单算一笔账。假如一个人现在 30 岁，年收入是 10 万元，每年拿出 2 万元投资（这个比例已经不低了），每年通货膨胀率为 3%（当然实际通货膨胀率可能超过这个数字），而他的收入增长每年也是 3%，投资也按照这个比例增加，每年的回报为 8%。那么 20 年后他的财富积累按照今天的物价算可以达到 68.3 万元（这个钱数及以下的数字都是扣除通胀因素，折算回今天不变价之后的数字），其中 40 万元是他的本金，28.3 万元是他的回报。这样的投资可以算非常好了，但是今天拥有 68.3 万元的资产显然不能让只有 50 岁左右的人退休。如果在股市上胡乱炒作，每年的回报只有一半，即 4%，会是什么情况呢？折算成今天的价钱，是 44.3 万元，扣除 40 万元的本金，投资回报只有 4.3 万元，这连老老实实投资回报的零头都没有，平均每年糟蹋 2 万元左右，可能比妻子买衣服和化妆品花的钱只多不少。

我观察了我周围的人大约 20 年，很多过得紧巴巴的家庭都有一个爱这样糟蹋钱的丈夫。如果再考虑到胡乱炒股浪费的时间，以及对家庭和自己工作的负面影响，这个损失要大更多。

如果我们投资的目标是养老，我们还是按照上面的策略来进行，只是时间是持续 30 年，而不是 20 年。那么 30 年下来你的财富将变为 136 万元（也是扣除通胀因素后折算回今天的数字）。假如我们今后还是做同样的投资，按照今天每年 10 万元的生活标准，恭喜大家已经财务自由了，不过也到了 60 岁快退休的年龄。也就是说，这样一种稳健的投资策略完全可以让一个哪怕在职业上表现一般的工薪阶层的人士，到 60 岁时过上衣食无忧的生活。当然，如果你想提前 10 年达成这个目标，不能靠投资，而要靠事业发展了。

投资的工具

虽然全世界可以投资的对象非常多，但是主要的大致概括成 6 类，我们可以把它们作为投资挣钱的工具：

- 上市公司可流通的股票（不包括难以流通、专门挣股息的优先股）。

- 债券（包括国家政府的债券、地方政府的债券和企业的债券）。

- 不动产（包括房产、土地等）。

- 未上市公司、风险投资（含天使投资和私募）基金。

- 金融衍生品（比如人寿保险）。

- 高价值实物（比如黄金、艺术品）。

选择投资对象考量的原则

大部分人通常只想着回报，这当然是最重要的考量指标，但是在回报的背后，还要考虑风险。我们在上一节谈了很多关于风险的事情，相信大家已经有了风险意识。总的来讲，风险低的投资，回报肯定不会高，但是风险高的，回报未必高。很多基金经理鼓吹什么低风险、高回报的投资，那是天方夜谭。在金融学上有一个夏普比率，是由诺贝尔经济学奖获得者威廉·夏普教授提出来的，它是一个综合考虑回报和风险的量化指标，其计算公式如下：

夏普比率＝（投资回报－无风险回报）÷波动性的标准差

其中无风险回报可以理解成银行存款或者国库券的回报。夏普比率越高越好，因为它说明投资相对而言回报高、风险低。下表是几个国家股指基金的夏普比率（最近 10 年，考虑了汇率）。

各国股指基金的夏普比率

股指基金	夏普比率
美国标准普尔 500（SPY）	0.47
中国新华指数（在海外上市的公司指数）（FXI）	0.22
德国德交所指数（EWG）	0.20
新兴市场指数（EEM）	0.16
全球股市指数（DGT）	0.16
法国兴业指数（EWQ）	0.08
日本日经指数（EWJ）	0.06
英国金融时报指数（EWU）	0.05

从上表你大致可以看出，美国的股市表现最好。但是可能出乎你预料的是，中国居然排在第二位，虽然大家都觉得中国的股市像过山车似的。德国排在第三位，这似乎也和各国经济整体情况相一致。从表中还可以看出，股市的风险其实非常大，在 10 年的范围内，即使是美国的股市，波动性（夏普比率公式中的分母）也几乎是回报的 2 倍；中国和德国情况类似，波动性是回报的 5 倍左右，因此大家感觉像坐过山车也就不奇怪了。至于其他一些发达国家，过去的 10 年股市几乎没有回报，只有波动性。

除了回报和风险，投资时还必须考虑两个重要因素：流动性（liquidity）和准入成本（over head cost）。

什么是流动性呢？就是将投资随时变现或者现金可以随时投资的便利性。比如存款的流动性是最好的，股票次之，债券（比如国库券）又次之。中国的房市在过去几年虽然回报不错，但是这种投资的流动性就比较差，因为我们不可能明天需要用钱，今天就能把房子卖出去兑现。至于风险投资就更差了，通常要锁定7~10年时间不能赎回。

什么是准入成本呢？投资人买股票要交手续费，这就是准入成本。当然，股票的准入成本并不高，买卖黄金交的钱比例就要高很多，在中国，每一克黄金买卖差价有好几元钱，这就是准入成本。而买房子要交手续费和税费，准入成本就更高了。至于到拍卖会上买收藏品，通常手续费是15%甚至更高，相比其他的投资高得不得了。等你卖那些资产时，很多时候还要再交一次手续费，那也是要计入准入成本的。如果一种投资的准入成本是3%，看上去不是很高，但是如果回报只有8%，那么实际上一小半收益都给了中介。此外，在中国以外几乎所有的国家，股市投资的利润常常需要交很重的所得税，而投资的亏损抵税却有限，因此这也是另一种准入成本。

明确了投资的目的、手段和投资的对象，还需要了解投资的一些误区，这样投资的效果才能有基本的保障。

投资中的误区

投资大师巴菲特一直在强调长期成功的投资，关键不在于是否把握了多少次机会，而在于是否能少犯错误。投资总是和逐利共存，逐利之所就难免有很多陷阱和误区，了解了它们就可以有效地规避风险、避免损失。下面就是一些在投资上常见的误区。

误区一：贵重金属是好的投资

在很多人看来，买黄金（或者其他贵重金属）是一种好的投资。在过去的几百年里，这个结论只有在非常少的时间成立。从长期来看，购买贵重金属不仅不是好的投资，而且扣除通货膨胀后还是亏钱的。1792 年，在华盛顿第一个总统任期结束时，黄金的价格是每盎司①19.39 美元；现在（2017 年 8 月 30 日）是每盎司1302 美元，225 年涨了 65 倍，年均回报率连 2% 都不到，远远低于 3% 的通货膨胀速度。如果我们的祖上在 200 多年前买下黄金，今天的实际购买力只有当年的 1/10 左右。同样，白银等其他贵重金属也不是什么好的投资。20 世纪初，贝聿铭家的叔祖颜料大王贝润生花了 9000 两银子买下了苏州狮子林，今天 9000 两银子在苏州买不下一套普通的住房。也就是说，如果持有白银，到今天相对贬值得厉害。

为什么贵重金属不是好的投资呢？不是常说物以稀为贵吗？简单地讲，它们和人类创造财富没有什么关系。在上一节中我们

---

① 1 盎司=28.3495 克。——编者注

讲到股票会不断升值，因为它反映了一个社会创造财富的能力。同样，买债券可以获得利息，因为使用资本创造财富的人为了扩大自己的生意，愿意付钱给提供资金的人。北上广深的房子会升值，它们也符合帮助创造财富的特点，但是贵重金属没有这个特点。

贵重金属可以细分为两种。一种是除了做首饰之外几乎没有任何工业用途的黄金，它在过去起到货币的功能，但是今天这个功能已经消失，只是作为储备货币。黄金虽然产量不高，但是产值的增幅并不慢，甚至在很多年份高于全球GDP的增速。今天，黄金在金融上最主要的用途是避险，在经济危机和战乱时，它会升值很快，平时没有多少人关注它。投资黄金的另一个问题是它的保存，家里放一堆黄金当然不现实，如果在银行租一个保险箱来存放，每年没有多少升值不说，还要支付不算太少的保管费。一些基金公司为了方便大众投资黄金，搞出了和黄金挂钩的ETF基金①，也成为纸面上的符号黄金。不过，真要是遇到了战乱或者大灾荒，纸面上的黄金没有用，因为那时可能基金公司都不存在了，它们根本兑换不出现钱。

另一种贵重金属有工业用途，它们包括白银、铂（也称为铂金）和钯。它们的价格会随着通货膨胀而上涨，但是总的来讲增

---

① ETF，即交易型开放式指数基金，又称为交易所交易基金。——编者注

长很慢，因为随着技术的不断进步，原材料产品中的价格占比越来越低，技术的占比越来越高。和贵重金属呈现类似价格模式上涨的，还有很多大宗商品，它们一方面有抗通货膨胀的作用，但是另一方面相对 GDP 的增长则是缓慢的。当然，在短期内，无论是贵重金属还是大宗商品，价格的波动很大，这就让很多人觉得有机会"赌一把"，最终投资就变成了赌博。对个人来讲，输的可能性远远大于赢的可能性。当然，有人可能认为那些操纵市场的庄家能赢，事实上只要赌多了没有赢家。20 世纪 70 年代美国排名前十的富豪之一亨特兄弟试图控制全世界全部流通的白银，并且成功地将白银的价格由每盎司 6 美元炒到了近 50 美元，但是依然输掉了那场人类历史上最大的贵重金属豪赌，最终宣布破产，成为少数仅经历一代人就由富豪变成破产者的人。

既然我们要做的是投资，是要通过经济增长获得确定的回报，那么就要远离赌场。

误区二：专业人士理财一定比我自己做得好

2004 年，威廉·夏普在谷歌给我们上第一堂投资课程时，讲的第一件事情就是让大家解雇自己的理财顾问。这位诺贝尔奖获得者给出了这样三个理由。

第一，那些理财顾问实际上远不如大家想象的那么聪明、那么有判断力。

　　事实上，任何在媒体上讲市场趋势的人，有一半时间是错的。要知道世界上最糟糕的预测不是100%错了，而是错了一半，因为前者反过来用还是有价值的，而后者从信息论的角度讲毫无意义。很多人认为，专业人士可以获得更多的信息，有更强大的信息分析工具，因此一定比我们个人做得好。但是市场是一个非常复杂的带反馈的系统，大机构的任何行为（无论是购买还是出售一种有价证券）都让市场朝着与它的期望值相反的方向走（比如某大基金要买一只股票，它刚一开始买，这只股票就会上涨，使得它付出的成本要高于原来的期望值）。在美国，65%的基金当年的回报率要低于标准普尔500指数；5年回报率和10年回报率低于标准普尔500指数的基金，比例更是高达79%和81%。如果大家做不过那些机构，不是它们做得好，而是你自己做得太差。

　　第二，管理基金的人和投资的人有利益冲突。

　　大家只要看看他们买的别墅和保时捷汽车，就知道那些钱都是从大家的口袋里掏出来的。

　　专业机构的收费其实是非常高的，在美国，资产在100万美元以下的客户，每年股票的共同基金管理费一般在2%以上，对冲基金则更高。

　　在中国，这一类的费用其实比美国更高。不要小看每年2%的收费，如果股市平均每年的回报是8%，40年总回报是20.7倍。但是如果每年被基金经理们拿走了2%，年均回报变成了6%，40

年的总回报只有 9.3 倍。也就是说，基金经理们拿走的钱比投资人本身还多。

第三，市场是非常有效的，即使存在个别的基金表现良好，也很快会有更多的钱涌入那个基金，使得它的价格上涨，其结果是在背负了一个巨大的分母后表现变差。

在美国，任何一个有金融或者投资专栏的报纸或者杂志，常常每年评出上一年回报最高的股票和共同基金，而在那些榜单上，每年的变动是相当大的，很少有基金能连续几年出现在榜单上。当然有人可能会说，巴菲特的伯克希尔–哈撒韦公司（实际上是一个基金）近半个世纪来表现一直很好啊。确实如此，但是该公司正是因为长期表现良好，特别是在 2008 年金融危机之后非常被大家认可，所以它的股价陡升，这也意味着它今后很多年的成长空间被挤压殆尽。实际上，从上一次金融危机过去之后，即 2009 年之后，它这 8 年的回报和标准普尔 500 指数就差不多了。

夏普既是从理论上分析，也是他自己看到的几十年来金融市场的实际表现。在谷歌内，也有一批工程师为了验证这件事，用真金白银做了很多实验，并且和高盛、摩根士丹利等专业团队的投资结果进行了比较。事实证明，工程师们使用很简单的投资策略，完全可以比那些专业团队做得好。而这些工程师成功的关键不在于战术，而在于能够恪守一些简单的投资准则。

误区三：在股市上花时间研究得越多，回报就越高

很多人投资回报不够高，他们认为是自己努力不够。其实，很多人的方法根本就有问题，越是努力，越是经常交易，回报越差。要知道在过去 200 年左右的时间里，散户在股市上获得的平均回报只有 2% 左右，远远低于股市增长的平均值。这些散户花的时间不可谓不多，很多人学习金融知识不可谓不努力，但是他们带着一个投机的想法，总是自认为比其他人高明，最后结果却是竹篮打水一场空。倒是有些人像傻子一样投资，反而比那些股市上的"劳模"效果好。

误区四：只要有人买股票就会不断涨

很多人喜欢买受人追捧的股票，即使那些股票的价格已经高得不合理了。他们相信会有人在他们之后接手。实际上，购买和持有这种股票如同玩儿击鼓传花的游戏，鼓声常常会在花传到你手上时停止。《漫步华尔街》的作者马尔基尔[①]把这种投资称为"建立在空中楼阁上的投资"。通常在股灾之前，接手那些价格早就超过价值许多倍的股票的人，常常是无知者无畏的新手。因此，约翰·肯尼迪总统的父亲、美国第一任证券交易委员会主席老约瑟夫·肯尼迪才会讲，当他听到擦皮鞋的鞋童都开始兜售股

---

① 伯顿·G.马尔基尔，原普林斯顿大学经济学教授。

票经时，就知道离股灾不远了，但是今天依然有很多人在重复过去的错误。

误区五：哪怕我买的股票亏了钱，只要我不卖，就没有损失

这种人是在当"鸵鸟"。拥有股票的人，相应的财富取决于它当下的交易价格，而不是当初购买的价格。股票真实的价值并不因为当初购买价格高就会比今天高，更不因为你购买的价格高，就要涨回到当初购买的价格。

在股市上，股市的指数，比如美国标准普尔500指数或者中国的上证指数，下跌之后总有涨回来的一天，但是对于单只股票这个规律就不一定了。一只不断下跌的股票必定有它下跌的原因，当一只股票下跌50%后，它需要涨100%才能回到原来的价钱。从长远来讲，一个公司最后难免要死的，单只股票早晚要清零。100年前道琼斯工业指数的成分股公司，今天只剩下GE一家还存在。即使像英特尔或者思科这样技术领先、经营表现良好的公司，今天（2017年）的股价也没有回到2000年的水平，而它们所在的纳斯达克指数却不断创造了新高。这个原因也很容易解释，今天产业的变迁使得它们的黄金时代过去了，可能永远回不到当初辉煌的年代了。

误区六：一毛钱的股票很便宜

很多人喜欢买特别便宜的股票，因为花不了多少钱就能买一大堆。其实，一毛钱的股票未必比 100 元的更便宜，伯克希尔–哈撒韦的股票 24 万美元一股（2017 年大部分时间的价格），也并不更贵。这不仅要看它的公司发行了多少股，还要看它的赢利能力和成长率等很多因素。购买一毛钱股票的人，就如同拿两张人民币换了一堆过去的津巴布韦元或者今天的委内瑞拉货币一样，虽然在你面前堆了一大堆纸，但是它们不值钱。至少在美国，0.1 美元的股票跌到 0.01 美元的情况，比它涨回到 1 美元的情况要多得多。巴菲特对这样的股票还有一个生动的比喻——烟蒂，即被人吸尽扔到地上的烟头，看上去不要钱，将它们捡起来，根本吸不了两口。

相信大家了解了这些误区后，投资会更理性。不过，当我将上述内容在一些媒体上刊登后，发现还是有很多人搞不懂这些基本的事实。当然，这也给了所有理性的投资者更大的挣钱机会，毕竟扣除经济上涨的因素，投资本身是零和游戏。

围绕投资目的进行资产配置

在前几节中，我们介绍了投资的一些概念，有了这些概念和常识之后，我们可以讨论一些操作层面的事情了。

如果投资是为了长期稳定性的增值，那么投资的效果主要取决于资产的配置而并非哪一只股票的选择，或者哪一次投资机会的把握。为什么这么说呢？我们不妨看看投资一只股票成功与失败对整体结果的影响。我按照三种投资策略，分析如下：

将全部资产押在一两只股票或者一种投资上

比如贷款买了很多房子，这种情况和赌博差不多，虽然在短期内有很大的概率让资产的价值暴涨，但是世界上几乎没有什么公司能做到长期稳定增长而中间不经历大幅下跌的。虽然一些公司的股票在较长的时间总体处于增长状态，但是在任何时期都存在短期暴跌的风险。比如 2000 年微软打输了反垄断的官司后，股价瞬间被腰斩（在美国股市上没有跌停一说），直到 15 年后，即 2015 年微软的股票才恢复到当初的股价。在 2010 年 5 月 6 日那一天，股价一直很稳定的道琼斯成分股宝洁公司的股价在瞬间暴跌了 37%，同时也带动了整个股市瞬间下跌 10%，其中的原因至今没有查明（见下图）。如果有人利用杠杆买了宝洁公司的股票，他会当场就被平仓出局的。也就是说，单只股票价格的波动性是很大的，或者讲风险是很高的。

另外，由于单只股票不可能永远上涨，因此你必须在适当的时候将它卖掉，而这个卖点非常难选择。我曾经在百度、脸谱网

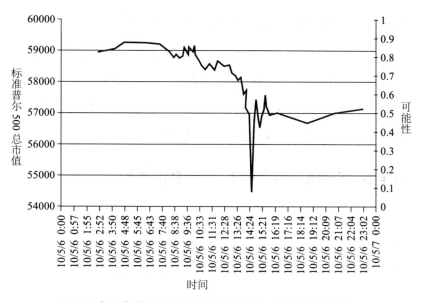

2010 年短期股灾时美国标准普尔 500 总市值变化曲线

和特斯拉上市时购买过它们的股票，在今天大家一定觉得那些是不错的投资，从它们给我带来的回报上也确实如此。但是，我卖出这些股票的价格都分别不到今天（2017 年）的 33%、70% 和 50%，也就是说即使找准了公司，在第一时间进场，也难以最大限度地获利。因为出于降低风险的考虑，我们不会像持有指数基金那样，永远持有单只股票。

某一只股票占资产的比例特别小

很多人想做点股票交易，看看自己"炒股"的水平，但是又怕亏钱，因此每次买很少的股票玩玩，这种做法实际上是浪费时间和交易手续费。我的一个朋友将资产的 0.5% 拿来买了十几只股票，告诉我要看看自己是否能有巴菲特的本事。我告诉他这件事一点意义也没有。假如他真投对了（或者蒙上了）一只股票，两年涨了 10 倍，平均每年复合增长 316%，这算是很好了吧，但由于这只股票占他全部资产的不到 0.5%，因此他资产的收益不过增加了 1.6% 左右而已。更何况这种事情不会年年都遇上。我在百度IPO 时，和高盛讲希望认购一大笔，但是最后抽签分到我手上的只有 100 股（相当于今天的 1000 股），尽管它的股价在短期内涨了 10 倍不止，但是对我的资产的贡献可以忽略不计，因为占比太小了。况且这样的 IPO 也不是总有的，即使有，一般中小投资者也未必能够分到哪怕是一股 IPO 的股票。如果想在二级市场上找到这样一只股价两年增长 10 倍的股票，不知道要花多少时间。事实上，中国不少概念股在美国上市，几年后的价格还没有 IPO 的时候高。因此，有这些在股市上当劳模的时间和精力，不如把自己的本职工作做好，或者休息休息，陪陪家人和孩子。

自己选若干只股票构成自己的投资组合

如果运气好，选了 20 只还不错的股票，最后的投资回报可能相当于指数基金。如果对比一下美国道琼斯指数（只有 30 只股票）和标准普尔 500 指数的走向，会发现它们之间的相关性高达 99%。也就是说，如果选得有代表性，少数几只股票的组合和几百只股票的组合的指数最后结果差不多。既然是这样，何必自己花时间做那些并不专业的股票研究呢？大部分炒股的人连基本的金融知识都欠缺，看不懂财报，更不了解《公司法》和《证券法》，选择股票完全靠自己的好恶和从朋友那里得到的小道消息，再加上频繁交易付出很多手续费，几年下来超过指数的可能性非常小。散户投资者，只有5%的人表现超过指数，有60%的人在亏钱。

从以上这三种情况可以看出，即使选对一只或者几只股票，也未必能够带来财富长期稳定的增长，因此做投资从一开始就应该放弃这种自己选股的想法，而应该立足于通过投资获得长期复合增长的回报。要做到这一点，首先，要找到能够受益于经济增长的"工具车"（vehicle）。比如我们讲，股票整体上是分享经济活动所创造的价值，而债券也会对资本带来一定的回报，因此无论是股指基金还是债券，都是好的投资工具。其次，在股市低迷的时候，要有钱能够买入股票；在股市高涨的时候，要知道拿回多少利润。懂得这两条，即使是傻子做投资，也差不到哪里去。最后，要根据个人情况制定一个合适的目标。比如，有些人有闲钱可以放在那里30年不动，而有些人5年后要结婚则需要用掉一大笔钱，这两类人在投资时要考虑的因素肯定是不同的，目标也就不同。再比如，有人对风险的承受力较高，有些人资产少了5%都睡不着觉，那么他们投资的方式也会不同。

综合考虑了这些因素后，我对大多数人通常给出下面这些建议。

第一，彻底忘掉那些不适合自己的投资工具。比如在"第一堂投资课"中我们提到的投资工具的后三种，即风险投资基金、金融衍生品和高价值实物，大部分人不用考虑，因为它们不适合一般的老百姓。当然，谁要是喜欢一条金手链或者一幅画，买来使用、欣赏当然没有问题，但这不属于投资。

第二，对于年轻人来说，如果决定在一座城市居住很长时间，并且有能力买住房（不是投资房），还是应该买房的。虽然很多一线城市房价非常贵，但是大家要首先考虑的是房子的使用价值，而非它的投资价值。

很多人一直在等房价下跌，或许 5 年后能够等到，但是如果这样让自己的生活质量有所下降就不合算了。不过，如果现在没有能力买房子，不要为了买而买，最后让自己以及双方家长都负债累累，生活质量反而下降。

第三，除了住房和其他不适合老百姓的投资手段，就只剩下两种了，即股票和债券。股票的好处是可以获得长期增长的机会。虽然中国现在的股市秩序不太好，中小投资人在过去 10 年里没有从股市上获得什么好处，但是，从世界范围看，从几百年的历史上看，它依然是好的投资工具。当然，根据我们前面的分析，绝大部分人只要考虑那些交易成本极低的指数基金即可，不要瞎炒股。从前面三种情况的分析可以看出，盲目炒股即使碰上一只好的股票，对长期投资回报也不会有太大的帮助。

第四，当投资工具只剩下股票和债券两种之后，资产配置的策略其实也就一目了然了。首先要选择一个历史上表现比较好的指数基金投资。虽然所有投资人都会说，"过去的表现不反映未来的收益"，但是过去长期表现不好的基金，以后表现好的可能性几乎不存在。中国股市上有一个名词叫作"黑五类股票"，即小股票、差股票、题材股、次新股、伪成长股。对于后四类要坚决远离，对于第一类，如果是一个新公司，规模小倒不可怕，如果几十年如一日，从来不产生什么利润，也从来没有长大，那就要远离了。在找好了股票的指数基金后，接下来就是选择一组好的债券。由于中国地方债券和企业债券（以理财产品的形式出现）没有严格的评级，因此国库券是几乎唯一的债券投资工具。

第五，每个人应该根据自己的收入情况、对风险的承受力和用钱的时间，按比例将资产分配到股票和债券中。比如，年纪比较轻、平时不需要花钱、投资就是为了养老的人，将80%的钱以指数基金的方式投资到股市中都不算冒险。剩下的20%，除了留出5%的现金外，其余的可以放到国库券中。但是，如果已经55岁了，准备5~10年后养老，就不能这么投资了。因为股市的一个衰退期可以长达20年以上，美国股市在1929—1933年经济危机后，经过了30多年才恢复到当初的水平；2001年纳斯达克崩盘后，

2016年才回到当初的水平；而日本在1991年经济衰退后，股市至今没有回到当时的水平。因此，不能等自己准备用钱时，才发现无钱可用。对于老年人，投资反而需要稳妥些。同样，对于过两年就要结婚或者买房的年轻人，千万不要抱有在股市上捞一笔解决首付的想法。专业的运动员们都知道，在压力下，动作会变形。

第六，如果大家在股市投资上运气比较好，投资组合中股票这部分收益的比例会远远超过债券（和现金）的比例，比如我们最初设定了7∶3的比例，现在可能会变成8∶2了，这时大家需要拿回一部分股票的收益，而不是跟着不理性的股民在股市上一路狂奔。需要提醒大家的是，当我们遇到好运气时，一定要感谢上帝，不要感谢我们自己；相反，当股市大跌时，恰恰不是该割肉的时候，这时候，大家原先的债券或者现金就起作用了，应该是用现金或者债券兑换成现金买入股票，以便维持当初设定的股票在投资组合中的比例。这时，我们其实是用比较便宜的价格在投资。当然，每次交易都是有成本的，这种投资组合的微调每年来一次就够了。微调的目的，实际上是在实施巴菲特所说的"别人贪婪时我恐惧，别人恐惧时我贪婪"。

任何人只要能做到上面简单的6条，就不愁获得丰厚的长期回报，而且可以比绝大部分专业机构做得好。

第九章　好好说话

语言能力是我们的祖先现代智人区别于其他人类最明显的特征之一。人类文明的过程在很大程度上就是通信技术和手段不断进步的过程。通过讲话交流想法水平的高低在很大程度上决定了一个人能否成功。

讲话做事都要达到目的

我们从一个笑话开始讲起。

话说过去有一个牧师，对上帝非常虔诚，一生都在努力传教。这一天他坐上了一辆出租车前往目的地。那个出租车司机开车不仅野蛮，而且全无章法——超速、闯红灯、逆行，吓得牧师一路祈祷。不过，牧师的祷告好像没起作用，最后司机因为和火车抢道被撞翻了，车毁人亡，牧师和司机都去见上帝了。

到了天堂，使者圣彼得指着一座巨大的豪宅和司机讲，这是你的房子；然后指着一个又小又破的房子对牧师说，这是你的。牧师非常委屈地对圣彼得讲："圣彼得啊，这不公平啊。我一辈子规规矩矩地侍奉上帝，努力传教，你就给我这样一个破房子。这个司机一路就没守过规矩，闯了无数的祸，最后把我们都带到这儿来了，你却给他这么好的一个房子。"

圣彼得讲："你虽然一辈子在传教，可是每次你在教堂里宣讲时，听众们都在睡觉，而坐他车的人总是在祈祷。"

　　这个笑话我是在 20 多年前听的，当时就引起了我强烈的共鸣，因此记忆犹新。听完这个笑话之后，我首先想到的是演讲能力的重要性。我们在做报告或者演讲时不是自言自语，而是在进行一对多的信息传播，其目的是让听众接受我们要传递的所有信息。但是，很多人忘记了这个目的，只考虑怎么能够把自己想说的话说完，而根本不考虑听众是否听进去了。笑话里的那个牧师就是如此。

　　不会演讲的人除了忘掉了讲话的根本目的，还常常会犯这样三个毛病。

讲话缺乏对听众的针对性

　　不管听众是谁，都用同一个讲法。有的人用同一篇演讲稿、同一个 PPT（演示文稿软件），以相同的演讲方式，在不同的场合可以讲上一年。这样即使所讲的内容本身很好，但是因为没有针对听众对内容做专门的处理，也没有根据当下大家关注的问题进行调整，听众要么听不懂，要么提不起兴趣，最后话是讲了，效果却不佳。

　　我一般在演讲前都要先问清听众群是谁、知识背景如何，然后根据听众的特点做不同的准备工作。即使是相同的主题，对不同的人内容也会有所改变，讲法也是完全不同的。比如，我在做技术报告时，大致会将听众分为四种——企业高管，创业者和一般从业者，大学老师和学生，政府官员。

由于他们听讲的目的不同，专业背景与知识水平不同，认知水平也不同，因此同样讲《智能时代》，我讲的内容会有很大差别。对于基础知识比较了解的听众，我在介绍背景知识时就会非常快；对于那些平时不接触这个题目的听众，就要把基本的原理讲透，而不是试图给他们灌输太多的内容。另外，针对不同行业的人，也要做不同的调整。在不同的时间可能要用不同的例子，以便让大家感觉内容是新鲜的。

试图在有限的时间里讲完更多的内容

今天大部分人所犯的毛病不是讲的内容太少，而是太多。要知道，在一定的时间内，比如一个小时里面，能讲多少内容不取决于演讲者准备了多少、语速的快慢，而取决于听众接受的速度以及专注程度。讲得枯燥大家固然无法专注，就算讲得生动有趣，听众全神贯注，大家接受一个新的内容，总是要花时间理解的，这个理解的速度就是瓶颈。

很多人在演讲时准备了很多内容，一看时间要讲不完了，就提高语速，试图把自己准备的内容尽快塞给听众，这时听众的接受程度就会变差，反而能接受的内容更少了。还有很多人习惯性拖堂，废话连篇，10分钟可以讲完的内容一定要用15分钟，听众听到后来其实已经不耐烦了，最后给他的鼓掌表达的是"谢天谢地，这个人总算下去了"，而不是对他的演讲表示感激。拖堂不仅不可能传递出更多的内容，而且会给听众留下一个坏印象。

对于任何演讲者，都不要指望一次演讲能够讲清楚 10 件事，真能把一件事讲清楚，目的就达到了。我做报告时，演讲要点一般不会超过三条，超过三条大家根本记不住。因此我对那些什么"100 条秘诀""18 个方法""36 个最佳"之类的书或者文章，从不认为有太大用处。这不仅因为大家记不住，而且那么多的内容要么狗尾续貂，要么自相矛盾。

哗众取宠，危言耸听

很多人不在内容的质量上下功夫，只靠段子和八卦拼凑内容，靠贫嘴吸引听众。听众听的时候可能挺高兴，听完以后除了记住一两个段子，什么都没记住。这种人以后再演讲时，大家就不会感兴趣了。还有人在演讲中讲了一大堆的大话、空话或者煽情的话，动不动喊口号、吓唬人，哗众取宠。但是他们所讲的事情前后矛盾，逻辑上不能自洽，不仅目的达不到，反而给听众留下笑柄。

对大众演讲时不仅需要有目的性，并且要尽可能地达到目的，我们在平时和周围人沟通时也应该如此。很多人讲一件事情的时候，觉得把它讲完了、告诉别人了，就算完事了，却忽略了对方可能根本没有收到信息或者收到信息后忽视了的情况。很多时候，两个人吵架就是由这样的无效沟通引起的。比如，张三说："我不是告诉你该如何如何吗？"李四说："你讲了吗？我没听到啊！"这种情况并非其中哪个人在说谎，而是张三在讲话时，根本没有注意到李四没有在专心听。张三讲过了话，就自认为李四接受了自己所表达的信息。有时你还会看到这样的情景，张三能找到一个证人证明他讲过什么话，然后说："你看，王五能证明我说了这话。"这样一来，张三似乎证明了自己没有犯错误，责任在李四。但是，尽管如此，他想和李四沟通的目的还是没有达到，因为李四确实没有听到，或者没有听进脑子里去。这样的沟通又有何意义？

任何人讲话，都有责任保证信息按时、准确地送达对方，而对方确实明白了他的意思。在现代任何通信协议中，凡是发送了一条信息，都必须收到接收方的确认才算通信完成，而不仅仅是把信息发送后就可以了。虽然我们在生活中不需要像现代通信那么精确，但是确认对方收到你的信息，并且理解你的意愿（而不是产生了误解），是人和人交往的基本技巧。

如果对前面讲的那个牧帅的笑话再往深了想，我们不仅讲话要达到目的，做什么事情都应该如此，而不是仅仅满足于交了差就算了事。中国有一句老话，"没有功劳还有苦劳，没有苦劳还有辛劳"，这种态度要不得。

我们在工作中有时会见到这样一些现象，比如，领导交代某个人去和客户联系一下，约定一个时间见面。接下来的几天，如果领导不去问他，他也不会告诉领导任何结果。等到某一天领导又想起这件事问起来，他会说："哦，打了两次电话没有打通"，或者"发了邮件和微信给他，对方没有回"。这个接受任务的人就有问题，既然接受了任务，并非按照要求采取行动了就算完事了，而是需要达到目的。电话没打通，邮件没有回，就要主动想别的办法，而不是用"没有功劳还有苦劳，没有苦劳还有辛劳"为自己开脱。

　　前面笑话中的那个牧师，他的苦劳连上帝都不喜欢。我们在生活中也好，工作中也罢，如果做事仅仅有苦劳和辛劳的话，不仅我们的上级不会满意，周围的人也不会觉得靠谱。我有一次委托合作单位的人帮我订火车票，经办人订票时把我的证件号搞错了，也没有确认能不能拿出来。等我到了取票窗口，这张票取不出来，而且因为票已售完，哪怕是再花钱买也办不到了。好在上海高铁站旁边是机场，我马上买了一张全价的飞机票走了。事后告诉经办人这件事，经办人一再向我道歉。对于这种只有苦劳的人，只能让人哭笑不得，但我通常不会再让他们第二次办事。在工作中，很多人有时会有这样的疑问，一些重要的、能够出风头的任务为什么领导交给了张三，却没有交给李四，通常一个原因就是给了张三，大家最后都能分享功劳，而给了李四，李四会因为自己的"苦劳和辛劳"断送了所有人的功劳。因此，我们平时宁可少做点事情，让每件事情都产生应该产生的效果，也不要为了完成任务，不讲究效果而做一堆没有用的事情。

我在前面讲到的伪工作者，就是做事时常常付出了力气，但是最后没有效果。

很多时候，人的认知水平提升就在于看到一些看似浅显的道理时能够多思考一下，结合自己的经历产生一点共鸣，然后想到它深层的含义。一些宗教的经书，比如《圣经》和各种佛经，或者中国过去的很多经典，里面的故事都非常浅显易懂，有些人是看热闹，看完后能记住一点故事情节就不错了，而有些人却能悟道，而悟道的关键又在于勤于思考。

谈谈讲理的方法

很多人问我，你的写作能力和演讲能力是怎么学的？一方面是我在读博士的时候有人教，这一点我在《大学之路》里有更详细的介绍；另一方面需要用心学习，因为可以学习的场合无所不在。今天就给大家举一个我学习的例子。

2017年年初，我看了美国华裔政治家赵小兰的一个电视采访，深深为她讲理的水平所折服。我把她讲的内容总结一下，希望对读者能有启发。

　　对于赵小兰这个名字，出生在 20 世纪 80 年代之前的中国人可能并不陌生，她是小布什总统时期的美国劳工部部长，也是美国历史上第一位华裔部长。赵小兰出生在中国台湾，但是从小就随父母到了美国，接受的是美国教育。因此，她至今既保留了中华文化的基因，又成为美国精英社会的代表。与很多亚裔女性毕业后在家当太太不同，赵小兰从年轻时就开始积极从政，并且成为两代布什总统的朋友，她在亚裔从政方面创造了很多历史第一。2016 年，特朗普当选总统后，作为共和党的资深人士，赵小兰被提名担任交通部部长。在此之后，她接受了电视采访，谈了一个非常敏感的话题——关于不同族裔之间的平等。

　　赵小兰在整个采访中不避讳政治正确，观点非常鲜明地批评了奥巴马和希拉里（虽然没有点名）等人无条件接纳非法移民的政策，以及对非洲裔和拉丁裔变相照顾、对亚裔歧视的政策。不点名地批评一些美国大学在录取时不公平的做法，也直接批评了加州三名亚裔民主党州议员不为自己族裔说话的错误做法。但是，赵小兰非常尖锐的观点并没有让任何人感到反感，因为在整个采访过程中，赵小兰语气一直非常平和，丝毫没有希拉里、奥巴马和特朗普那种煽动性，像讲故事一样在讲理。我本人算是比较会讲话的了，听完之后也不禁要赞叹她讲话水平之高，看来前后三任总统看重她不是没有道理的。

赵小兰主要谈的是非常敏感的移民和族裔问题。她一上来先肯定移民对美国的贡献，她讲这是这个国家立国的根本，因为除了原住民，美国所有人都是移民的后裔。然而（关键是这个"然而"），她话锋一转，讲到在美国有 1100 万~1300 万非法移民。这些人看似值得同情，但是他们出于地理位置方便的原因，都是来自拉丁美洲，而不是世界各地。好了，既然民主党人和左派要讲究公平，是否也应该对亚洲人公平一点呢？那么亚洲人移民美国的道路是什么样的呢？亚洲人都遵守法纪，他们只有两个办法：一个是像她父亲那样，当年在中国台湾高考考第一名，来到美国读书，最后移民；另一个是亲属移民，要等待十几年到几十年的时间（因为看亲属关系远近）。赵小兰的言外之意就是明显的不公平。你们让遵纪守法的人等几十年，让非法的人直接获得身份，以后还有谁会守法？而且 1100 万~1300 万非法移民的素质显然是不能和一个地区高考第一名的人相比的，对美国社会的影响孰优孰劣一目了然。上面这些话，是讲给理性观众听的。

但是，很多观众并不理性，他们感情用事，不听道理，对于这些人怎么办？那就得用"卤水点豆腐，一物降一物"的办法了。因此，接下来赵小兰用自己的经历痛说"革命家史"。当初赵小兰的父亲是一个人先到美国的，而她母亲怀孕

7个月却不能一同来，为什么呢？因为没有身份。最后，这样一个非常优秀而遵纪守法的家庭，经历了千辛万苦才在美国团聚。如果美国的移民政策是为了照顾拉丁美洲的非法移民、伤害亚洲守法的移民，左派们所标榜的公平何在？

从战术上，赵小兰一直是用"以子之矛，陷子之盾"的策略，用民主党和左派年轻人标榜的价值观——比如在公平和多元文化上——和他们实际行为上的矛盾之处说明问题所在。接下来，她在族裔政策上继续展开批评，她选择了亚裔最关心的大学录取问题。赵小兰讲，因为我们的孩子是好孩子，非常努力而且自律，我们的家庭重视教育，因此我们的后代非常优秀，对美国贡献也非常大。然而（又是一个"然而"），他们在录取时却受到了不公平的对待。我们的孩子成绩好，却进不了常青藤大学；其他族裔的孩子成绩不如我们的好，却进去了，这违背了（你们左派讲的）公平的原则。这时，美国一些（被左派知识分子控制的）大学提出，人的发展是全面的，要考查学生们的体育、艺术等各种才艺。赵小兰说："好吧，那我们就来做这些。几年后，亚裔在这些方面也是第一的。"但是到了录取的时候，大学又说要看领导力。这一点确实是目前亚裔做得较差的地方，但是看看赵小兰怎么辩驳。赵小兰非常理直气壮地讲，这不是我们的文化，我们的文化是放学回家、做好功课，培养好自己，将来帮助社会。你们不是强调多元文化吗？你们不是强调对宗教和文化的包容吗？请包容和尊重我们的文化，我们的文化是细致周到、讲礼貌，不是煽动，不要制定那些违背多元文化原则的标准。

讲完原则，赵小兰开始给出数据，驳斥左派人士关于亚裔占了美国名校很高的比例的观点。赵小兰讲，虽然只占总人口 5.7% 的亚裔占了哈佛大学 22% 的本科人数，但是那是因为他们优秀。亚裔在名校的录取率只有 10% 左右，白人是 17%，拉丁裔则是 25%，而非洲裔则高达 33%。因此，亚裔的录取比例不是过高了，而是过低了。然后，赵小兰开始点名批评加州在大学录取中试图平权的政策（即 SCA5 法案），同时不忘顺便为共和党拉选民，直接批评民主党议员不为自己选民说话的做法。她说，加州有三位亚裔议员，居然不为亚裔说话，居然对损害亚裔利益的法案投了赞成票，后来因为亚裔抗议，才在第二次投票中投了反对票。这样一来，恐怕一些原本支持民主党的亚裔观众看了电视节目，也要三思自己今后是否该转而支持共和党了。

我这样总结了一下赵小兰这次接受采访的特点。第一，她的观点非常旗帜鲜明，没有那种"既要……又要……"和稀泥的废话逻辑，在批判一些人和大学时毫不避讳。第二，她一直在肯定和认同对方的观点，但是用事实说明他们的行为违背了他们自己的观点。第三，在采访中，赵小兰批评别人总是非常委婉，从来没有用"不公"（unfair）这个词，或者表示愤怒的其他词来直接批评不公的做法，这样不仅让人不反感，而且她讲的所有话都表达了美国对亚裔的不公正。第四，她在赞扬亚裔的贡献和所应得的利益时一直是理直气壮，讲这些是亚裔人出色而应得的，因为这个国家历来强调卓越和公平。我们很多人讲话的一个毛病是，夸自己时不好意思，批评别人时说得很难听而且缺乏根据；赵小兰则相反。

我从这里再一次学习了说话的技巧，尤其是说服人和批评对方的技巧。中国古代常有"一个书生胜过十万雄兵"的例子，比如烛之武、蔺相如、毛遂等。在欧洲这种例子也不少，像法国的夏尔·莫里斯·塔列朗[①]、奥地利的克莱门斯·梅特涅[②]等。今天我们更是需要如此，善于讲道理、说服人，而不是崇尚武力、权力和霸道，这是文明进步的体现。在我们的生活和工作中，说服人的技巧是要学习一辈子的事情。

---

① 夏尔·莫里斯·塔列朗（Charles Maurice de Talleyrand-Périgord），在维也纳会议上，塔列朗作为战败国法国的谈判首席代表，凭借外交手腕，使得法国从一个战败国一跃成为维也纳会议的五强之一。——编者注

② 克莱门斯·梅特涅（Klemens Wenzel von Metternich），19世纪著名奥地利外交家。梅特涅是（19世纪）保守主义的巨擘，维也纳会议后的30多年（1815—1848年）被称为"梅特涅时代"。——编者注

我看了赵小兰的采访，并将她说话的技巧总结下来，深入思考，希望能够和大家共同进步。

我们靠什么说服人

我们靠什么说服人？很多人会说以理服人，但是在一个新的道理被大家接受以前，别人未必认为你的理站得住脚，这时又该怎么办？

科学史上有两桩著名的公案——日心说和进化论。它们的出现对于人类的认知是颠覆性的，因此，让人们接受它们，就成了一个问题。当然，我这里并非要讲历史故事，而是想用它们来说明我们靠什么去说服别人。

很多人一看到"说服人"这三个字，就会首先想到口才。我们也经常听到这样的说法，"老张口才好，说服了小李"。虽然有些人靠口才狡辩让人无话可说，但其实并没有真正说服人，等到对方转过头再仔细一想，会觉得善辩者说得并不对，心里还是不服气。相反，有些人讲不出漂亮的话，却能把人说得心服，因为大家对他们提供的事实无法辩驳。因此，在说服人方面，事实比口才更重要。

在科学史上大家接受日心说，就是靠事实而非口才。

要讲日心说，先要介绍地心说。在我的心目中，生活在罗马时代的希腊天文学家克罗狄斯·托勒密可以说是天文学界的第一人，他一生的贡献很多，但是最杰出的就是"地心说"了。我们过去因为意识形态的原因，贬低了地心说，也贬低了托勒密对天文学的贡献。虽然我们今天都知道地球是围绕太阳运行的，但是人们最初根据常识得到太阳围绕地球运转这样的结论也是非常合情合理的。在科技发展的过程中，常常是起步靠常识，接下来的发展靠科学逻辑，次序是不可能颠倒的。托勒密了不起的地方在于，他不是抽象地说太阳和所有星体围绕地球旋转，而是构建出一个非常精妙的数学模型描述了宇宙星辰的运行规律。用我们今天的数学知识可以对他的模型给出两个结论。

第一，虽然它在物理学上不符合太阳系天体之间的相互关系，但是在数学上是完全正确的。也就是说，他通过将坐标原点从太阳系的中心移到地球，构建了一个完美的数学模型。

第二，由于他这种"在大圆上套入小圆"的模型在理论上站得住脚，加上他的数学水平很高，因此，他给出的具体的模型参数极为准确，所预测的地球运行周期，每100年的误差不超过一天。

今天，很多人不服托勒密，认为他的模型是错误的，但是在天文学界可没有人这样认为。作为生活在2000年前的人，托勒密既没有计算器，也没有计算尺，更没有数学工具微积分，就能够用几十个圆组成的相互嵌套的模型把宇宙描述得如此清楚，这让今天所有天文学家都对他钦佩不已。

托勒密的模型固然准确，但是经过了 1500 年的累积误差，也差出来不少时间。在 1582 年教皇格里高利十三世修订历法之前大约 40 年，波兰的教士兼天文学家尼古拉·哥白尼发表了日心说模型，这被认为是近代科学革命的开始。

不过，令人费解的是，日心说这样一个革命性的成就，在接下来近一个世纪的时间里却很少受到关注。教会和学术界（当时大部分知识精英本身就在教会里）既没有太多人赞同日心说，也没有多少人反对它，而只是将它作为描述天体运动的一个物理模型来对待。一个新思想出现以后，大家无论是赞同也好，反对也罢，至少应该得到一些反响，而最悲伤的就是毫无声息，这是一种可怕的寂静。日心说刚提出来时，就是这种处境。

为什么在我们今天看来具有划时代意义，甚至动摇了基督教统治基础的日心说，在当时并没有多少人关注呢？这里面有两个主要原因。第一，日心说作为一种学说，其实早在哥白尼之前，甚至在托勒密之前就存在了。古希腊的哲学家赫拉克利特和阿里斯塔克斯（尤其是后者）给出了与哥白尼日心说非常相近的描述，阿基米德做的天体模型虽然后来被罗马士兵毁坏了，但是根据当时的描述来看，应该也是日心说的模型。哥白尼超越阿里斯塔克斯等前辈科学家的地方在于，他不仅对太阳系进行了定性的描述，而且给出了量化的模型。第二，哥白尼的日心说模型虽然简单易懂，却不如托勒密的地心说模型来得准确。因此，大家并不觉得它是更正确的模型，也没有认为它更有用。这就不奇怪关注它的人很少了，当然，支持者就更是稀少。

半个多世纪后，一位意大利神父逼迫教会不得不在日心说和地心说之间表态，做出二选一的选择，他就是在中国家喻户晓的乔尔丹诺·布鲁诺。过去，布鲁诺一直被宣传为因支持日心说而被教会处以了火刑。不过，虽然布鲁诺宣传日心说是事实，被教会处以了火刑也是事实，而且在布鲁诺之后教会一度反对日心说仍是事实，但是这三件事并不能构成"因为（反动的）教会反对日心说，于是处死了坚持日心说的布鲁诺"这样的因果关系。人们根据上述三个事实很容易得到这样的推论，但这并非事实。真实情况是，布鲁诺因为泛神论触犯了教会，同时他到处宣扬教会的丑闻，让他最终被作为异端处死，这当然是一件遗憾的事情。而布鲁诺宣扬泛神论的工具恰好是哥白尼的日心说，这样日心说也就连带地被禁止了。

在布鲁诺的年代，普通人难以理解和常识不一致的日心说，而精英阶层（主要都是教士）则因为地心说非常精确也怀疑日心说。因此，要让全社会接受它并非易事。讲到这里，就要说回到如何说服别人的问题了。我们在生活中有这样的体会：当我们发现了一个新的方法时，它可能在一些方面比原来的好，但是在很多其他方面，却比不上原来的。由于人们看法已经固化，大家对它将信将疑是很正常的。假如这时来了一个支持者试图说服大家，但是采用的方法却不好。比如，先是攻击别人的信仰，然后背后指责他们的私生活，最后讲出自己看问题的新视角，证明自己比别人高明。这样一来，即使真理掌握在他的手里，别人在感情上也难以接受。如果这个人能言善辩，可以把大家说得哑口无言，但这时能言善辩就不是什么优点了，而是有点儿招人嫉恨。如果我们要说服的人是我们的顶头上司，那么我们在职场上就要倒霉了。不幸的是，布鲁诺就（无意中）采用了这样的下策，也因此遭到了教会的迫害。

那么有没有更有效的方法呢？我们不妨接着看看日心说的地位是如何确立的。这件事要感谢伽利略、约翰尼斯·开普勒和艾萨克·牛顿三个人，特别是伽利略。1609 年，伽利略利用自己制作的天文望远镜，发现了一系列可以支持日心说的新的天文现象，包括木星的卫星体系、金星的满盈现象等。这些现象只能用日心说才解释得通，地心说解释不通。有了这样的证据，最初，一些科学家和精英人士开始从心里接受日心说。而被科学家们接受，则是被世人接受的第一步。再以后，开普勒以椭圆轨道取代圆形轨道修正了日心说，日心说才变得比地心说更准确，大家对它就更相信了。到了牛顿，他给出了行星围绕恒星运动的一个合理解释，大家才觉得日心说合情合理。到这个时候，教会虽然还没有撤销对伽利略的处分令（关于这里面更多的细节，大家可以去听"罗辑思维"第96期《到底谁在迫害科学》），但是只能默认日心说了。

能否在工作中说服人，特别是说服我们的上级，对我们的职业发展、职级的提升非常重要。当我们有了一个好的想法时，仅仅靠这个好想法本身还未必能够说服他人，特别是想法已经有点儿固化的上级。你可能注意到这样一些人，他们有了自己的想法后，便匆匆忙忙跑去找老板寻求支持，结果被老板一下子抛出来的三个问题给堵回去了，于是这些人就总觉得老板和自己作对。其实，遇到这种情况，我们可以有更好的方法：不去和他争吵，也不依靠巧舌如簧，而是拿出不可辩驳的事实，以一种别人能够接受的方式去说服人。毕竟，任何人都难以无视事实。

曾经主管微软最重要部门的陆奇，是华人在跨国大公司里职位做得最高的人。很多人就升迁问题向他取经，陆奇对此讲过他的一次经历。当时陆奇还在雅虎，要说服杨致远等人接受他对雅虎产品的新设计，当然这意味着推翻雅虎用了多年、杨致远等人参与过的旧系统。如果我们把老的雅虎系统看成地心说，陆奇的新方案就是日心说。可以想象，杨致远会有很多疑问，这些问题回答不好，他就得不到高层支持，而回答这些问题，靠辩才是没有用的。陆奇私下里做了很多功课，把杨致远等人可能问的所有问题，都事先让手底下的人做了模拟实验。这样，他便证明了自己的方案比过去的方案可以给雅虎带来更多的收益。杨致远等人即使对自己做的东西有感情，也是要尊重事实的，毕竟公司的利益比面子重要。最终，杨致远直接将陆奇跳级提升，成为雅虎掌管工程的一把手。

在职场上，像布鲁诺那样掌握了真理而敢于直言的挑战者固然可敬，但像伽利略那样拿出证据的建设者却更加有用。当然，不少人可能会讲，我已经摆出了事实，但是笨嘴拙舌，甚至羞于在众人面前争辩，实在没有本事说服人，怎么办？这时，可能我们就需要搬救兵了。接下来我们不妨看看科学史上的另一桩公案——进化论。

和日心说被提出来时没人关注所不同的是，进化论一提出来就在全世界引起巨大反响，拥护进化论的学者和社会人士，与反对进化论的教会和其他保守派人士在全世界展开了激烈的争辩。这种唇枪舌剑持续了一个多世纪，直到 2008 年，英国教会就打压进化论一事，向已经去世 100 多年的达尔文发表正式的道歉声明。几年后，新任的教皇方济各明确肯定了进化论，这样基督教才算是彻底低了头。当然，在此之前，在大部分人的心里已经接受进化论了，少数人虽然不接受（今天依然如此），但他们的声音已经没有太多人关注了。

为什么在世界上很多地区接受进化论那么困难？如果我们回到当时的场景，就很好理解为什么最初大部分西方人对它将信将疑。

世世代代被告知人是由上帝创造的西方人，突然被告知大家祖祖辈辈的知识都是错的，人是进化而来的，那种震撼可想而知，而人们固化的思维很难突然转换。更何况早期的进化论还只是一个漏洞百出的假说，反对者很容易找到各种违反进化论原则的事例。至于保守的宗教人士反对进化论就更不奇怪了，因为这个假说在客观上动摇了基督教的基础。

进化论被大家接受的经过，是人们接受新事物的一个典型过程，也是教人如何去影响他人的一个非常好的案例。虽然提出进化论的是达尔文，但是捍卫进化论，并且让这个理论得到全世界关注的却是与达尔文同时代的古生物学家赫胥黎。达尔文自己并不是一个能言善辩的人，也没有给自己的理论过多的辩护，他甚至因为害怕自己的理论引起争议而迟迟不敢发表它。所幸的是，出现了一位年轻的学者华莱士，他在客观上倒逼达尔文不得不发表自己的研究成果。然而，当进化论在社会上引起轩然大波时，达尔文居然没有太为自己辩护，而这个任务就交到了有"达尔文的斗犬"之称的赫胥黎手中。进化论从一开始就能有一些拥护者，在很大程度上要感谢赫胥黎。那么赫胥黎又是怎么做的呢？简单地讲，他的做法既聪明，又很有说服力。

首先，赫胥黎并不是全面否定宗教，只是反对宗教里落后的思想。要知道直到今天，接受基督教思想的不仅是教会本身，还有几十亿的教徒，因此反对神创论需要得到大部分教徒的支持，不能全面否定基督教。用今天职场中的情况打比方就很容易理解赫胥黎的做法。假定你给公司主管手机移动端产品的副总裁提意见，如果你上来就说整个移动端的产品都需要被淘汰，不仅主管产品的副总裁会马上反对，可能成千上万的用户也不答应。如果你换一个方式，只是说里面的一些功能过时了，需要更新，整个产品并不需要淘汰，那么主管领导即使不赞同，反对的力量也不至于那么大，而它的大量现有用户也会从心里赞成你的意见。我们常常讲，凡是要"对事不对人"，就是这个道理。

当然，赫胥黎要宣扬进化论，就必须否定掉《圣经》中的部分内容，这是他无法回避的。《圣经》和达尔文《物种起源》一书最有冲突的是第一章《创世记》，于是赫胥黎就拿《创世记》中关于大洪水的说法进行否定。只要证明《创世记》中的这部分内容是错的，那么整个神创论就动摇了。赫胥黎结合自己在美索不达米亚地区的考察，解释对大洪水的描述不过是古人对于洪水体验的一种夸张和想象——美索不达米亚不存在能够淹没全世界的大河，也没有发生过淹没全世界的考古证据。由于赫胥黎分析得丝丝入扣，社会上的开明人士是接受他的观点的。

对比上面做手机移动端产品的例子，我们要说明这个产品需要升级改进，只要证明其中一些功能已经过时，用户使用这些功能不方便即可，而没必要将整个产品说得一无是处。

有趣的是，赫胥黎其实并不完全接受达尔文的许多看法，他真正捍卫的是进化论中的自然选择理论。今天，赫胥黎在西方世界的口碑算不上好，也是因为他将自然选择理论用于解释社会现象，成为大家反感的社会达尔文主义的捍卫者。不过，赫胥黎在早期捍卫进化论的贡献功不可没。如果没有赫胥黎的帮助，进化论被大众接受起来一定需要更长的时间。

回到今天的职场，我们在寻找合作伙伴时，常常想找到一个想法和我们完全一致、我们认为非常完美的人，但是这种人可能并不存在。为了宣传我们的想法，我们更需要像赫胥黎这样的人，他们不完美，甚至看法并不和我们完全一致，却能够坚持不懈地帮我们传播想法。

大家会发现，在公司里有一些技术专家，他们有很好的主意，甚至做出了有用的发明，但是因为不会推广，想法和发明就被搁置一旁。这时，如果有一个愿意宣传它的产品经理，新的想法和发明才可能被大家接受，并且最终发挥出应有的作用。很多时候，宣传新思维的人比提出新思维的人作用更大。

当然，赫胥黎也只是让很多教徒接受了进化论，并没有让教会的主流承认进化论。最终迫使教会不得不接受这个理论的是另外两类人。

第一类是大量的、不断努力弥补进化论中一个个漏洞的生物学家。达尔文的进化论在很长的时间里都只是一种难以自圆其说的假说。虽然它能够解释自然界演化的很多现象，但是却和其他一些现象相矛盾。不仅如此，它内在的逻辑也不是非常严谨，更糟糕的是有许多和新的科学发现相矛盾的地方。所幸的是，有一大批科学家不断地用最新的科学发现修正进化论、解释进化论，这才使得它今天成为一个科学的理论。

第二类是遗传学家。就在达尔文研究进化论的同时，奥地利的教士孟德尔从另一个角度开始研究生命的奥秘和物种之间的关联，并且最终发现了遗传的规律性。在他之后，美国科学家摩尔根确认了细胞内的染色体承载着物种的遗传物质，奠定了现代遗传学。在"二战"后，英美科学家一起确定了遗传物质DNA（脱氧核糖核酸）的双螺旋分子结构，从此破解了生命的奥秘，也了解到基因突变对物种变异和进化的影响。这些现代生物学和遗传学的结果，都支持了生物具有共同祖先的说法。不仅生物的遗传物质都是DNA，而且构成生命所需的蛋白质也保持了一致性，例如核糖体、DNA聚合酶与RNA（核糖核酸）聚合酶，不但出现在较原始的细菌里，也出现在复杂的哺乳类动物体内。这些蛋白质的核心部分在不同生物中具有相似的构造与功能。

正是上述两类人的努力，为进化论找到了有说服力的证据。在最近的十多年里，教会才不断承认进化论的科学性，并且为过去反对进化论的一些言行道歉。

在职场上，一些年轻的朋友常常和我抱怨，他们的领导如何固执，自己所处的体制多么僵化。每到这时候，我就给他们讲教会接受进化论的过程，然后反问道："难道你们单位的领导比教会还保守吗？"如果一件好事得不到支持，更多的时候可能是我们把问题想得太简单了，而应对复杂情况的方法又不得当。比如，我们常常是需要两类同盟军的，一类是像赫胥黎那样捍卫我们思想的人，另一类是理性地帮助我们找到证据的人。一个人的成功与否，不仅仅取决于他个人的能力，更要靠他调动资源的能力。我们常常在单位里看不起那些八面玲珑、善于四方周旋的人，觉得自己的业务水平比他们高。但是很多时候，往往是那些人能说服领导办成事，这些人找"同盟军"的能力值得我们学习。可见，聪明人总是善于借力的。

如何做好演讲

在第一节中我谈了表达的重要性，而在公众面前的演讲又是表达中相对比较难的。很多人问我如何做好演讲，这里我就以我在丰元资本年会上的讲话为例做一个示范，说明怎么在短短10分钟内讲清楚很多事情。

讲话首先要看听众是谁，对于不同的听众表达的方式应该有所不同。参加基金年会和参加一般的公司年会的人有所不同。一般来讲，参加基金年会的人数并不多，主要是我们现有的投资人、未来潜在的投资人以及我们所投资公司的创始人三类。这些人一般不习惯于坐在报告厅里听台上的人做长篇大论，因此要在一个比较轻松随意的地方，用很短的时间把想讲的意思传达给他们。我们年会的地点就选在了我们的一个合伙人、Hotmail（互联网免费电子邮件提供商）创始人之一史密斯先生的酒庄里，这样既不是很铺张，又比较有特色，大家在听演讲时可以端着酒杯四处走动，比较随意。

参加会议名气最大的嘉宾是人类长寿公司的创始人克雷格·文特尔（Craig Venter）教授，他是人类基因组计划早期的负责人之一，也因此获得过美国国家科学奖。在会上，他做了一个主题分享。作为东道主，我代表基金做了一个简短的讲话。我一共只有 5 张 PPT，每张 PPT 用两分钟时间讲完，大致讲了 5 个方面的内容。

第一张 PPT：我们是谁，过去几年做了什么事情

这张 PPT 的目的既是对过去的一个总结，和对现有的投资人一个交代，也是为了吸引新的投资人给基金投资。在这张 PPT 里，我介绍了几个数据：

1. 我们过去投了多少家公司。

2. 目前所投资公司的估值增长了多少。

3. 有多少公司成功退出了（钱收回来了）。

4. 有多少公司失败了。（这一条一定不要省略，无论是投资人还是办企业的人都是聪明人，任何报喜不报忧的行为只能让他们心存疑虑，除此之外没有任何效果。很多时候，先把坏消息告诉大家，然后再说好消息，效果会更好。如果坏消息不是很坏，说出来反而能起到好的作用。）

这张PPT要传递的第二个信息就是用一句话概括"我们"的特点，即我们对技术的高度敏感性。很多时候，话说多了反而没有重点，把上面这几点意思表达到位就非常好了。

第二张PPT：我们提供什么

风险投资当然是提供资金了，但是这仅仅是我们提供的一小部分价值。资金到处都是，并非稀有资源，但是即使是钱，也分聪明钱和傻钱，谁都希望拿聪明的钱。对于创业者，除了钱，我们还提供两方面的帮助。

第一，提供一种连接。我们首先会为创业公司提供和硅谷企业以及硅谷其他投资机构的连接服务。其次，对于那些想进入中国市场的公司，我们会提供解决方案。

第二，对创业者提供一种技术上和管理上的帮助。因为我们的合伙人都是技术专家出身，因此在很多领域可以直接提供技术帮助。此外，我们还有很多顾问，他们会为我们所投资的企业提供有偿服务。当然，支付他们的报酬是我们的事情，并不需要创业者自己掏腰包。

这一点讲清楚之后，不仅把基金的特点突出了，而且也呼应了第一张PPT——到目前为止，我们为什么能够如此成功。

第三张PPT：我们投资的哲学

关于这一点，首先就是看重创始人，也就是"投人"。当然，我还展开讲了"投人"的三点重要性。

1. 一流的人可以把二流的项目做成一流；反之，二流的人会把一流的项目做成二流或三流。

2. 世界是瞬息万变的，任何成功的初创企业最终的成功产品，相比当初创始人的想法都会有很大变化。世界需要"变色龙"，只有一流的人才善于往好的方向改变。

3. 人的诚信很重要。（这些看法我已经多次介绍过，就不赘述了。）

当然，我强调"投人"的重要性也是为了呼应第一张PPT的内容。

第四张PPT：我们对项目的看法

我经常和来找钱的创业者讲，你不用考虑钱的问题，甚至暂时不需要急着去挣钱。我帮你解决了钱的问题之后，你只要告诉我，当你实现了自己的想法后，世界会有什么明显的、正面的变化。对于那些做所谓"me too"（我也能行）项目的人，这一条就通不过，因为他们即使达成了目标，也只不过使行业中多了一个竞争对手，对世界没有什么帮助。此外，对于那些根本不存在的伪需求，也不符合这项要求。一个项目一旦做成了，如果真能够改变世界，哪怕改变得不多，也是好的，也必然有人使用，接下来投资人挣钱就不是问题。

出于对这个原则的坚守，我们几乎不投资那些炒作概念的公司，哪怕它可能在短期内可以让我们获得不错的回报。风险投资的目的，是帮助一些没有财务能力的人，实现他们改变世界的理想。我们通常会发现，那些最终把公司做得很大的人，都是有明确愿景和方向的，不是随大溜去盲从、去热炒概念，也不会挤进过热的市场。前几年那些大量做视频的公司、团购的公司、O2O（线上到线下）的公司，以及现在的大部分自媒体，都不符合我们这个要求。

第五张PPT：我们对所谓趋势的看法

所有IT行业的人都习惯于把"趋势"二字挂在嘴边，有些人还在大会小会上到处预测趋势。当然，几年后你回过头来验证他们所说的话，常常是不准确的。我在《硅谷来信》中也几次提到，预测常常是靠不住的，而作为投资人所能够做的，就是对事实做出正确的反应而已。因此，我们在投资时从来不去赌未来的趋势。

我们并没有事先设定条件，什么方向的公司可以投资，什么领域里的公司不可以，完全是创业者告诉我们的。一个创业者找到我们时，不是心血来潮，也不会有事没事来消遣我们，他们都是极为认真的。他们之所以想做一件事情，是根据自己的经验和特长，经过很长时间思考的结果。他们或许知道某项技术已经成熟，有商机；或许在生活中遇到了痛点，而自己恰恰有解决的办法；或许看到了现有产品的不足，自己能够改进但又苦于没有资源。总之，他们提出自己创业的想法是有根据的。如果很多人几乎同时看到了类似的问题、有相似的想法，这就是所谓的趋势。这种趋势，不是哪个专家先知先觉的结果，而是自下而上总结出来的。好的体制要让动力来自底层，刹车掌握在高层手里，对于创新也是如此，动力应该来自底层的每一个创业者，而制动应来自掌握资金和资源的人。因此，风险投资所做的事情，就是对创业者的想法进行正确的判断。对于趋势，我们从不预测，但是我们会知道趋势所在，因为创业者会告诉我们。

我在年会上的报告就这么多内容，10分钟而已，但是我想表达的意思已经表达清楚了。通常，报告者总是担心漏掉了什么重要的内容，把总结报告做得又臭又长，以至上面的人在做报告，下面的人在玩儿手机和睡觉。与其这样，不如把报告做得简短点，重点突出即可。听众能够专心听5分钟，记得里面一两个重要的观点，报告的目的就完全达到了。

　　此外，在战术层面，我的后四张PPT都是在支持第一张PPT的内容，这样整个10分钟的报告就传递出一个统一的信息——我们为什么过去做得不错，以后为什么有信心能够做得更好。这样既能让现有投资人放心，也要让未来投资人动心。

　　很多人演讲时，恨不能把一肚子话一口气倒给听众。其实大部分人在听报告时，都很难集中注意力超过20分钟。因此，再好的演说家都很难把10件事一次性讲清楚，能把一件事讲透或者三五个要点提到，目的就达到了。如果听众真有兴趣，他们以后还会来听的，到那时再把更多的信息传递给他们也不迟。如果听众没有兴趣，即使讲再多的内容，也会成为最后一次演讲。